BESTSELLER

Anne Igartiburu, comunicadora desde hace más de veinticinco años, es una de las presentadoras de televisión más queridas y reconocidas de nuestro país, con más de 7.000 directos a sus espaldas. Durante los últimos años ha desempeñado una bonita labor de divulgación en el ámbito del bienestar emocional, una de sus grandes pasiones y en la que se ha formado con algunos de los mejores profesionales en este campo. Sus encuentros en directo a través de diferentes canales de difusión, como son Instagram, YouTube y su pódcast *Mi Latido de Más*, le han otorgado el reconocimiento de su comunidad de seguidores y de los profesionales con los que comparte charlas sobre psicología, psiquiatría, neurociencia o filosofía, con el objetivo claro de hacer llegar las diferentes maneras de autoconocimiento y la coherencia vital. Eterna aprendiz, Anne busca, indaga y comparte los aprendizajes desde la curiosidad y el agradecimiento, aplicando sus dotes de cercanía y escucha presente.

Para más información, puedes seguir a la autora a través de sus redes sociales:

anneigartiburu

AnneIgartiburuOficial

Biblioteca

ANNE IGARTIBURU

La vida empieza cada día

366 reflexiones para estar presente

Edición a cargo de

Francesc Miralles

DEBOLS!LLO

Papel certificado por el Forest Stewardship Council®

FSC
www.fsc.org
MIXTO
Papel | Apoyando la silvicultura responsable
FSC® C117695

Penguin Random House Grupo Editorial

Primera edición en Debolsillo: junio de 2024

Travessera de Gràcia, 47-49. 08021 Barcelona
Diseño de la cubierta: Penguin Random House Grupo Editorial / Yolanda Artola y Marta García
Imagen de la cubierta: © Marta García

Printed in Spain – Impreso en España

ISBN: 978-84-663-7608-2
Depósito legal: B-7.027-2024

Compuesto en Mirakel Studio, S. L. U.
Impreso en Black Print CPI Ibérica
Sant Andreu de la Barca (Barcelona)

P 3 7 6 0 8 2

A todos los que me habéis acompañado en este camino.
A mis hijos, sois mi luz.
#zuekinnagobeti

ÍNDICE

BIENVENIDA

Querido lector o lectora:

Con estas letras quiero agradecerte que te hayas animado a iniciar este camino conmigo para explorar 366 maneras de vivir en plenitud cada día.

A través de estas páginas, quiero ayudarte a que descubras que cada amanecer es una oportunidad de empezar de nuevo, y que despertar a la consciencia depende de ti, momento a momento. Ojalá pueda acompañarte en ese despertar con aquello que he ido aprendiendo, leyendo y reflexionando en mi propia senda.

La vida es lo que sucede aquí y ahora, en este preciso –y precioso– instante. Tú eres vida, luz y energía. Empápate de ella y compártela.

Gracias a todos los que me habéis animado a hacer realidad este libro y me habéis ayudado en ello, especialmente a Francesc Miralles y Silvia Quiroga, ¡*sparrings* fieles!

Avanzamos con cada latido.

Anne Igartiburu

PRÓLOGO

de Sergi Torres

Seguro que ya te has dado cuenta de que solemos vivir la vida con un ojo mirando al pasado y el otro mirando al futuro. De hecho, lo vemos como lo más lógico del mundo, ¿cierto? Pero, en realidad, sin darnos cuenta, al vivir de este modo nos perdemos la vida, porque la vida solo existe en este mismo instante, en el presente.

En una ocasión, yendo a trabajar en moto, mientras esperaba a que se pusiera el semáforo en verde, me di cuenta de algo tan aterrador como profundamente liberador. Allí, detenido frente al semáforo y con cierta ansiedad porque llegaba tarde, me estaba imaginando que me despedían. Pero a pesar de imaginármelo con calidad de imagen 4k y sonido envolvente, de repente, me di cuenta. ¡Me di cuenta de que estaba imaginando! No estaba viendo mi despido, simplemente estaba imaginándolo. Y es que me estaba perdiendo vivir lo que sucedía en ese momento de mi vida, semáforo en rojo incluido, por el mero hecho de imaginar una tragedia laboral que ni siquiera sabía si iba a suceder.

Este suceso no quedó entre el semáforo y yo. A lo largo del día, estuve tan atento como pude a cuántas veces imaginaba en lugar de vivir. Y, aquí viene lo aterrador: descubrí que casi todo el día lo pasaba imaginando, ya fuera recordando o anticipando acontecimientos. Este fue el primer paso, profundamente liberador, de un camino que me sacaba de la burbuja de mi propia realidad imaginada y me devolvía de nuevo a la vida tal cual era. Vamos, algo así como pasar de mi metaverso interior a la vida real, la de verdad.

Dentro de nuestra cultura de las prisas, del hacer y del tener, hemos convertido el presente en el gran ignorado. Los recuerdos, los resentimientos y los remordimientos del pasado, junto a las expectativas, los temores y los deseos del futuro, gobiernan nuestra vida. Y todo esto sin darnos cuenta del sinsentido que supone, porque todo el sentido se encuentra en la vida e, insisto, la vida se encuentra en el presente.

Solemos buscar cómo recuperar la frescura de vivir, la pasión por descubrir cosas nuevas y, sobre todo, la sensación de estar vivos. Pero yo me pregunto: ¿por qué lo buscamos donde no está? Muy pocas personas miran al presente como la respuesta, o al menos como la puerta a la mirada espontánea, inocente y luminosa de cuando éramos niños. Porque sí, es cierto que la vida empieza cada día, pero para vivirla primero debemos ponernos de pie ante ella. No obstante, no te preocupes porque la vida lo tiene todo pensado.

¿Recuerdas esa fuerza o impulso que, de niños, llegado el gran momento, nos llevaba de gatear a ponernos en pie? Pues esa misma fuerza es la que nos pone en pie ante la vida. De hecho, esa fuerza no se detiene jamás y nos impulsa a levantarnos en muchas otras facetas a lo largo de la existencia. A levantarnos emocionalmente, por ejemplo. Pero tampoco se detiene ahí, porque su objetivo es llegar a la parte más profunda del ser humano y, cómo no, ponerla en pie. Me refiero a su corazón. Es decir, aprender a amar incondicionalmente, a disfrutar de quienes somos, a brillar en nuestro máximo esplendor y a compartirlo con los demás en gratitud. ¿Te parece difícil?

Este libro que tienes en tus manos es sencillo y natural, pero poderoso. En nuestra sociedad actual, tan a menudo complicada y artificial, sencillez y naturalidad se confunden con pobreza e insuficiencia. Pero algo que es sencillo y natural y que además nace del corazón se convierte en algo muy poderoso. Y si no, miremos a la naturaleza.

Si pudiéramos contemplar el cielo estrellado de una noche sin luna con la mirada de un universo, seguramente veríamos la sencillez, la naturalidad y el amor en el que vivimos. Si pudiéramos contemplar nuestras relaciones con la mirada de la vida que nos llevó a encontrarnos, seguramente veríamos la sencillez, la naturalidad y el amor en el que vivimos. Y así, tantas cosas...

A Anne, un día esa fuerza le alcanzó el corazón, y la impulsó a ponerlo en pie y dar un nuevo paso ante la vida. Un paso que curiosamente nos devuelve de regreso a nosotros mismos y al presente también. En mi caso a la moto, frente al semáforo, llegando tarde. Y alguien pensará, *pues en ese caso prefiero que no me devuelva a ninguna parte, gracias,* pero en verdad a mí me estaba devolviendo a la vida.

Anne nos comparte, con una mirada de niña maravillada, todo lo que esa fuerza le ha mostrado por el camino. Y así es como yo conozco a Anne, una mujer viva y con un gran corazón de niña aventurera. Con este libro ella nos regala muchas pistas y herramientas para convertir este *ponernos de pie* en algo sencillo, natural y amoroso.

Y es que, a pesar de que no todos los momentos son agradables, están llenos de vida y nuestro corazón solo quiere vivirlos, porque para eso existe, para vivir.

Después de millones de años evolucionando y de tantos logros tecnológicos, aún no sabemos sentir, ni pensar ni relacionarnos humanamente entre nosotros. Todavía nos superan nuestras propias emociones; parece incluso que nos aplastan. Y algunos de nuestros propios pensamientos no se marchan de nuestra cabeza por más que queramos, como si fueran ellos los que se piensan a sí mismos ahí dentro.

Para regresar a la vida tenemos el presente y nuestra honestidad. Nuestra parte es cultivarlos. Aquí tienes en tus manos 366 maneras de hacerlo. Sí, de forma natural y sencilla, pero poderosa.

Esta fuerza de la que he hablado, y de la que nace este libro, puso en pie a toda una especie, transformándola de *Homo habilis* a *Homo erectus.* Quizá hoy, en el continuado empeño de esta fuerza, estemos frente a la transformación del *Homo sapiens sapiens* a *Homo amare.* Quién sabe.

Por cierto, ese día no llegué tarde al trabajo, sino que volví a nacer, porque sí, es verdad, la vida empieza cada día.

Sergi Torres

1
HOY EMPIEZA TODO

Hay un concepto del zen, el *shoshin*, que en japonés se traduce como *mente de principiante*. Es la actitud de quien no da nada por sabido, como si el mundo recomenzara a cada instante.

Eso es lo que sucede cada mañana cuando abrimos los ojos en un nuevo día. No importa lo que sucedió ayer. No importa lo que nos espere mañana. Hoy es una hoja en blanco que solo tú puedes escribir, si no haces pronósticos y te dejas sorprender por la jornada.

En su libro *Mente zen, mente de principiante*, el maestro Shunryu Suzuki afirmaba:

> *Cuando la mente está vacía, se encuentra siempre dispuesta para cualquier cosa, abierta a todo. A la mente del principiante se le presentan muchas posibilidades; a la del experto, pocas.*

¿Estás listo para empezar el día con espíritu *shoshin*? En ese caso, todo puede suceder. ¡Feliz inicio!

CON OJOS NUEVOS

Marcel Proust decía que la creatividad está en la mirada, en saber observar el mundo con ojos nuevos. Como ejercicio inicial, te propongo que contemples lo que tienes delante ahora mismo —tu casa, la oficina, cualquier lugar donde estés— como si fuera la primera vez.

¿Qué descubres que no habías visto hasta ahora?

2
PASA DEL *RUNRÚN*

A lo largo de la jornada, habrá momentos en los que tu mente se hará escuchar a través de ideas recurrentes o incómodas. No hay nada malo en ello, puesto que se ha calculado que tenemos unos noventa mil pensamientos al día.

Yo llamo *runrún* a ese parloteo de la mente que me lleva a lugares insospechados que no me gustan, guiada por mí, porque somos así de inquietos. Sé por experiencia que no debo darle importancia, ya que si trato de rechazar estos pensamientos, aún se refuerzan más.

Cada vez que te asalte el *runrún*, date cuenta de que tú no eres tus pensamientos. Ellos vienen y van. Se proyectan en tu mente y luego se marchan, a no ser que quieras retenerlos o expulsarlos. Solo tú sigues aquí.

NUBES PASAJERAS

Los meditadores definen los pensamientos como nubes pasajeras antes de que el cielo vuelva a ser azul. Para frenar el *runrún* propio de tener muchas cosas en la cabeza, solo debes calmarte y poner tu atención en un único foco: la respiración.

- Deja todo lo que te preocupa para centrarte únicamente en el aire que entra y sale por tus fosas nasales.
- Cada vez que acuda un pensamiento, no lo juzgues. Simplemente déjalo pasar como una nube que flota en el cielo de tu mente.

Con la práctica, te irá resultando más fácil disociarte de tus pensamientos y, así, conquistar la serenidad.

3

¿CUÁL ES TU *FLOW*?

En la reflexión anterior vimos cómo disociarnos de los pensamientos reiterados o invasivos. Además del ejercicio de atención en la respiración, también podemos lograrlo poniendo nuestro foco en una actividad que nos permita fluir.

Cuando estás en modo *flow*, tu inconsciente empieza a crear nuevas posibilidades porque está más relajado. Sucede lo contrario cuando te hallas en alerta: tu mente está solo para defenderse o para escapar, no para crear.

Si queremos generar nuevas opciones, tendremos que buscar alternativas a aquello que nos está bloqueando. Para ello, nuestra mente necesita estar *entretenida* y contenta haciendo cosas que nos gusten.

No es algo que suceda de hoy para mañana. Al incorporar a tu día a día la rutina de estar relajado y fluyendo, con el tiempo crearás un hábito y en tu vida se dibujarán nuevas posibilidades.

REQUISITOS PARA FLUIR

¡Busca en tu vida esas cosas que te hagan sentir el *flow*! Según Mihály Csíkszentmihályi, el autor de *Flow* que falleció durante la pandemia, la experiencia de flujo tiene estos ingredientes:

- *El tiempo vuela*. Tal vez has estado largo rato haciendo algo, pero sientes que ha sido un instante.
- *Estás totalmente concentrado.* No hay distracciones que valgan.
- *No es muy fácil ni muy difícil.* En el primer caso, te aburrirías enseguida; en el segundo, la dificultad te bloquearía.
- *Apenas sientes el cansancio.* Lo que amas hacer no te supone esfuerzo.

4
LA FELICIDAD DE CAMINAR

Existe una relación directa entre mover el cuerpo y la felicidad. Cuando me siento apagada o los problemas del mundo me pesan demasiado, me pongo mis zapatillas y salgo a andar.

Con cada paso que doy, siento que la mochila de mis preocupaciones se va aligerando, hasta que al final ya solo estoy pendiente de cada músculo de mi cuerpo, de mi peso al pisar, levantar el pie y volver a pisar.

Puro *mindfulness* en movimiento, en el que están implicadas también otras sensaciones de consciencia plena que nos permiten conectar con nuestro cuerpo.

Las señales físicas inciden en la mente, igual que las de la mente se reflejan en el cuerpo. Del mismo modo que las emociones se somatizan, podemos transformar nuestro estado emocional al mejorar nuestra forma física.

Como aconsejaba el filósofo Friedrich Nietzsche: «Hay que sentarse lo menos posible y no creer en ningún pensamiento que no haya surgido al aire libre, estando en movimiento».

¿A QUÉ TE COMPROMETES?

Probablemente, tu móvil tenga una aplicación que cuenta cada zancada que das durante la jornada. Muchos *walkers* —caminadores— urbanos se fijan un determinado número de pasos al día, que realizan en el camino al trabajo, de compras o disfrutando del simple placer de respirar y moverse bajo el cielo.

Para mí, más que alcanzar un determinado número de pasos, se trata de decidir a qué te comprometes en lo que respecta al movimiento de tu cuerpo. Cada persona tiene sus propios límites, sus propios compromisos consigo misma.

¿Cómo lo vas a hacer? ¿Cuándo lo vas a hacer? ¿A qué te comprometes? Y, no menos interesante, ¿cómo lo vas a celebrar tras cumplirlo?

5
NO PODEMOS GUSTAR A TODO EL MUNDO

A menudo no nos damos cuenta de hasta qué punto vivimos para agradar a los demás. Es una actitud que tenemos en piloto automático, como una inercia que nos lleva por caminos que no son el nuestro.

La necesidad de gustar a todo el mundo forma parte de nuestro instinto de supervivencia y tiene su origen en cuando éramos cazadores y recolectores.

Nuestro pensamiento primitivo interpreta que si no somos aceptados por el grupo –si no caemos bien–, podemos ser abandonados por este. Y eso nos pondría en riesgo de morir. Es una interpretación totalmente exagerada, puesto que ya no vivimos de la misma manera ni dependemos de la tribu.

Sin caer tampoco en el egoísmo o la arrogancia, entender que no podemos gustar a todo el mundo nos libera, ya que nos permite ser coherentes con lo que sentimos y pensamos y elegir estar a gusto con nuestra propia vida.

NO ESTÁ MAL CAER MAL

En su libro *Atrévete a no gustar*, los filósofos japoneses Ichiro Kishimi y Fumitake Koga afirman que la verdadera libertad personal tiene como peaje no gustar a todo el mundo e incluso caer mal a algunas personas.

Esta es una regla práctica que podemos recordarnos cada vez que estemos actuando por *complacer*.

En sus propias palabras: «La única forma de ser libre es darte permiso para ser lo que quieres ser, no lo que esperan los demás de ti».

6
LO QUE OBTIENES ES LO QUE VES

En casi todas las experiencias, un 10 por ciento corresponde a lo que en realidad sucede y un 90 por ciento a lo que nosotros interpretamos. No somos conscientes de cómo nos contamos nuestra propia película sobre un acontecimiento, por eso hay que tomar distancia y ser lo más objetivo posible al observarlo.

Si lo que sucede es, sobre todo, nuestra interpretación de lo que sucede, el remedio está claro: ser lo más objetivos posible. Cuando nos llegue cualquier *input* que nos contraríe, el remedio es analizarlo de forma racional y relatarnos qué ha pasado.

Imagina que llega un correo electrónico escueto en el que tu jefa o jefe te pregunta cómo llevas una determinada tarea. Sea por la brevedad del mensaje o porque nos sentimos susceptibles, la mente puede activar el *runrún* del que hemos hablado en páginas anteriores, lanzando interpretaciones como: *¿Por qué me escribe un mensaje tan corto? ¿No tiene ganas de saludarme? ¿Habrá perdido la confianza en mí? ¿Piensa reemplazarme?*

Contra las hipótesis fantasiosas que ocupan mucho espacio mental y roban toda nuestra energía, la objetividad del mensaje: solo nos han preguntado por el estado de una tarea.

El hecho es el hecho, y el resto es la interpretación del hecho. Como dice Tina Turner *What you get is what you see*, lo que obtienes es lo que ves. Pero hay que tener en cuenta con qué gafas ves, miras o interpretas tu vida.

RELATA LO QUE HA SUCEDIDO SIN METER EMOCIÓN

Cuando sientas que un acontecimiento te desborda emocionalmente, haz el ejercicio de describirlo con objetividad, como si lo vieras desde el exterior sin imponer un juicio. Deja fuera cualquier emoción que hayas sentido. Hazlo por escrito o de manera mental, pero de una forma objetiva en la que puedas relatar los hechos. Lo que es, es.

7
ELIGE TUS BATALLAS

Una de las causas por las que a menudo nos sentimos sobrepasados es porque intentamos atender demasiados frentes al mismo tiempo.

Sin duda, si te paras a pensar, verás muchas cosas que desearías que fueran distintas, pero tratar de abordarlas todas simultáneamente es como si un pescador intentara pescar dos peces a la vez.

Para elegir tus batallas, tienes que discernir aquello que es prioritario en tu vida, aquí y ahora, y que depende de ti hacer.

Con el fin de saberlo, puedes preguntarte: ¿Qué asuntos me aportan y cuáles me están restando energía y no aportan nada bueno a mi existencia?

Si eliges de forma inteligente las batallas que merece la pena librar, no perderás tiempo ni energías en cuestiones secundarias o innecesarias.

Aférrate a aquellas que te aportan y descubrirás cómo, sorprendentemente, se abrirán nuevos campos de acción de lo más ilusionantes. Y también recuerda que al librar una pequeña batalla y salir adelante, se solucionan los problemas en otros frentes.

DECIDE UNA O DOS BATALLAS

Intentar atajar todas las *batallas*, además de ser una locura, nos lleva a comprobar al final que, de este modo, la guerra no se gana.

En este ejercicio voy a invitarte a que elijas uno o dos asuntos que consideres prioritarios y en los que quieres involucrarte:

- BATALLA 1.................................
- BATALLA 2.................................

Te propongo que no abras nuevos frentes hasta que cierres estos dos.

8
VENTANAS A LA FELICIDAD

Para mí, la lectura es un oasis que me aporta inspiración y serenidad a partes iguales. Mi familia tenía una librería y, ya de pequeña, al pasear los ojos por las portadas y los lomos de los libros, sentía admiración por aquellos autores y autoras capaces de plasmar tantas ideas, conceptos y bellas historias.

Este es uno de los motivos por los que entrevisto a tantos escritores que me estimulan. Cada libro te permite mirar en otras vidas y paisajes, por lo que es un excelente remedio contra los días grises.

En nuestra era digital, tal vez por el predominio de los contenidos audiovisuales, estamos leyendo menos de lo que necesita nuestra mente y nuestro espíritu.

Los libros son ventanas a la felicidad porque nos regalan otras visiones, otros razonamientos y conclusiones, amplían nuestra percepción y nos hacen viajar más allá de nuestra zona de confort. Leer es una apasionante aventura que podemos emprender desde el sillón de casa.

Recuerda que nunca es tarde para iniciar una rutina de lectura, porque la vida empieza cada día, es una historia que comienza cada día.

Te recomiendo, de vez en cuando, leer en voz alta para ti o para otros algún relato o poema que te estimule.

EL MEJOR SOMNÍFERO DEL MUNDO

El doctor Eduard Estivill, especialista en medicina del sueño, asegura que no hay remedio tan poderoso para dormir como el libro de papel.

En las horas previas a acostarnos, en cambio, desaconseja las pantallas de cualquier tipo, incluido el e-book, ya que la estimulación lumínica en el nervio óptico nos desvelará y no gozaremos de un descanso de calidad. Te reto a probar durante una semana y a ver los resultados.

9

SI PUEDES HACERLO AHORA…, ¡SIMPLEMENTE HAZLO!

Los seres humanos nos orientamos de forma natural hacia el placer. Por eso hay ciertas tareas que son ineludibles, pero van quedando relegadas y ocupan espacio mental.

A casi nadie le gusta hacer papeleo y gestiones burocráticas, por ejemplo. Sin embargo, si no las atendemos, la bola se va haciendo más grande.

Los expertos en gestión de tiempo, de hecho, recomiendan empezar las tareas del día por aquella que nos da más pereza. Justamente por eso es liberador hacerla, ya que dejamos de cargar con ella el resto de la jornada.

Para introducir el hábito de atajar las cosas en su debido tiempo, es útil el sistema GTD (*Getting Things Done*) del consultor norteamericano David Allen, que dice que hay que programar las acciones cuando aparecen, no cuando expiran. Es decir, tener control de nuestro calendario en lugar de ir a remolque.

Estos son hábitos que van creando una forma de proceder, por eso hay que insistir en ellos. Hacer aquello que puedas YA te permitirá ir más ligero de quehaceres.

LA REGLA DE LOS DOS MINUTOS

De manera parecida a otras técnicas de gestión del tiempo, como la regla de los sesenta segundos, Allen establece ese tiempo en dos minutos. En sus palabras: «Si puedes hacer una tarea en menos de dos minutos, deberías hacerla ahora mismo. Si por el contrario te supone más de dos minutos, resérvala para tu lista». Resumiendo: HAZLO AHORA. ¿Crees que durante el día de hoy podrías intentar llevar a cabo esta regla?

10
DEMASIADO OCUPADO

Hay una frase que se ha atribuido a Bill Gates y a Warren Buffett, entre otras personalidades. Y es *Busy is the new stupid.* Es decir, estar ocupado es la nueva forma de ser estúpido.

¿Por qué estúpido? Pues porque para tener buenas ideas es necesario disponer de tiempo para que puedan surgir.

Así como una artista no podría pintar en un lienzo totalmente lleno, si no te das tregua, si no te das un respiro para detener la actividad frenética, no podrás crear nada nuevo en ningún ámbito de tu vida.

Esta es la razón por la que los expertos en gestión del tiempo dicen que alguien siempre ocupado no puede ser productivo. Como mucho irá atendiendo urgencias con el piloto automático puesto.

Reconozco que de jovencita yo estaba enganchada a la actividad. Tal vez por lo que me decía mi padre: «Si quieres que algo se haga, encárgalo a alguien muy ocupado». Y como yo siempre lo estaba, no paraba de adquirir compromisos.

¿Y si incluimos en la agenda el noble arte de desconectar?

LA FILOSOFÍA NIKSEN

Para salir del permanente *too busy* —demasiado ocupado— y refrescar tu cuerpo y tu mente, te propongo que practiques el *niksen,* como los holandeses llaman al arte de descansar de forma consciente. Aunque solo sea veinte minutos al día, un respiro libre de obligaciones te recargará las pilas y nutrirá tu creatividad.

No se trata de no hacer nada, sino de hacer cosas distintas que te relajen la mente, como salir a correr o regalarte una lectura que te ayude a *cambiar de canal.*

11
EL SÍNDROME DEL IMPOSTOR

Seguro que conoces esta sensación: estás haciendo algo y oyes una vocecilla que te dice: *No soy capaz, tengo miedo.* Y no te atreves a hacer lo que deseas a causa de ese temor. Eludes el reto o compromiso porque piensas que no te va a salir bien y tal vez porque crees que te juzgarán.

También puede que se sume a eso el pensamiento de *Yo no me merezco triunfar.* Y es que existe un miedo a brillar, como si lo que has conseguido hubiera sido por un cúmulo de casualidades o pura suerte. Incluso tal vez creas que, en realidad, no te lo has *currado* suficiente y que al final se darán cuenta de esa verdad de la que te alerta la vocecilla: *Te van a pillar. No eres tan excelente.*

Esa es la base del síndrome del impostor. Te asalta la idea de que eres menos de lo que crees que eres. Hasta que oyes a los demás señalando lo bueno que ven en ti y que tú no puedes ver.

A muchas personas nos cuesta aceptar lo valiosas que somos, y eso nos frena para seguir avanzando y asumir nuevos retos. Es como si nos costase más manifestar nuestro talento o los logros que hemos conseguido.

¿Y si fueras tú quien te da ese *feedback* apreciativo? ¿Hasta qué punto te permites brillar?

DESACTIVA EL BOICOT INTERIOR

Igual que cuidas cómo hablas a otras personas, cuida tu lenguaje interior, cómo te hablas a ti. Es bien sabido que no hay peor crítico que uno mismo, por lo que debes prestar atención a los mensajes que te dices. Cada vez que te sorprendas siendo demasiado duro contigo, pregúntate:

- ¿Cómo puedo tratarme como a una persona querida, tal y como lo haría con un hijo?
- ¿Cómo puedo tener el mismo cuidado y delicadeza hacia mí mismo?

12
¿DEMASIADO AUTOEXIGENTE?

Con qué rasero te mides? ¿Cuántas cosas te pides a ti mismo que no le pedirías a nadie? ¿Te has dado cuenta de lo que agota la autoexigencia?

Es importante diferenciar el cumplimiento de pequeños hitos y el propósito entusiasta –constante y comprometido– de la autoexigencia –continuada y desmesurada– que nos convierte en autómatas.

Para bajar nuestro nivel de autoexigencia es muy recomendable diseñar un plan de acción alcanzable y, sobre todo, medible y asequible.

Recuerda que esto del bienestar emocional es una carrera de fondo en la que los pequeños logros son dignos de ser celebrados. Nuestro nivel de tolerancia y mimo son la mejor manera de aprender y evolucionar.

La excesiva autoexigencia o el perfeccionismo pueden llegar a bloquearnos. Para evitar esa trampa, lo mejor es pararse a observar y ser muy realista e identificar todo lo conseguido hasta el momento. En lugar de machacarte –no hay nada más cansado que esa sensación de no ser suficiente ni merecedor de lo que posees–, toma conciencia de todo lo que has conseguido, superando dificultades. Si entonces lo lograste, puedes hacerlo de nuevo. Más y mejor.

PIDE *FEEDBACK* DEL BUENO

Este *feedback* es el que pueden darnos las personas que nos quieren y saben lo que valemos. Si te cuesta ver tus méritos, pregunta a tu entorno: *¿Qué crees que me hace valiosa o valioso?*

Limítate a escuchar su respuesta, sin restarte méritos, y da las gracias.

De este modo podrás verte a través de otros ojos y ratificar que, efectivamente, tienes mucho que ofrecer.

13
SIMPLEMENTE, RESPIRA

Se cuenta que una de las cosas de Yoko Ono que enamoró a John Lennon fue una tarjeta que ella le entregó en la exposición en la que se conocieron donde, sencillamente, ponía *RESPIRA*. Por aquella época, el ya exBeatle llevaba una vida de drogas y agitación que lo tenía sin aliento. El consejo de la artista japonesa tenía todo el sentido del mundo.

Desde hace milenios, sabemos que los beneficios de la respiración consciente son incalculables: conectas contigo de una manera directa y rápida. Respirar conscientemente te permite seguir tu cuerpo, tu cadencia, a la vez que te alejas de cualquier otro pensamiento. Al estar concentrado en la acción de respirar, la calma y la serenidad llegan de forma natural.

La investigadora Nazareth Castellanos hace énfasis en la relación entre la respiración y nuestro rendimiento mental. Como demuestra en un estudio de neuroanatomía de 2017, «según cómo estemos respirando, tendremos más capacidad de atención o de memoria. Y, no solo eso, sino que el patrón respiratorio influye también en cómo expresamos la emoción».

También subraya que nuestra capacidad de memoria aumenta cuando inspiramos por la nariz, respecto a cuando lo hacemos por la boca.

TRES TÉCNICAS DE RESPIRACIÓN

En su libro *Namaste*, Héctor García y Francesc Miralles mencionan en el capítulo dedicado al *Pranayama* —la expansión de la energía vital a través del yoga—, tres ejercicios de respiración para tres usos distintos:

1. Si te sientes letárgico, con falta de energía, y deseas activarte: *la fase de inhalar debe durar más que la de exhalar.*
2. Si sientes mucha ansiedad y quieres relajarte: *la fase de exhalar debe durar más tiempo que la de inhalar.*
3. Si no te puedes concentrar y estás algo inquieto: *la fase de exhalar* e *inhalar deben durar lo mismo.*

Te propongo practicar estas tres respiraciones que pueden ayudarte.

14
AMA LO QUE ES

Admiro especialmente a Byron Katie, la autora de *Amar lo que es*. Su camino de descubrimiento no fue recto ni fácil. Tras una larga depresión que la llevó a encerrarse en su casa, desconectada del mundo y de sí misma, llegó a pensar en acabar con su vida. Afortunadamente, un fogonazo de lucidez llegó en el momento perfecto.

¿Qué descubrió Byron Katie que la sacó del sufrimiento? Una idea muy simple y poderosa a la vez: que sufrimos, sobre todo, cuando no aceptamos *lo que es*, es decir, lo que la vida pone en nuestra mesa aquí y ahora.

Tomar conciencia de eso la transformó. Se dio cuenta de que el dolor que sentía no venía del mundo, sino de su mirada reactiva sobre el mismo. En palabras de Katie: «Los pensamientos que hieren son aquellos que no van de acuerdo con lo que es, con la realidad». Para neutralizar los pensamientos negativos hay que abrazar y amar la realidad. Desde el amor y la aceptación podremos sumergirnos plenamente en la vida.

CUATRO PREGUNTAS Y TRES INVERSIONES

Byron Katie elaboró su método *The Work* para desarmar cualquier pensamiento dañino invasivo:

1. *¿Eso que pienso es verdad?* (Si la respuesta es *No*, pasa a la tercera pregunta).
2. *¿Puedo saber absolutamente que eso es verdad?* (*Sí* o *No*).
3. *¿Cómo reacciono cuando creo en ese pensamiento?*
4. *¿Quién sería sin ese pensamiento?*

Tras estas cuatro preguntas, Katie sugiere pasar nuestra creencia por tres inversiones. Si la idea invasiva es, por ejemplo, *Él no me quiere*, debes decirte:

1. Él me quiere (hasta donde puede o sabe).
2. Yo le quiero (¿lo acepto realmente como es?).
3. Yo me quiero (¿soy capaz de hacerlo?).

15

¿DESDE DÓNDE INTERPRETAS LO QUE TE PASA?

Te animo a que te hagas esta pregunta cada vez que algo que te ha sucedido afecte de manera importante a tu estado de ánimo. Puede ser que lo hagas desde el corazón, las tripas o la cabeza.

¿Lo has interpretado desde la emoción y la visceralidad, o has sido racional al respecto? Si le prestas atención, el cuerpo te puede ayudar a saber dónde lo has recibido.

Saber desde dónde interpretas lo que te pasa te permitirá entender por qué te está afectando y de qué manera.

¿Lo que te ha sucedido corrobora o ratifica alguna verdad en la que habías puesto toda tu fe? ¿Te ayuda a comprender o empatizar con algo? ¿Te ha puesto en los zapatos de otra persona?

La interpretación que hacemos del mundo parte de una creencia que, como unas gafas tintadas, tiñe cómo ves lo que te rodea.

Yo te recomiendo que filtres siempre desde el corazón, ya que, desde ese lugar, con calma y una respiración consciente, puedes darle una vuelta de tuerca y reinterpretar cualquier hecho en clave positiva.

¿QUÉ GAFAS TE HAS PUESTO HOY?

Si todo depende del cristal a través del que miras, como afirma el dicho popular, es útil definir el color de nuestra mirada. Tres ejemplos:

- *Gafas del pesimismo:* los cristales son tan oscuros que ensombrecen cualquier motivo de alegría a nuestro alrededor.
- *Gafas del escepticismo y la duda:* estas lentes lo cuestionan todo, lo cual hace imposible tomar decisiones y disfrutar de la vida.
- *Gafas de la felicidad:* como en el libro de Rafael Santandreu, es nuestra mirada más brillante y generosa sobre la realidad.

16
EL MOMENTO DE PARAR

Cuando notes que hay mucho ruido en tu mente, experimentes agitación o te sientas *pasado de revoluciones* es importante que pares antes de perder el control.

El monje coreano Haemin Sunim, autor del ensayo *Aquello que solo ves al detenerte*, aborda esta cuestión planteando una pregunta fundamental: «Cuando todo a mi alrededor se mueve tan rápido, me detengo y me pregunto: ¿es mi mundo el que está frenético o es mi mente?».

Muy probablemente sea lo segundo. En ese caso, te aconsejo que procedas así:

1. Fuerza la quietud, deja de correr o de hacer lo que tienes entre manos ahora mismo.

2. Para detener esos pensamientos frenéticos, respira lenta y profundamente, hasta que sientas que regresa la serenidad.

3. Si estás yendo hacia algún sitio, ralentiza tus movimientos y sonríe. ¡No te puedes ni imaginar lo que ayuda!

UNA PAUSA ACTIVA

Ovidio, el gran poeta romano, recomendaba hace dos milenios: «Tómate un respiro; el campo que ha reposado da una cosecha más abundante». Cada vez que necesites una pausa, piensa que no es una pérdida de tiempo, sino una inversión para luego dar más y mejores frutos.

17
TUS FORTALEZAS

En una ocasión, preguntaron a Jim Clifton, presidente de Gallup, una gran empresa de encuestas de opinión, cuál era el mejor consejo que le habían dado en su vida. Dijo que fue uno de su padre: «Piensa que tus debilidades no se desarrollarán mucho más, mientras que tus fortalezas seguirán creciendo infinitamente».

Este consejo me parece muy relevante, porque a menudo estamos tan atentos a lo que nos falta que desdeñamos las fortalezas que tenemos de manera innata y que nos han traído hasta donde estamos.

Tenemos que desplegar esas fortalezas, hacerlas efectivas y activar ese *ON* a través de la experiencia vital.

Todo empieza por identificar cuáles son. Para llevarlo a cabo, podemos recorrer nuestra trayectoria vital y ver los momentos complicados de la vida en los que aplicamos nuestras habilidades.

TU CAJITA DE TESOROS Y HERRAMIENTAS

Pregunta a las personas que mejor te conocen cuáles fueron, desde su punto de vista, los momentos de tu vida en los que se manifestó una fortaleza tuya: una conducta, una costumbre o un hábito que ha hecho de ti una persona más sabia y valiosa. Se trata de identificar las cosas que te han rescatado en momentos complicados de la vida.

Toma nota de esos pequeños logros que alcanzaste sin darte cuenta. Son una cajita de tesoros y herramientas de las que echar mano siempre que lo necesites.

18
AFIRMACIONES

En la década de los ochenta, Louise Hay convirtió su libro *Usted puede sanar su vida* en un inesperado best seller que cambió la manera de pensar –y de hablarse– de millones de personas.

La autora parte de que el amor es una cura milagrosa, por lo que si te amas a ti mismo, vivirás milagros. En el extremo opuesto, las personas que alimentan ideas y creencias negativas sobre ellas mismas sufren toda clase de trastornos y problemas.

Si el tono de nuestros pensamientos configura nuestro presente y, por tanto, también nuestro futuro, es fundamental prestar atención, ya que lo que creemos de nosotros y de la vida acaba siendo nuestra verdad y realidad.

A partir de la idea de que el universo nos apoya en todo lo que decidimos pensar y creer, Louise Hay afirma:

> *Si me digo que el amor está en todas partes, y que soy capaz de amar y digna de amor, y me adhiero a esa nueva afirmación y la repito frecuentemente, esa llegará a ser mi verdad. En mi vida aparecerán personas capaces de amar, las que ya forman parte de ella demostrarán más amor, y yo descubriré lo fácil que me resulta expresar mi amor a los demás.*

EMPIEZA LA JORNADA CON AFIRMACIONES

Escribe tres afirmaciones positivas sobre tres ámbitos en los que quieras influir —por ejemplo: tu autoestima, el trabajo y el amor— y empieza el día leyéndolas antes de que te arrastre la vorágine de tareas. Tienen que ser en primera persona, en positivo y cortas y fáciles de recordar.

Un par de ejemplos:

- *Me quiero tal y como soy.*
- *Doy lo mejor de mí cada día.*

Este sencillo ejercicio de leer tus afirmaciones hará que sintonices un canal positivo en tu emisora mental para empezar el día.

19
¿CÓMO LE PIDES AL UNIVERSO LO QUE DESEAS?

De las afirmaciones vamos a pasar a los deseos. Prácticamente todo el mundo tiene algún deseo que le gustaría materializar.

En uno de los pasajes más célebres de *El alquimista*, Paulo Coelho afirmaba que «cuando quieres realmente una cosa todo el universo conspira para ayudarte a conseguirla».

Esto ha llevado a pensar a más de uno que basta con pedir al universo lo que quieres para obtener esta ayuda. Sin embargo, yo te propongo llevar esta cuestión más allá. Cada vez que le pidas algo al universo, pregúntate para qué deseas eso con tantas ganas. ¿Eso que quieres es lo que realmente necesitas?

Si es algo que de verdad te falta, analiza cómo puedes programar tu plan de acción, poniendo el foco en lo que deseas conseguir y siempre desde la apertura a nuevas posibilidades, no desde la carencia.

Quizá lo que en este momento ves como una necesidad se diluya en el tiempo y llegue otra cosa mucho más importante que ahora ni siquiera sospechas.

¿QUÉ ESPERA LA VIDA DE MÍ?

Más allá de nuestros deseos y supuestas necesidades, la vida nos manda señales que son invitaciones a recorrer determinados caminos. Para contestar a la pregunta de este pequeño ejercicio, presta atención a tus capacidades y talentos. ¿Dónde, en qué y cómo puedo ser más útil en este momento de mi vida?

20
ENTRENAR NUESTRO CEREBRO

Quisiera confesarte algo que me ocurre a veces, ya que creo que puede servirte si te encuentras en esta situación.

En ocasiones, me cuesta recordar el nombre de algunas personas, el título de un libro o de una película. Si, además, me pongo nerviosa, me resulta aún más difícil y me bloqueo. Lo que sí recuerdo es la emoción que me evocan esas personas, pero eso da para otra reflexión.

Depende de la situación, puede ser un poco violento; sin embargo, cuando me lo tomo con humor, enseguida me viene el dato que estaba buscando. ¿No es fabuloso?

Esto no me ocurre ni con las canciones ni con los poemas. Tal vez por mi trabajo tenga la parte audiovisual más desarrollada.

Con el tiempo he aprendido que la clave está en rebajar la presión, no obsesionarme con recordarlo al instante y saber que mi mente, a veces, también tiene días malos. Para enfrentarme a esta carencia, practico unos ejercicios de agilidad mental creados por mi querida Catalina Hoffmann, que forman parte de su método *Neurofitness*.

DOS CONSEJOS PARA UN CEREBRO SANO

Catalina Hoffmann, especialista en estimulación cognitiva y en entrenamiento cerebral, recomienda dos sencillas medidas que podemos seguir:

1. *Hidratación.* Dado que el cerebro se compone mayormente de agua, es importante hidratarnos bien, antes incluso de tener sed.
2. *Oxigenación.* Inspirar por la nariz, elevando el pecho, el diafragma y el vientre, para expulsar luego el aire suavemente por la boca, como si apagáramos una vela.

Así que recuerda: para cuidar tu cerebro, cada mañana, al levantarte, bebe un buen vaso de agua y oxigénate tres veces siguiendo este modelo.

21
SABER OBSERVAR

En contraposición a lo que te he contado en la reflexión anterior acerca de la manera en que soy incapaz de recordar algunos nombres, me considero una gran observadora.

Tengo facilidad para leer lo que me rodea, así como las emociones y energías que se manifiestan. Esa es una información *distinta* que recibo de la persona que tengo delante, del autor que leo, de la obra artística que contemplo o de la música que escucho. Es algo que me sucede desde niña.

Me quedo con detalles muy pequeños que a otros se les escapan. De esto me di cuenta al descubrir lo mal que me oriento y lo que me cuesta interpretar un mapa. ¡Los planos, en cambio, se me dan bien!

¿Te consideras una persona observadora? Si eres capaz de prestar atención a los detalles, ganarás capacidad perceptiva en tu universo cotidiano.

UN EJERCICIO DE OBSERVACIÓN

En la habitación o el espacio donde lees este libro, te propongo que mires a tu alrededor como si vieras por vez primera el lugar donde estás. Fíjate en algún detalle que hasta ahora te había pasado desapercibido. ¿Qué te dice este descubrimiento? Puede que llegues a la conclusión de que pasamos buena parte de la vigilia dormidos.

22
MAESTROS COTIDIANOS

Reconozco que nunca he sido muy social. Ni siquiera de niña lo era. Sé que me muevo en un entorno en el que parece complicado no serlo, pero me las arreglo siempre para descubrir entre la multitud a alguien con quien tener una conversación cercana y emocionante. Eso me llena y da sentido a mi vida.

Me lo tomo como un regalo, porque, a partir de la gente que tengo la fortuna de conocer, aprendo y me siento más alegre con lo que tengo y soy. Me genera calma y gratitud conocer esas historias de vida.

Sin embargo, otras veces, especialmente en mi profesión, me encuentro frente a gente con la que siento que comparto poco.

Hoy te animo a que pienses con gratitud en el primer grupo, el de esas personas que se cruzaron en tu camino y que, sin que esperases nada, al final te procuraron una lección valiosa para la vida.

EL SÉQUITO HACE A LA REINA

Esta variante del *hábito hace al monje* podría haber sido pronunciada por el empresario y conferenciante Jim Rohn, que afirmaba que somos la media de las cinco personas con las que pasamos más tiempo.

¿Quiénes son en tu vida esas cinco personas y cómo las puntuarías en un valor que te interese desarrollar? ¿Qué media obtienes a partir de todas ellas? ¿Conoces personas de valor que podrías incorporar a tu círculo para *subir nota*?

23
EL ESPEJO DE LOS DEMÁS

Has observado alguna vez que, en los malos momentos, atraes a personas de signo negativo, así como sucede lo contrario cuando estás en paz contigo?

Ya en la antigüedad, Hermes Trismegisto decía que «como es adentro, es afuera»: cuando una persona no se acepta y no se ama, ese mismo desequilibrio se traduce en sus relaciones con otras personas.

Los demás nos hacen de espejo. Muchas veces nos molesta algo de alguien, justamente porque compartimos ese mismo punto a mejorar. Por el contrario, reconocer lo que el otro hace bien a veces nos da vergüenza o apuro. Sin embargo, en cuanto empiezas a hacerlo, no solo descubres la belleza del reconocimiento, sino que te sientes parte de aquello que admiras.

Al reconocer cosas en los otros, también aprendes a verlas en ti. Siguiendo la ley del espejo: sé generoso con los demás y los demás lo serán contigo.

¿Qué dice el mundo que te rodea, en este momento vital, de cómo estás por dentro?

HAZ LAS PACES CONTIGO

Si queremos sanar el mundo, debemos empezar sanándonos a nosotros mismos. Para ello, merece la pena chequear cómo estamos por dentro:

- ¿Cómo puedo aceptarme como soy y estar donde quiero estar?
- ¿Cómo me doy permiso para ser imperfecto, como toda persona en crecimiento?
- ¿Cómo puedo perdonar lo que no me gusta de mi pasado?
- ¿Cómo puedo ser consciente de mis valores y talentos?

24
EL SEGUNDO ACUERDO

Naciste con el derecho de ser feliz. Naciste con el derecho de amar, de disfrutar y de compartir tu amor. Estás vivo, así que toma tu vida y disfrútala», decía Miguel Ruiz, el autor del clásico *Los Cuatro Acuerdos*.

Inspirado en la sabiduría tolteca, este autor afirma que los acuerdos más importantes son aquellos que establecemos con nosotros mismos. Recordemos cuáles son los que él propone:

1. *Sé impecable con tus palabras.*
2. *No te tomes nada personalmente.*
3. *No hagas suposiciones.*
4. *Haz siempre lo mejor que puedas.*

El Segundo Acuerdo resuena a muchas personas porque la mayoría de las fricciones con los demás vienen de no cumplir con él. En palabras de Miguel Ruiz:

> *Nada de lo que los demás hacen es por ti. Lo hacen por ellos mismos. Todos vivimos en nuestro propio sueño, en nuestra propia mente; los demás están en un mundo completamente distinto de aquel en que vive cada uno de nosotros.*

LIBRE DE OPINIONES

Sobre esto, el guía espiritual Sergi Torres nos ofrece un sencillo ejercicio para tener en cuenta: nunca te tomes en serio nada que piensen los demás o tú mismo. Asume que se trata simplemente de opiniones, de interpretaciones, no de la realidad.

25
INCERTIDUMBRE POSITIVA

Hablemos de la incertidumbre. Es una sensación que, hoy en día, nos es muy familiar. Convivimos con ella a menudo, especialmente a partir de los grandes cambios que ha sufrido el mundo en los últimos años.

A la mayoría de nosotros nos asusta, pero la verdad es que todo o casi todo es incierto en esta vida. También las cosas buenas son inciertas, no sabemos si llegarán o no. Por eso es importante que la incertidumbre no nos bloquee. ¿Cuáles son las claves para gestionarla y superarla?

Andrés Pascual, autor de *Incertidumbre positiva*, establece la siguiente distinción:

Incertidumbre = incapacidad para predecir tu futuro.

Incertidumbre positiva = capacidad para crear tu futuro.

Ciertamente, en las situaciones de más incertidumbre resulta imposible saber qué pasará, pero al mismo tiempo es el momento más interesante para hacer cambios vitales y aprovechar las nuevas oportunidades que brinda toda crisis.

Cuando el mundo parece haber perdido el rumbo, la manera que tenemos de predecir el futuro es crearlo.

VIVIR EN TIEMPO PRESENTE

Si sientes que el futuro te abruma, y que reina el caos y la confusión, el remedio para recuperar la calma es enfocarse en este día. Quizá no puedas saber qué pasará en un año, ni siquiera en unos meses, pero lo que suceda hoy está en tus manos. Y, al final, el futuro se construye con la suma de muchas jornadas como hoy.

26
EMPATÍA

Si hay algo que nos hace sentir vivos es la conciencia de pertenecer a algo más grande que uno mismo, poder conectar de forma profunda con las personas que nos rodean.

Dicho de otra forma: tener empatía.

Personalmente, esta es una de las cualidades que más valoro en cualquier persona: la capacidad de ponerse en el lugar del otro y acompañarlo desde la emoción, sin juicios ni prejuicios. Es sentir que, de alguna manera, lo que sea que le ocurre nos está ocurriendo también a nosotros.

En el budismo, un término cercano a la empatía es la compasión, que no significa tener lástima por alguien, sino unir nuestro sentimiento al suyo. La gran experta en religiones Karen Armstrong lo define así: «Cuando sentimos con el otro, nos destronamos del centro de nuestro mundo y ponemos a otra persona ahí».

Y lo mejor es que, al hacerlo, no solo ayudamos a la otra persona, sino que nos sentimos mejor, más conectados a la humanidad y al universo entero.

Sobre esto, la profesora norteamericana Brené Brown señala: «La empatía es la escalera que nos saca de un mismo agujero».

SAL DE TUS ZAPATOS

Un ejercicio básico para entrenar la empatía consiste en elegir a una persona a la que te resulte difícil entender o te genere rechazo. Dedica quince minutos a imaginar cómo es su vida, las dificultades a las que se enfrenta día a día, sus frustraciones y deseos insatisfechos. Camina con ella imaginariamente durante ese tiempo y estarás más cerca de comprenderla.

27
EL PODER DE LA GRATITUD

En esta reflexión quiero hablarte sobre el poder de la gratitud. Hay dos maneras básicas de relacionarse con el mundo: a través de la queja o del agradecimiento.

La primera nos instala en la carencia y la negatividad. La segunda, en la abundancia y la gratitud.

Practicar esta última te permite sintonizar con el lado amable de la vida, de modo que, cuanto más agradeces, más motivos encuentras para dar las gracias. Es un estado de consciencia elevado que te proporciona energía creativa.

Prueba de ello es un estudio llevado a cabo por los investigadores Emmons & McCullough, que midieron el bienestar de un grupo de voluntarios después de diez semanas escribiendo un diario de gratitud, frente a un segundo grupo que se centró en los problemas cotidianos, y un tercero que relató los acontecimientos vividos de forma neutral.

El resultado fue que el primer grupo se sentía un 25 por ciento más feliz que el resto y manifestó mayor optimismo de cara al futuro.

ELABORA TU DIARIO DE GRATITUD

Hoy te invito a que escribas al principio de cada jornada tres cosas por las que te sientes afortunado por este nuevo día. Antes de acostarte, escribe lo mejor que te ha sucedido hoy y expresa tu agradecimiento. Esto te permitirá cultivar la gratitud y sintonizar cada vez más fácilmente con esta poderosa energía.

28
COMPARTE TU LUZ

Eres una persona valiosa. Tienes cualidades que te hacen única y auténtica. Sobre esto, el violoncelista Pau Casals nos legó una bella reflexión que quiero compartir:

> *Cada segundo que vivimos es un momento nuevo y único del universo, un momento que jamás volverá... Y ¿qué es lo que enseñamos a nuestros hijos? Pues, les enseñamos que dos y dos son cuatro, que París es la capital de Francia. ¿Cuándo les enseñaremos, además, lo que son? A cada uno de ellos deberíamos decirle: ¿Sabes lo que eres? Eres una maravilla. Eres único (...) Debes esforzarte –como todos debemos esforzarnos– por hacer el mundo digno de sus hijos.*

Ese esfuerzo supone no quedarte con tu luz: debes compartirla con los demás, para contribuir a su iluminación. No te quedes nada para ti. Compártelo, por pequeño que sea.

El mundo está necesitado de tu generosidad y, por lo tanto, también de tu genialidad y autenticidad. Al final, cuanto más compartes tu don, más lo desarrollas, multiplicando y expandiendo su efecto a la vez.

¿CUÁL ES TU ELEMENTO?

Esta es una pregunta que nos formulaba sir Ken Robinson, el gran experto en educación fallecido en 2020. Así como el agua es el elemento del pez, cada persona tiene un determinado entorno o situación donde se desarrolla con más facilidad y puede brillar con luz propia.

Piénsalo. ¿Cuál es el tuyo?

29
LOS TRES FILTROS

Se cuenta que un alumno de Sócrates fue a verlo para decirle que acababa de oír algo acerca de uno de sus discípulos.

–Espera –lo frenó el sabio–. Antes quiero que pases la prueba de los tres filtros.

–¿Los tres filtros?

–Sí, y el primero es el de la verdad. Necesito que me digas si estás seguro de que lo que vas a contarme es cierto.

–Bueno... lo acabo de oír y no sé si...

–Es decir, que no lo sabes –dijo Sócrates–. Entonces vayamos al segundo filtro: el de la bondad. ¿Lo que quieres contarme es bueno para mi discípulo?

–¡Me temo que no! Al contrario.

–Entonces... pretendes contarme algo malo sin saber si es cierto. Bueno, aún podrías pasar el tercer filtro: el de la utilidad. ¿Esto que quieres contarme, me va a ser útil?

–Pues, sinceramente..., ¡creo que no!

–Entiendo. Si no es cierto ni bueno ni útil... ¿para qué contarlo? –concluyó Sócrates.

EL VALOR DE CALLAR

Esta historia atribuida a un pilar de la filosofía griega nos aporta una herramienta muy valiosa que puede sernos útil cuando tengamos una información que podría herir a alguien. Si no pasa la prueba de los tres filtros, lo mejor es que desestimemos la información y no digamos nada.

30
PENSAMIENTOS POSITIVOS

Volvamos a hablar de una de las científicas más brillantes de este país, por lo que respecta a neurociencia y a la conexión entre el cerebro y el cuerpo: Nazareth Castellanos.

Al contrario de lo que suele creerse, afirma que el cerebro recibe y gestiona mejor y retiene más tiempo los mensajes positivos que los negativos.

Además, Castellanos resalta el hecho de que podemos adelantarnos tanto a los buenos como a los malos mensajes: «Según la literatura científica, el cuerpo sabe lo que la mente aún no. Por eso, si tenemos consciencia corporal, podemos conocer la reacción antes de expresar la emoción».

Esto es especialmente interesante, porque nos da la clave para definir cuál queremos que sea el tono de nuestra vida.

¿Y si en lugar de amargarnos con informaciones negativas, que nos provocan ansiedad y desesperanza, comenzamos a promover mensajes de signo opuesto?

Si empezamos a hablarnos con frases que nos hagan sentir mejor, al mismo tiempo estaremos creando una actitud a favor de lo que pueda venir. De manera inconsciente, además, estaremos preparados para los inconvenientes que nos traiga la vida.

EN CLAVE POSITIVA

Te propongo que escribas cinco cosas positivas en un papel. Luego, léelas en voz alta y piensa cuál de ellas vas a tener más presente en el día de hoy.

¿De qué manera vas a honrarla? ¿Con quién la compartirás? ¿De qué manera convertirás esa clave positiva en un bello recuerdo?

31
DECÍDELO CON CALMA

Se atribuye a san Ignacio de Loyola esta regla: «En tiempo de desolación nunca hacer mudanza». La recomendación de este religioso guipuzcoano que fundó la Compañía de Jesús encaja con uno de los conceptos clave de la sabiduría china: el *Wu Wei*.

Traducido como *no hacer*, este concepto apunta a que hay momentos para la acción y otros para la prudencia y la observación, en especial cuando vivimos épocas turbulentas.

En las relaciones interpersonales, por ejemplo, cuando los ánimos están muy crispados, conviene dejar que los nervios se relajen y encontrar una ocasión más oportuna para reconducir las cosas. En estos instantes, el *Wu Wei* es lo mejor que se puede hacer.

Para las grandes decisiones o cambios drásticos, espera a estar bien: en calma y en un momento más feliz.

DALE 24 HORAS DE TIEMPO

El popular consejo de *consultarlo con la almohada*, cuando se trata de una decisión importante, me parece de lo más acertado. ¿Cuántas veces nos dejamos llevar por la impulsividad y luego lo lamentamos?

La próxima vez que tengas que tomar una decisión muy relevante, no digas *sí* o *no* de inmediato. Date 24 horas para, desde la calma, optar por la opción más inteligente.

32
VISUALIZA TU OBJETIVO

A menudo nos sentimos bloqueados ante algo que queremos conseguir, pero que no sabemos con precisión qué es. Eso ocurre porque no le hemos dado aún forma.

Para dársela, lo mejor es llevar a cabo una visualización.

Antes de cerrar los ojos, prepara el ambiente: puedes poner una música para inspirarte o tal vez prefieras el silencio; puedes hacerlo a la luz de las velas o en un lugar en penumbra. Personalmente, a mí me ayuda mucho la música y una respiración muy pausada.

A la hora de comenzar, es importante estar en calma. Desde ahí, imagina cuál sería y qué forma tendría ese objetivo que quieres alcanzar.

Cuando aparezca una idea, lo recomendable es bocetarla desde la calma, sin presión. Dibuja o describe ese objetivo en un papel. Cuanto más en detalle lo plasmes, mejor. Especifica su forma, sus características, los objetos y las personas que lo rodean; puedes incluso asignarle un color. ¡Tú decides!

LA MAGIA DE LO EMOCIONAL

Algo que saben muy bien los publicistas es que las ideas o imágenes que dejan huella son las que tienen impacto emocional. A la hora de decidir aquello que quieres visualizar, elige algo que despierte en ti una emoción positiva y motivadora. Al nutrirla a través de tu imaginación, te preparas para alcanzarla.

33
CRONOBIOLOGÍA

Somos naturaleza. Somos parte de los ciclos de la vida y de los cambios que hay en nuestro entorno.

El paso de las estaciones, las plantas, los animales, el agua de la lluvia, el viento... Formamos parte de todo eso y a veces lo obviamos, pero la realidad es que, como naturaleza que somos, cada persona experimenta cambios y debemos integrarlos, darles la bienvenida y convivir con ellos.

La moderna cronobiología nos enseña que nuestra salud y vitalidad dependen de nuestra capacidad para adaptarnos a los ciclos de la vida. Nuestro reloj interno necesita sincronizarse con el de la naturaleza, que se expresa mayormente por la luz, por lo que las personas más longevas suelen levantarse con el sol, comen a horas determinadas y se acuestan con la oscuridad.

¿Llevas tu reloj interno sincronizado con el de la vida?

CELEBRA LAS ESTACIONES

Honra y celebra los ciclos de las estaciones. Te propongo acciones para dos momentos clave del año:

- *Solsticio de verano.* En muchos países, la verbena de San Juan da la bienvenida a la nueva estación y se encienden hogueras. Escribe en un papel lo que quieres hacer desaparecer en tu vida y quémalo.
- *Solsticio de invierno.* Crea tu propio ritual para recibir esta estación tan adecuada para el recogimiento y la reflexión. Por ejemplo, con una infusión caliente, puedes anotar en un papel los principales acontecimientos que has vivido este año y tus proyectos para el siguiente.

34
¿CÓMO TE HABLAS?

Hoy me gustaría invitarte a prestar atención sobre cómo te hablas a ti mismo.

¿Cómo te expresas? ¿De qué manera cuentas tu historia? ¿Qué palabras y expresiones utilizas? ¿Cómo conjugas los verbos?

Hay personas que utilizan, sin darse cuenta, un lenguaje negativo al contar su realidad o describirse ellas mismas. Hablan en clave de carencia, de lo que les falta, y no de lo que tienen, lo cual les pondría en la senda de la gratitud.

Otras conjugan sus verbos en pasado, como si estuvieran de vuelta de todo..., o fían su suerte al futuro, ignorando el ahora.

Es importante saber cómo hablamos, porque en el lenguaje laten nuestras creencias y nuestra forma de relacionarnos con el mundo.

Tanto si hablas a otros como si te hablas a ti mismo, sé consciente de las palabras que eliges, porque a través de ellas defines tu realidad. Opta por un lenguaje que te permita tener un discurso positivo, abierto y generoso contigo.

ABANDONA EL CONDICIONAL

Una forma sutil de procrastinar es usar el tiempo futuro o condicional en lugar de una afirmación: *Si tuviera..., entonces podría...* o bien *Cuando..., entonces podré...*

Como pequeño ejercicio, te voy a proponer que cada vez que te descubras utilizando el condicional o un futuro incierto, cambies esta fórmula que sitúa el poder fuera de ti por una afirmación en la que tú eres el protagonista: *Voy a...*

35
ERES INCOMPARABLE

En los tiempos que corren, en los que parece que nuestra vida es un escaparate y tenemos que intentar estar a la altura, debemos tener muchísimo cuidado a la hora de compararnos con los demás. Es algo que hacemos de forma habitual y que constituye un gran error. Muy probablemente saldremos perdiendo en comparación con lo que vemos en otros. Y esta manera de castigarnos solo conduce a dañar nuestra autoestima.

Cada persona es como es y sigue su camino, a su propio ritmo. Lo que les sirve a los demás quizá no sea lo más adecuado para ti. O quizá sí y te ayude a ver por dónde avanzar, pero hay que ir con cuidado.

Es normal que esto suceda, porque nos lo han inculcado desde muy pequeños con mensajes como: *Mira, tu hermano ha terminado toda su comida; mira Fulanito, qué bien se porta.*

Estos mensajes de la infancia nos impulsan hoy, de forma inconsciente, a compararnos con los demás, casi siempre a la baja. Pero incluso cuando son para bien, las comparativas son siempre arriesgadas y engañosas.

Como cantaba Sinéad O'Connor, «nothing compares to you».

EL CONSEJO DE JORDAN PETERSON

Uno de los autores más respetados en Estados Unidos nos recomienda en su cuarta regla para la vida: «Compárate con quien eras tú ayer, no con quien alguien es hoy».

Cuando te quitas la responsabilidad y el peso de compararte con los demás, es cuando verdaderamente eres libre.

36

ROMPER CON LOS PATRONES

Te has preguntado alguna vez por qué hay determinados *errores* que repetimos una y otra vez? En la mayoría de los casos es porque no somos conscientes de ello.

Cuando te das cuenta de que has tomado las mismas decisiones poco acertadas, ya tienes media solución en tus manos. La otra media es pasar a la acción y cambiar tus hábitos o actitudes.

Para adquirir consciencia, podemos tomar alguno de esos momentos en los que repetimos un patrón. Por ejemplo, en relaciones de pareja. Imagina que una persona elige de forma reiterada parejas que no respetan su libertad personal.

Si echa la vista atrás, tal vez relacione este patrón con un padre o madre que coartaba su libertad, pero a quien estaba muy apegado y de quien necesitaba su aprobación.

Al desvelar el argumento primigenio, el motivo original por el que nos comportamos así, entonces podemos desactivar el patrón. Si es necesario, incluso buscando la ayuda de un terapeuta.

El primer paso para cambiar nuestra forma de hacer las cosas es cuestionar el motivo original por el que nos comportamos así. Hacer consciente la parte inconsciente que hay detrás de una creencia es un punto de partida clave para cambiar un patrón.

EL ELEFANTE Y LA ESTACA

Uno de los cuentos más célebres de Jorge Bucay tiene como protagonista a un elefante a quien de pequeño ataron a una débil estaca y, siendo ya mayor, sigue atado a ella porque no sabe que es lo bastante fuerte para arrancarla.

Aplica esta metáfora a tu vida y pregúntate:

- ¿A qué estacas ya no debería estar atado?
- ¿Qué hábitos o actitudes tenían sentido en el pasado pero ya no lo tienen en mi presente?

37
EXPRESA LO QUE NECESITAS

Con los años he descubierto lo importante que es comunicarnos bien con las personas que tenemos delante, empezando por darles la información que necesitan de manera correcta y clara.

Unas veces no sabemos expresar lo que queremos y otras no entendemos lo que el otro quiere decirnos o bien no nos atrevemos a preguntar. O simplemente no le damos importancia a un momento crítico para el otro.

El remedio a todas estas situaciones puede resumirse en una sola palabra: comunicación. Pero no cualquier clase de comunicación.

El psicólogo Marshall Rosenberg acuñó la CNV, la Comunicación No Violenta, para referirse a una forma de expresarnos que, sin herir al otro, pone en claro nuestras necesidades, como veremos en el ejercicio que se propone a continuación.

TRANSFORMA EL REPROCHE EN EXPRESIÓN DE TU NECESIDAD

Si en lugar de reñir o señalar al otro, con lo cual solo logramos que se ponga a la defensiva o que contraataque, expresamos de manera clara y amable lo que nos hace falta, lo difícil se vuelve fácil.

Un ejemplo práctico:

En lugar de decir a tu pareja *estoy harto de que estés ausente todo el tiempo*, puedes decir *necesito que pasemos más tiempo juntos*.

38
ORDEN Y CONCIERTO

Cómo es el espacio en el que vives o trabajas? ¿Te inspira calma o es un lugar caótico en el que pierdes mucho tiempo buscando dónde están las cosas?

Personalmente, cuando lo tengo todo en su sitio, me siento más tranquila y serena. Por ese motivo me gusta dedicar tiempo a ordenar mis espacios. Desde mi despacho, los papeles, los libros, la agenda... hasta el frigorífico.

He comprobado que, cuanto más ordenado se encuentra tu entorno, así como tu imagen, tu mente en general está también más ordenada y armónica.

A mí me gusta llamarlo *orden y concierto*, porque todo está en su sitio y *concertado*, lo que quiere decir que tiene un volumen, un espacio y una luz particular. Hay un equilibrio y eso me permite también, a la hora de sentarme y visualizar, tener una claridad y una perspectiva mucho más adecuada para lo que necesito hacer.

EL MÉTODO KONAMARI

El popular sistema de Marie Kondo para mantener la casa en orden tiene unos principios muy básicos y eficaces:

- El orden empieza por eliminar todo aquello que no necesitas.
- Cuanto menos cargada de cosas está una casa, más habitable es. Eso influye de forma positiva en tu estado de ánimo.
- Decir adiós a lo inútil es una forma de decir adiós al pasado y purificarse.
- En caso de duda, pregúntate si un determinado objeto te produce felicidad. Si la respuesta es *no*, puedes desprenderte de él.

39
DESDE EL SILENCIO Y LA CALMA

Seguro que has vivido situaciones de estrés o irritación en las que el tono de las voces que discuten va subiendo. En estos casos, no solo no se arreglan las cosas, sino que suelen empeorar.

Mantener el silencio en una situación delicada es mejor que dar opiniones que no te han pedido.

Cuando se produce una discusión o enfado entre varias personas, me parece interesante observar lo que sucede desde la calma y el silencio. Me limito a recibir lo que me llega a través de los sentidos sin juicios, de la forma más objetiva posible.

Al estar en calma y en silencio, ayudamos a no crispar más la discusión, favoreciendo un clima de concordia.

Para llevarlo a cabo solo necesitas aportar una mirada serena, estar presente para acompañar a quien se encuentra en un momento difícil, sin entrar a valorar nada.

CUIDADO CON LOS CONSEJOS NO SOLICITADOS

El conferenciante Joan Antoni Melé, impulsor de la banca ética en España, advierte del peligro de dar consejos a quien no nos lo ha pedido. Esto puede crear incomodidad en el otro por varias razones:

- Muy probablemente, la persona solo quiere que la escuchemos y comprendamos, no que le demos nuestras soluciones.
- Lo que nosotros haríamos no tiene por qué coincidir con lo que necesita hacer la otra persona, porque somos mundos distintos.
- Decir al otro lo que debería hacer a menudo se percibe como soberbia, no hay una equidistancia entre las partes.

40
SLOW LIFE

Estamos tan acostumbrados a la cultura de lo instantáneo, en la que todo se logra con un clic, que hacer las cosas despacio se ha convertido en un reto.

Me parece todo un arte la capacidad de observar, comer, bailar, caminar, pensar y sentir despacio, disfrutar de la pausa o la cadencia con la que hacemos las cosas.

Y no se trata de pegar frenazos cuando nos sentimos colapsados, para luego volver a correr, sino de vivir de forma un poco más lenta para poder apreciar los regalos que nos brinda la existencia.

Me gusta llamar *el baile de la vida* al hecho de ir más despacio. Un truco para promover este ritmo puede ser poner una música un poco más lenta de la que solemos escuchar, para incorporar esa lentitud a nuestro cuerpo.

La *slow life* no se limita solo a cómo nos movemos o al tiempo que dedicamos a cocinar un plato con cariño, sino que también incluye una gestión más tranquila de nuestros pensamientos y emociones, poniendo atención a lo que decimos y hacemos.

Lentamente, pero sin perder la cadencia, la vida nos ofrece toda su belleza y sus matices.

CINCO MEDIDAS CONTRA LAS PRISAS

Carl Honoré, autor de *Elogio de la lentitud*, nos propone algunas iniciativas para vivir de manera más relajada y atenta:

1. No sobrecargues tu agenda, prescinde de todo lo que puedas.
2. Cuando estés con tu familia o con tus amigos, desconecta el móvil.
3. Tómate tu tiempo para comer y beber, tu cuerpo lo agradecerá.
4. Pasa tiempo contigo mismo, no temas al silencio.
5. Si has contraído el virus de la prisa (es una epidemia mundial), intenta curarte.

41

VITAMINA C DE CURIOSIDAD

Te has parado a pensar alguna vez en los regalos de la curiosidad? Esta *vitamina* para la imaginación es fundamental en la vida de cualquier ser humano. Desde niños desarrollamos un sentido de la curiosidad que, poco a poco –desde mi punto de vista–, se va apagando en la mayoría de las personas.

Cuando damos las cosas por sabidas y nos quedamos con lo obvio, la falta de curiosidad nos cierra muchas puertas: limitamos la imaginación y el aprendizaje, perdemos nuestra capacidad de sorprendernos con las cosas y preguntarnos qué hay más allá.

Para volver a nutrir tu curiosidad, cuestiónate cualquier cosa que des por sentada. Desafía la visión que tengas del mundo y de ti mismo.

UN RETO PARA MENTES CURIOSAS

Para aportar esta vitamina C a tu mente, te propongo el siguiente reto mensual:

- Entabla conversación con al menos una persona de tu trabajo o entorno con quien nunca te has parado a charlar.
- Lee un libro de un autor o una autora que no conozcas.
- Visiona un documental sobre un país o una época de la historia que no te resulte familiar.
- Pasea por una calle o zona del lugar donde vives en la que nunca hayas estado.

42
ACEPTA LA AYUDA

Prácticamente todo el mundo disfruta ofreciendo su ayuda a los demás. Sentirnos útiles eleva nuestra autoestima y puede incluso sacarnos de un momento delicado de nuestra propia vida.

–¿Qué puedo hacer cuando esté desanimado? –se dice que preguntaron a Teresa de Calcuta.

–Anima a otro –respondió.

Lo interesante es que a muchas personas les cuesta hacer el camino contrario: dejarse ayudar. Sea porque tienen la creencia de que al dejarse ayudar son más débiles, o por el deseo legítimo de no molestar, niegan al otro este privilegio.

Así que, además de ayudar a quien lo necesite, es fundamental que te dejes ayudar y acompañar, especialmente cuando te encuentres en un proceso de cambio.

Ya se trate de un amigo, un familiar, un profesional, un maestro o de tu pareja, deja que los que te quieren te ofrezcan ayuda y se sientan útiles. Asume que eres importante para los demás.

¿QUIÉN PUEDE SER MI *SENPAI*?

En las empresas japonesas, la persona nueva que entra queda al cargo de un *senpai* que la guiará. Se trata de un mentor con muchos años de experiencia en esta tarea concreta que ayuda al *kohai*, el discípulo, a crecer y superar los retos que encontrará en su nuevo puesto.

En cualquier faceta de tu vida, si te enfrentas a una dificultad que no sabes cómo resolver, busca a una persona con experiencia en ese campo o situación. Muy probablemente se mostrará feliz de ser tu *senpai*.

43
NADIE COMO TÚ PARA CUIDARTE

Tal como sucede con la ayuda, también nos resulta más fácil cuidar de los demás que de nosotros mismos. Tendemos a ponernos muy abajo en nuestra lista de prioridades. Como decía el novelista Robert Louis Stevenson: «No hay deber que descuidemos tanto como el de ser felices».

Si nadie cuida a la persona cuidadora –algo que corresponde a uno mismo–, esta ve menguada incluso su capacidad de cuidar a los demás.

Por eso es importante tener detalles contigo, ya sea un poco de tiempo personal, un masaje o cualquier otra actividad que te regale bienestar.

Al cuidarte, celebras la vida y la intimidad con tu ser. Comprarte un libro, escuchar una canción que te gusta, hacerte la manicura, darte un baño o pasar tiempo con alguien a quien quieres mucho. ¡Todo esto te da vida!

Los pequeños instantes de autocuidado hacen que, de repente, la existencia adquiera más sentido. Son granitos de arroz para demostrarte que eres importante para ti mismo.

ELIGE TU PREMIO

Si estás haciendo una tarea que te resulta especialmente larga y pesada, fíjate una gratificación para celebrar que has terminado. Puede ser un regalo espiritual, intelectual o incluso físico, darte un pequeño placer para celebrar que lo has hecho bien y que la vida no son solo obligaciones.

44
ASERTIVIDAD

Saber decir *no* es igual de importante que decir *sí*. Cada vez que nos negamos a algo que sentimos que no debemos hacer, ponemos límites y damos oxígeno a nuestros anhelos, priorizando lo que consideramos que es mejor para nosotros.

Sin duda, decir *no* nos cuesta muchas veces, porque tememos herir los sentimientos de los demás o no cumplir sus expectativas. Pero un *no* a tiempo facilita las relaciones y la vida en general, ya sea a nivel personal o profesional.

Hay muchas formas de decir *no*, ahí reside la clave, como veremos en el ejercicio de esta reflexión.

En todo caso, al rechazar lo que no nos resuena, decimos «sí» a otras cosas importantes, damos la bienvenida a otros espacios, personas y posibilidades. Y no se trata de negarnos a todo, sino de encontrar el equilibrio entre lo que necesitamos y lo que los demás necesitan.

Jim Carrey, en su divertida comedia *Di que sí* encarna a un empleado de banca que tras años dando negativas, pasa por un seminario de autoayuda y se propone durante un tiempo decir *sí* a todo, con consecuencias catastróficas.

Se trata, al fin y al cabo, de encontrar el perfecto equilibrio.

NO, PERO...

Los especialistas en asertividad ofrecen técnicas para negarnos con una sonrisa y sin sentirnos culpables. Una de ellas es acompañar el *no* con una alternativa para quien solicita ayuda.

Dos ejemplos:

No puedo cuidar de tu hijo este sábado, pero te paso el teléfono de un excelente canguro.

No tengo tiempo para hacer la tarea que me pides, pero puedo ponerte en contacto con una especialista en la materia.

45

EL VALOR DE LAS PREGUNTAS

Cuando uno tiene dudas, es importante dejarlas en reposo y preguntarte a ti mismo antes de lanzarlas al mundo. Quizá solo tú puedas darles respuesta.

Una fábula tradicional cuenta que había un rabino que insistía a sus seguidores en que debían aprender por sí mismos. Sin embargo, siempre había gente que acudía a él esperando que les diera respuestas.

Cansado de esta situación, una mañana decidió fijar un cartel delante de su casa donde se leía: *SE CONTESTARÁN DOS PREGUNTAS POR 100 $.*

Tras pensárselo un buen rato, uno de sus discípulos más adinerados decidió llamar a su puerta para formularle dos importantes preguntas. Le pagó de antemano la cantidad fijada y le dijo:

–¿No son cien dólares una cifra desorbitada para dos preguntas?

–Sí –respondió el rabino–. ¿Cuál es la segunda pregunta?

DEJA DESCANSAR LAS PREGUNTAS

El rabino quiere animar a su discípulo a que indague y responda él mismo a sus cuestiones. Te habrá sucedido alguna vez, sin embargo, que hay preguntas para las que no tienes *todavía* respuesta. En estos casos, puedes seguir este procedimiento:

1. Escribe tu pregunta en un cuaderno o en una hoja de papel doblada y guárdala 24, 48 horas o incluso una semana, según su dificultad.
2. Durante este periodo, no hagas ningún esfuerzo en hallar la respuesta.
3. Transcurrido el *tiempo de descanso vuelve a ella y escribe libremente lo que te venga a la cabeza.* Con *toda probabilidad, el inconsciente habrá tenido tiempo de plantear nuevos caminos.*

46

TU PAREJA, TU MAESTRO

El filósofo Paul Tillich decía que el primer deber del amor es escuchar.

Las relaciones que tenemos nos ayudan a crecer. Nosotros mismos, a la hora de escoger pareja, buscamos a alguien que nos comprenda. Y muchas veces eso nos ayuda a sanar heridas del pasado. En la pareja proyectamos nuestras necesidades, por lo que esta se convierte en un medio para el autoconocimiento y a su vez en una maestra de vida, ya que el hecho de que sea distinta a nosotros y tenga su propio camino nos enseña algo diferente a lo que somos y sabemos.

Es muy importante la escucha activa para resolver las fricciones que puedan darse. De otra manera, minarán nuestra relación.

Tanto si tuviste pareja en su momento y ya no está en tu senda, como si sigue contigo y te despiertas a su lado cada día, es importante valorarla y dar las gracias, porque es un espejo de tu evolución espiritual y una escuela constante para tu vida.

LAS LECCIONES DE TUS MAESTROS/AS DE VIDA

Si te sientes con ánimos de practicar arqueología personal, te propongo que hagas este ejercicio con las parejas más importantes que has tenido.

Pregúntate en cada una:

- ¿Qué me enseñó esta relación sobre la vida y sobre mí mismo?
- ¿Cuál fue la creencia que descubrí en mí en esta relación?
- ¿Quién he llegado a ser gracias a esta experiencia?

47
MODELA TU REALIDAD

Hay veces en las que envidiamos sanamente a las personas que logran algo que nosotros deseamos. El ejercicio del modelado consiste en identificar a esa persona y pensar: ¿Qué hacía o hace y tú no? Recuerda que modelar no es imitar, sino hacer tuyo todo eso, desde tus modos y tu forma de ser genuina. Se trata de integrar en tu modo de ser lo que hizo que esa persona fuese exitosa en lo que tú te propones ahora.

La idea es descifrar –incluso consultar a esa persona si tenemos la posibilidad– y conocer cómo ha alcanzado su objetivo.

Para ello necesitaremos indagar:

1. Cómo actúa
2. Qué rutinas tiene
3. Cuáles son sus hábitos
4. Qué libros ha leído y qué fuentes ha consultado

Fíjate bien en todo lo que sea relevante del proceso que ha seguido para alcanzar aquello y úsalo a tu favor.

EL MÉTODO FRANKLIN

Benjamin Franklin pasó de ser un chico humilde —decimocuarto de dieciséis hermanos— a uno de los padres fundadores de Estados Unidos. ¿Cómo lo logró? Gran lector de biografías, de cada personaje que admiraba se preguntaba qué virtud suya le faltaba a él. Llegó a identificar trece, y dedicaba una semana a la práctica de cada una de ellas.

Si quieres seguir el Método Franklin:

1. Anota las virtudes que admiras y te gustaría desarrollar.
2. Dedica una semana a incorporarlas a tu vida. En una hoja con siete columnas, pon una cruz por cada día en el que hayas llevado a la práctica esta virtud.
3. Cuando logres siete cruces seguidas, pasa a la siguiente.

48
TOMA UN BAÑO DE BOSQUE

Como muchos expertos aseguran, la naturaleza nos permite establecer una conexión con nosotros mismos. Este es el motivo por el que las personas que viven en grandes urbes y no salen nunca al campo gozan de menos salud y energía que quienes se permiten, al menos semanalmente, un baño de bosque.

En japonés se llama *shinrin-yoku* y se ha convertido en una tendencia mundial desde que se publicaron los resultados de investigaciones científicas que se iniciaron en la década de 1980 y que concluyeron que, aunque se trate solo de una salida semanal de cuatro o cinco horas al bosque, los efectos en nuestra salud física y mental son notables:

- Refuerza el sistema inmunitario, en especial, las células NK (del inglés *Natural Killer*), que combaten las células tumorales.
- Baja la presión sanguínea y el ritmo cardiaco.
- Reduce los niveles de estrés y de cortisol.
- Mejora el estado de ánimo y promueve la serenidad.
- Favorece un sueño reparador.
- Potencia la libido y la energía sexual.
- Mejora la salud visual.

INSTRUCCIONES PARA HACER SHINRIN-YOKU

1. Elige preferiblemente bosques centenarios, con senderos que sean transitables para personas de cualquier condición física.
2. Desconecta el teléfono móvil u otros dispositivos antes de empezar.
3. El paseo ha de tener un destino prefijado. Se trata de dejar que te lleven los pies, deteniéndote a descansar cuando te apetezca.
4. Los ejercicios de respiración o de meditación en movimiento ayudan a potenciar el *shinrin-yoku*.

49

DORMIR BIEN PARA ESTAR DESPIERTOS

Imagina que ya has regresado de tu baño de bosque. Cenas temprano para acostarte a una hora prudente, sincronizada con los ciclos de la vida. Pero ¿qué sucede los días laborables, cuando volvemos a casa tarde y con todo el estrés del trabajo? Muchas personas duermen poco y mal, porque gozan de un sueño superficial y poco reparador. Normalmente dormimos en ciclos de unos noventa minutos en los que se van sucediendo estas fases:

Fases I y II. Adormecimiento que sucede en los primeros diez minutos, y sueño ligero, que ocupa cerca del 50 por ciento de cada ciclo.

Fases III y IV. Relajación profunda y sueño Delta, que ocupan el 20 por ciento del ciclo.

Fase V (rem). Supone un 25 por ciento del ciclo. Hay mucha actividad cerebral y es cuando soñamos. Es vital para que la memoria se consolide.

Es muy importante poner atención a cómo vivimos las horas previas a acostarnos. ¿Cuál es tu nivel de inquietud o de agitación? Si es alto, una pequeña meditación te ayudará a lograr un poco de calma antes de dormir.

FACTORES QUE ESTROPEAN EL SUEÑO

En las 2-3 horas previas al descanso nocturno es importante resolver las tareas sencillas de menos de un minuto y que nos roban la tranquilidad. Y conviene evitar:

- Discusiones familiares o laborales. Es mejor trasladarlas a otro horario, al igual que los emails.
- Noticias catastrofistas o estresantes. Elige otra clase de contenidos.
- Pantallas. Como sabemos, merman la calidad de nuestro sueño.
- Comidas tardías o copiosas, que se traducirán en una digestión pesada.

50
SANAMENTE VULNERABLE

Brené Brown, a quien ya hemos mencionado en una reflexión anterior, tiene una charla y también un libro llamados *El poder de la vulnerabilidad*. En ellos nos invita a celebrar los beneficios de mostrar nuestro lado menos conocido, pero que precisamente nos ayuda a conectar con los demás de una manera más cercana y emocional.

Veamos cómo define la vulnerabilidad esta gran especialista:

> *Ser vulnerable es exponerte y ser visto, pero es difícil hacerlo cuando estamos preocupados por lo que la gente pueda ver o pensar de nosotros. Ser perfeccionista no es lo mismo que tratar de ser lo mejor posible. El perfeccionismo no es un logro saludable ni implica crecimiento; es simplemente un escudo.*

Cuando tendemos puentes para mostrar nuestras dudas, temores e inseguridades, creamos un vínculo de confianza con el otro, además de promover el acompañamiento mutuo.

Lejos de ser una muestra de debilidad, la vulnerabilidad se torna en lazo de unión entre las personas.

LA VULNERABILIDAD AYUDA A CONSTRUIR VÍNCULOS

Te propongo que pienses en momentos en los que te has sentido vulnerable.

- ¿Sentiste que eras «tú» más que nunca?
- ¿De qué manera te ayudó a tener empatía hacia otras personas?
- ¿Cuál es la unión más profunda que has tenido con alguien desde el dolor compartido?

Al mostrar que somos personas vulnerables, los demás nos perciben más humanos, auténticos y sinceros.

Mostrarnos tal como somos nos permite ser transparentes y conectar con los otros a un nivel mucho más profundo y genuino.

51
LA MILLA DE MÁS

Hay un concepto anglosajón muy poderoso, *The Extra Mile*, que podríamos traducir como *la milla de más* y hace referencia a superar nuestros propios límites.

Cuando vamos más allá de ese techo de cristal que nos hemos autoimpuesto, descubrimos talentos ocultos y aparecen nuevas oportunidades. La milla extra implica dejar de depender de la suerte, de las circunstancias externas, y asumir el cien por cien de responsabilidad sobre nuestro destino.

Si quieres ampliar tu ámbito de aprendizaje, desarrollar tus capacidades y tus recursos a nivel intelectual y emocional, es interesante recordar la idea de la milla de más.

Primero toma conciencia de hasta dónde has llegado.

Luego piensa qué más puedes lograr y aportar.

La clave es ir poco a poco, con la idea de mejorar la gestión de tus habilidades.

Piensa, ¿cuál es esa milla de más que puedes recorrer en este momento de tu vida?

KAIZEN EMOCIONAL

Esta célebre expresión japonesa que se traduce como *mejora continua* es aplicable también a la gestión de nuestras emociones y capacidades. No podemos esperar un cambio radical de un día para otro, pero sí conseguir, poco a poco, un progreso paulatino.

Algunas ideas:

- Intentar estar un día sin enfadarte o hacer comentarios negativos.
- Felicitarte al final de la jornada por lo que has conseguido, aunque hayas dado solo un pequeño paso en la dirección correcta.
- Concretar de forma práctica una cosa que querías hacer y que hasta ahora solo estaba en tu mente.

52
PREPÁRATE

Os voy a contar un truco muy fácil para dejar de aplazar aquellas cosas que deseamos hacer, pero que, por algún motivo, nos cuesta empezar.

Personalmente, he aprendido que muchas veces una preparación a conciencia, previa a esa actividad que se nos resiste o nos da pereza, es fundamental para el resultado que estamos buscando. Sin olvidar que debemos dejar un margen para los imprevistos que pueden modificar el resultado final. Estos pasos previos sirven para allanar el terreno y que no nos queden excusas para no arrancar.

En mi caso, ya se trate de hacer deporte, de estudiar o de acudir a un lugar determinado, el simple hecho de tener preparada desde el día anterior la ropa, el desayuno o lo que necesite para el viaje facilitará que haga lo que me he propuesto.

Sin embargo, la preparación debe ceñirse a lo indispensable, a aquello que realmente necesitamos, para no desequilibrar la balanza entre los preparativos y la acción.

Apliquemos la consigna clásica de los corredores: *¡Preparados, listos, ya!*

EL ARMARIO DE STEVE JOBS

Para no perder tiempo por las mañanas pensando cómo iba a vestirse, Steve Jobs tomó una decisión radical: utilizar una misma prenda todos los días: un mismo polo negro con cuello de cisne diseñado por Issey Miyake del que tenía un centenar en su guardarropa.

Sin llegar a ese minimalismo extremo, te propongo que identifiques cuáles son las dos o tres prendas con las que te sientes más a gusto para tenerlas siempre a mano. Otra opción es preparar la noche antes lo que quieres ponerte y así no perder tiempo por la mañana.

53
LA TRAMPA DE ESTAR HIPEROCUPADO

Estar ocupados a todas horas es algo a lo que nos hemos acostumbrado. Sin embargo, la pregunta que me hago es: ¿Es necesaria toda esta actividad o hay compromisos de los que podría prescindir?

Y esta hiperocupación no es exclusiva de los adultos, ya que muchas veces la trasladamos a los hijos. Como señala la psiquiatra Marian Rojas, «Los niños de hoy tienen agenda de ministros». ¿Y todo eso por qué?

Y es que a veces, aunque parezca mentira o de primeras puedas sentir rechazo por lo que voy a decirte, parece que estamos encantados de estar muy ocupados.

La sociedad actual da gran importancia a la actividad permanente, como si no hubiera otra forma de vivir. Y verbalizar este agobio que muchas veces nos creamos nosotros mismos es una manera de estar *a la moda*. La hiperactividad es sinónimo de éxito. Sin embargo, eso no significa que sea recomendable.

Sopesa si tu estilo de vida es sostenible, si es bueno a largo plazo y qué precio estás pagando por ello.

TOMA UN CAFÉ CONTIGO MISMO

Este es el título de un popular ensayo que publicó hace un par de décadas el doctor Walter Dresel. Es una invitación a tomarte una pausa y, así como das cita a todo el mundo, concedértela a ti en exclusiva. Una hora de tranquilidad, en casa o incluso en un café en compañía de tu libreta, puede hacer milagros.

Como aconseja este médico uruguayo: «No esperes más: haz un hueco en tu desbordada agenda para dialogar contigo mismo».

54
NUESTROS MAYORES, NUESTRO LEGADO

Somos lo que somos, en gran parte, gracias a nuestros mayores y también a pesar de ellos.

Sin embargo, poco les honramos, pocas veces les decimos lo importantes que son para nosotros y poco les agradecemos lo que han hecho por nosotros.

Hoy puede ser un buen momento para hacerlo. Te propongo que pienses en alguien hacia quien te sientas especialmente agradecido.

Abuelos, tíos, padres... Ellos son nuestros maestros, porque además de transmitirnos su experiencia nos inculcaron valores y aprendizajes, nos acompañaron y nos impulsaron para llegar a ser quienes somos.

Muchas veces los dejamos de lado, ya sea por las prisas o porque miramos más hacia delante que hacia atrás.

Hoy es un día perfecto para honrar la figura, el recuerdo, la persona y la compañía de algún maestro o maestra de nuestra vida.

¡GRACIAS POR TANTO!

Te propongo que escribas una carta de agradecimiento a alguien que haya sido un referente en tu existencia, viva o no todavía. Si te ha transmitido valores que has seguido, dale las gracias por ello y manifiesta los cambios y progresos que has logrado con su inspiración.

55
AMAR NO ES DEPENDER

Muchas relaciones de pareja se vuelven tóxicas porque una parte responsabiliza a la otra de su felicidad o de su infelicidad. Y es que en el momento en que para estar bien necesito que el otro haga o sea determinada cosa, pierdo el dominio de mí mismo.

Esta es una cuestión que exploró el médico y psicoterapeuta Fritz Perls, creador de la terapia Gestalt junto con su esposa, Laura Posner, y que escribió la siguiente declaración para reivindicar la autonomía:

Yo soy Yo
Tú eres Tú.
Yo no estoy en este mundo para cumplir tus expectativas.
Tú no estás en este mundo para cumplir las mías.
Tú eres Tú
Yo soy Yo.
Si en algún momento o en algún punto nos encontramos
será maravilloso,
si no, no puede remediarse.

FELICIDAD EN PRIMERA PERSONA DE SINGULAR

No se trata de volvernos egoístas, sino de dejar de depender de lo que hagan o digan los demás para sentirnos completos.

Para ejercitar el desapego, puedes hacer este sencillo ejercicio:

- Enumera las cosas que puedes hacer por ti mismo, sin ayuda de nadie más, para sentirte mejor.
- Cada vez que te sientas desanimado o falto de energía, recurre a esa lista y haz algo que te cargue las baterías del entusiasmo, sin depender de terceros.

56

COSAS QUE NO SALEN A LA PRIMERA

La historia de las grandes mujeres y hombres demuestra que hay una relación directa entre la tolerancia a la frustración y el éxito. Si Edison hubiera abandonado su propósito al fracasar con los primeros filamentos, el mundo habría tardado mucho más en conocer la luz eléctrica.

Este es un aprendizaje que podemos aplicar en nuestra vida cotidiana. En ocasiones, las cosas no salen como desearíamos, se nos resisten o, simplemente, no son tan fluidas como esperamos. Cuando eso ocurre, yo siempre me digo que no es el momento. Lo mejor es no forzar.

En ocasiones, dejar que las cosas *no* sucedan es lo más inteligente que podemos hacer. Solemos orientarnos hacia los resultados, pero muchas veces el resultado también puede ser no obtener ningún resultado.

Seamos como el bambú, cuyas raíces crecen en silencio durante años y, cuando han profundizado lo bastante en la tierra, de repente la planta crece en cuestión de días.

Si sientes que algo se te resiste, no te impacientes. Confía en que es lo mejor que puede suceder en ese momento.

ENTRENA LA MIRADA A MEDIO PLAZO

Para superar la cultura de lo instantáneo, en la que todo se consigue con un clic, enfócate en propósitos que lleven su tiempo:

- Aprender un idioma que puedes hablar con soltura en 2 o 3 años.
- Un plan de negocio a cinco o más años vista.
- Introducir hábitos de los que al principio no ves sus frutos, pero que a medio plazo van a transformar tu vida.

57
ESCULTOR DE TU PROPIO CEREBRO

Ramón y Cajal decía: «Todo ser humano, si se lo propone, puede ser escultor de su propio cerebro». Y la buena noticia es que esto es algo que podemos hacer a cualquier edad.

La neuroplasticidad nos permite cambiar nuestra forma de funcionar en cualquier momento de nuestra vida.

Nuestro cerebro tiende a ahorrar energía y, por lo tanto, opta siempre por el camino más fácil. Es decir, acude por defecto a respuestas y conclusiones que ya conoce para resolver cualquier situación. Automatiza todo lo que puede y por eso a veces se dice que funcionamos con el *piloto automático*. Sin embargo siempre tenemos la libertad de retomar el mando.

Podemos crear nuevas rutas neuronales cambiando rutinas y hábitos que acabarán transformando nuestra forma de pensar y vivir.

Dicho de forma fácil: si quieres que las cosas cambien, hazlas de manera distinta.

REDISÉÑATE

Al incorporar nuevas rutinas a nuestra vida, conectamos con nuevas posibilidades y creamos nuevas rutas neuronales que nos permiten ser escultores de nuestro propio cerebro.

Desde esa certeza, pregúntate:

- ¿Qué hábitos me gustaría cambiar para vivir de otro modo?
- ¿Qué debo hacer de forma repetida para implantar ese hábito?
- ¿Qué premio me concederé cuando lo haya conseguido?

58
CUANDO LA VIDA SE PONE CUESTA ARRIBA

Hay ocasiones en las que sabes perfectamente que se acercan momentos complicados en los que vas a necesitar una porción extra de energía, valor y coraje.

Reserva siempre una buena dosis de todo ello para cuando llegue la *cuesta arriba*. Como en el coche, reduce antes de una curva, calcula el combustible que queda, mete una marcha más corta en las rampas y siéntate de manera correcta para manejar la situación lo mejor posible.

Ya estás listo para lo que venga, y con la reserva llena.

Alguien dijo que las dificultades son el desayuno de los campeones. Tómatelo como un punto de referencia para saber en qué momento te encuentras, qué capacidades has desarrollado, cuál es tu nivel de resistencia y resiliencia. Y, sobre todo, date cuenta de que la dificultad, como la cuesta arriba, es temporal. Luego volverás a ver el horizonte desde la planicie e incluso encontrarás preciosos valles.

DEL POZO AL TÚNEL

La psiquiatra Marian Rojas dice que una forma de ganar esperanza y energía es dejar de pensar que estás en un pozo. En el pozo hay oscuridad y no se puede salir de él. En lugar de eso, piensa que estás en un túnel y que, una vez lo atravieses, habrá luz al otro lado.

59

DOLOR Y SUFRIMIENTO

Tal vez la frase más citada de Buda sea la de: «El dolor es inevitable y el sufrimiento es opcional». ¿Qué quiso decir Siddhartha Gautama, hace ya dos milenios y medio, con esto?

Básicamente, que una cosa es el dolor, que forma parte de la propia vida, y otra es el sufrimiento, que obedece a nuestra interpretación de lo sucedido.

A lo largo de la existencia, además de vivir cosas muy agradables, vamos a sufrir pérdidas, accidentes y crisis de todo tipo. Eso no lo podemos evitar, forma parte del camino. Lo que sí depende de nosotros es la manera en que lo gestionamos.

Una cosa es lo que vivimos y otra el impacto emocional con el que lo vivimos. La misma situación puede generar reacciones muy distintas según el grado de control que tengamos sobre las propias emociones. Y ello depende en gran medida del autoconocimiento.

Entender cómo somos, cuáles son nuestras fortalezas y debilidades, nos ayudará a ver y sentir ese acontecimiento desde otros parámetros y paliar así el sufrimiento.

¿TENDRÁ IMPORTANCIA DE AQUÍ A UN AÑO?

Esta es una pregunta que les planteaba a sus pacientes el psicólogo Richard Carlson, autor del clásico *No te ahogues en un vaso de agua*. Cada vez que sufras por algo que ha sucedido, sigue su método:

1. Responde con sinceridad a esta pregunta: ¿Tendrá esto importancia de aquí a un año?
2. Si la respuesta es no o albergas serias dudas, deshazte del problema ahora mismo y deja de sufrir.

60
MAESTROS DE LO DIFÍCIL

En una de sus reflexiones más célebres, el dalai lama razona así: «Se dice que nuestro enemigo es nuestro mejor maestro. Al estar con un maestro, podemos aprender la importancia de la paciencia, el control y la tolerancia, pero no tenemos oportunidad real de practicarla. La verdadera práctica surge al encontrarnos con un enemigo».

La variedad de caracteres y sensibilidades humanas es tan rica que, sin duda, no habrá día en el que no tengamos oportunidad de practicar con estos singulares maestros de vida.

En su libro *Cómo tratar con personas difíciles*, los psiquiatras Christophe André y François Lelord señalan que hay multitud de personalidades complicadas que pueden perturbar la vida cotidiana. Sin embargo, todo el mundo tiene la capacidad de aprender a convivir con esos rasgos espinosos, empezando por los de uno mismo.

Si somos conscientes de que todos somos o hemos sido difíciles para alguien, nos resultará más fácil entendernos con los demás.

NO HAY PERSONAS TÓXICAS, SINO RELACIONES TÓXICAS

El psicólogo Rafael Santandreu se muestra contrario a la etiqueta de *personas tóxicas*, ya que —según afirma— lo que existen son relaciones tóxicas, bien sea porque las distintas partes no son compatibles o porque han establecido una relación asimétrica.

¿Tienes una relación de este tipo en tu vida?

En ese caso, lo aconsejable es renunciar al vínculo —o rebajar la frecuencia de trato— para el bien de ambas partes.

61
VOLVERÁ (SI TIENE QUE SER)

Hay cosas que no debemos empeñarnos en retener. Es bueno dejarlas ir y confiar en que volverán a nosotros cuando sea necesario.

Puede tratarse de un amigo que ha sido importante en una época de nuestra vida, pero al que ahora notamos lejano o distraído. No hay que enfadarse por ello ni forzar las cosas. Si nuestros caminos han de coincidir de nuevo, volverá.

También a veces perdemos temporalmente una pasión. Algo que antes nos gustaba mucho deja de provocarnos interés o no nos seduce con la fuerza de antes. Si estamos destinados a retomar esa pasión, volverá.

Incluso cuando nos olvidamos de un proyecto o de una idea... ¡volverá! Quizá lo haga con más intensidad, para mostrarte nueva información sobre ti o sobre el mundo. Ahora no es el momento.

Recordemos este bello pasaje del Eclesiastés:

> *Hay un tiempo de llorar y un tiempo de reír;*
> *un tiempo de lamentar y un tiempo de bailar;*
> *un tiempo de esparcir piedras y un tiempo de juntarlas (...)*
> *un tiempo de buscar y tiempo de perder.*

Al dejar ir, creamos un espacio para que lleguen cosas nuevas, confiando en que lo que tenga que volver, volverá.

DEJA IR Y DEJA VENIR

La llamada Teoría U, del profesor del MIT Otto Scharmer, se sustenta en dos principios que en inglés son *Let it go & Let it come:* solo si *dejas ir* el pasado (lo cual incluye viejos prejuicios e ideas preconcebidas) crearás espacio para que puedan venir cosas nuevas.

¿Qué es, en este momento de tu vida, lo que estás reteniendo y deberías dejar ir?

62
PURIFÍCATE

Para iniciar una nueva etapa con respecto a un asunto que te duele especialmente, debes tener el valor de empezar de cero, recomenzar de una forma pura.

¿Cómo hacerlo?

Primero debes purificarte, es decir, limpiar la lente con la que ves la vida de cualquier suciedad o resto de una época o situación que ya no es la tuya. Así podrás disfrutar del presente y preparar el futuro con una mirada nueva.

Luego, entre una etapa y la siguiente, quizá sea necesario que atravieses desiertos. Tómatelo con espíritu de aventura, con voluntad de aprender. Para ello solo tienes que afrontar la vida y entregarte a la experiencia con la mejor disposición.

Como recomendaba el pintor del siglo XIX Eugène Delacroix, se trata de «Desear lo mejor, recelar lo peor y tomar lo que venga».

GRACIAS Y ADIÓS

Un sencillo ritual de purificación para algo que consideres que ya no te corresponde vivir puede ser:

- Escribe en una hoja de papel aquello que ha dejado de tener sentido en tu vida.
- Colócalo en un recipiente seguro y dale las gracias por las lecciones que ha aportado a tu vida.
- Acto seguido, enciende el papel con una cerilla o mechero y contempla cómo se deshace entre las llamas.
- Desde la gratitud, despídete de lo que ha sido y, una vez apagado, asume que empiezas de cero sin esa carga.

63
FRENTE AL ESPEJO

Quisiera recomendarte algo. Especialmente, si eres mujer.

Concédete un tiempo a solas delante del espejo, desnuda y en calma... ¿Estás dispuesta a descubrir la belleza de tu cuerpo? Préstale atención como lo que es: tu vehículo para la vida.

Tu cuerpo es un templo que contiene tu divinidad. Es un regalo increíble y por eso merece que, después de este ejercicio de apreciación, te comprometas a mimarlo todo lo que puedas.

Es el cofre de todo lo que atesoras. Desde la cabeza hasta los pies: obsérvalo todo: tus ojos, tu boca, tus brazos, tus piernas, tus hombros, tu vientre...

Tu cuerpo y tu mirada sobre él son una preciosa herramienta para comprometerte con tu bienestar y celebrar lo que eres, con todo tu amor y cariño.

EL ESPEJO DE TU AUTOESTIMA

Aprovechando que estás teniendo un encuentro con tu propia imagen, te propongo que realices el siguiente ejercicio:

- Haz unas cuantas respiraciones profundas.
- Describe en voz alta lo que ves en el espejo, pero con una mirada apreciativa.
- ¿Cómo es la persona que ves en el espejo? ¿La conoces bien? ¿Qué es lo que más te gusta de ella? ¿Qué posibilidades aún no realizadas ves en ella?

64
CAMBIA DE PERSPECTIVA

En 1985, el médico y psicólogo maltés Edward de Bono publicaba *Seis sombreros para pensar*, que parte de una idea provocadora: ¿Y si pudiéramos vernos –a nosotros y a las cosas que nos preocupan– desde distintas perspectivas como quien cambia de sombrero?

Imaginemos que tenemos seis sombreros de diferentes colores, cada uno con un modo de pensar:

- *Blanco*: pensamiento neutro y objetivo. Nos atenemos a los hechos. ¿Qué ha pasado?
- *Rojo*: pensamiento emocional. ¿Qué sentimientos me despierta este asunto?
- *Negro*: pensamiento cauteloso. ¿De qué manera me puede perjudicar esto?
- *Amarillo*: pensamiento optimista. ¿Qué beneficios me puede procurar esta situación?
- *Verde*: pensamiento creativo. Se trata de dejar fluir la imaginación. ¿Qué me sugiere esto, más allá de lo obvio?
- *Azul*: pensamiento integrativo. ¿Qué puedo sacar de los cinco sombreros para mejorar mi vida?

CAMBIA DE SOMBRERO

Practica lo que acabamos de ver cada vez que te sientas bloqueado. ¿Cómo pintan las cosas desde otras miradas? ¿Qué te dice cada sombrero que te pones (de forma figurada)? Atrévete a pensarte y sentirte desde distintas perspectivas.

65
EL TAO DE LOS CAMINOS

Seguro que más de una vez te has preguntado si vas por el camino correcto, cuando algo se te resiste pese a intentarlo una y otra vez. Puedes llegar a sentirte agotado y muy desmotivado. ¿Por qué insistir en ese camino?

Déjame decirte algo: Si no fluye, si no es fácil, si hay que forzar para que encaje, entonces no es el camino.

Hay una frase misteriosa de Lao-Tsé, el fundador del taoísmo, que nos da una clave al respecto: «Si no cambias la dirección, puedes terminar donde has comenzado».

¿Qué quería decir con eso este sabio que vivió en China hace dos milenios y medio? Básicamente, que los caminos que no nos permiten avanzar nos paralizan y nos hacen agotar nuestra energía en vano.

Cuando te sientas así, cambia de dirección.

UN PASO ATRÁS, UNA ZANCADA ADELANTE

Otra idea poderosa de Lao-Tsé es: «Si no puedes avanzar una pulgada, retrocede un pie». Con ello se refería al valor de reconocer los errores, sin por ello avergonzarte o sentirte menos. Cada equivocación asumida puede parecer un paso atrás, pero si aprendemos la lección, supone una gran zancada hacia delante.

¿Qué paso atrás has dado que luego ha resultado una zancada hacia delante?

66
LA MEJOR PARTE

Al igual que sucede con una canción, una película o un momento compartido, siempre recordamos la mejor parte de las cosas. Rescatamos aquello que nos hace sentir más vivos, más conectados con nosotros mismos.

Te propongo que hagas lo mismo con la vida. Cuando te asalte el desánimo o la apatía, pon de relieve lo mejor de todo lo que te aporta la existencia. Puede ser una parte de tu trabajo que te gusta especialmente (aunque otras te puedan resultar aburridas). O tal vez sea un encuentro semanal con amigos que esperas con ilusión. O aquel libro que vas degustando poco a poco, porque lo disfrutas tanto que no quieres que se acabe.

En lugar de focalizarte en lo que no funciona, en lo que te crea desazón, dirige tu mirada hacia lo mejor de la vida, aquello por lo que merece la pena ser vivida.

¿Cuál es tu trozo favorito de la tarta de la felicidad?

ICHIGO-ICHIE

Esta expresión japonesa significa literalmente *una vez, una oportunidad* y se exhibe en una tablilla en los salones de té para invitar a las personas a poner los cinco sentidos en la ceremonia, ya que no volverá a repetirse nunca del mismo modo.

Si quieres convertir lo que estás viviendo en la mejor parte de tus recuerdos, ponle todo tu amor y atención.

67

EL PRIVILEGIO DE ELEGIR

El pensador estadounidense William James dijo en una ocasión que «cuando debemos hacer una elección y no la hacemos, esto ya es una elección».

Sin duda, no aprovechar nuestra capacidad para decidir es una postura vital que nos lleva a funcionar en piloto automático. Simplemente, dejamos que las cosas sucedan.

Poder elegir en cualquier aspecto de nuestra vida es un privilegio del que pocas veces nos damos cuenta. Sin embargo, cuando se hace de manera consciente y libre, es un regalo que solo puede dar satisfacciones. Incluso cuando la decisión acabe siendo la menos acertada.

Porque toda decisión, sea o no la mejor, trae consigo los regalos del aprendizaje.

El acto de elegir nos otorga el mando de nuestra vida. Y lo mejor es que no se trata de una ley absoluta e inquebrantable. Siempre podemos rectificar y cambiar de dirección, probar algo nuevo, algo mejor. ¡Tú decides!

DECIDIR MEJOR

En su libro *Decidiendo en tiempos de paz y de guerra*, David Cabero, que dirige la compañía BIC en Europa, aporta numerosas ideas para tomar mejores decisiones.

Algunas de ellas:

1. Pregúntate cuáles son las razones para *no* tomar esa decisión.
2. Genera el máximo de opciones para elegir.
3. No delegues en otra persona, si te corresponde a ti decidir.

Cabero añade que «quien no decide, no se equivoca» y que «si no arriesgamos, no aprendemos». Por eso merece la pena decidir.

68
EL POTENCIAL QUE HAY EN TI

Proponía Gandhi: «Sé el cambio que quieres ver en el mundo». Y yo añado que no te puedes imaginar la capacidad que tienes para cambiar el mundo.

Desde las pequeñas cosas a las más trascendentales. Cada uno de tus actos, palabras y pensamientos tiene un impacto en los otros, en el mundo. Cuando te das cuenta de ello, nada vuelve a ser igual.

Toda persona modela su realidad y contribuye a modelar la de todos. Dicho de otro modo, tu potencial para el cambio es increíble, para tu vida y la de los demás.

Date cuenta de ello. Sé el puente, el canal entre las cosas que te apasionan, que conoces bien y con las que puedes ayudar a otros que te necesitan. Así, el camino solo puede ser gozoso.

¿Qué huella quieres dejar en el mundo? En lugar de adoptar un enfoque maximalista, asume que cada decisión, acto y palabra tuya cuentan.

EL PODER DE LO PEQUEÑO

Se atribuye a Anita Roddick, la fundadora de The Body Shop, la frase:

«Si crees que eres demasiado pequeño para producir algún impacto, trata de irte a la cama con un mosquito en la habitación».

Reformulando esta idea en positivo, podemos concluir que cualquier cosa que hagas por ti misma y por los demás, por pequeña que parezca, acaba teniendo impacto en tu presente y en tu futuro, así como en el de los otros.

¿Cuál quieres que sea tu pequeña gran aportación en el día de hoy?

69

EL CIEGO Y LA LÁMPARA

Un relato tradicional de Oriente cuenta que un hombre, al despedirse por la noche de su amigo ciego, le entregó una lámpara.

–Yo no necesito una lámpara –dijo el ciego–, pues para mí no hay diferencia entre claridad u oscuridad.

–¡Cierto! –repuso su amigo–, pero si no la llevas, otras personas pueden tropezar contigo.

–Tienes razón.

Tras andar un rato en la oscuridad, de repente el ciego tropezó con alguien.

Ambos gritaron de dolor.

–¿Es que no has visto mi lámpara? –dijo el ciego, muy enfadado.

–Tu lámpara está apagada, amigo...

NO HAY PEOR CIEGO QUE EL QUE NO QUIERE VER

Esta fábula me hace pensar en las personas que consideran que todo el mundo debería ver lo que ellos ven, aunque lleven la lámpara apagada.

Cada vez que creas que llevas la razón, pregúntate: ¿Puede haber más de una realidad o versión sobre el mismo hecho?

Solemos apegarnos a nuestra versión porque nos encanta confirmar lo que queremos creer y, por eso, acudimos a las fuentes que lo avalan y corroboran...

¿Y si te das el beneficio de la duda?

Atrévete a cuestionarlo todo, aunque sea como un juego. Te relajarás y ampliarás horizontes.

70
UN INVENTO DE MIL PASOS

Vivimos en la era de lo instantáneo, en la que todo se consigue con un clic. Sin embargo, no hay que olvidar que la vida tiene sus tiempos.

Es fácil ser arrollado por la impaciencia, pero no te llevará muy lejos. Lo común es querer llegar ya, alcanzar el objetivo. Pero no te puedes saltar pasos... Un paso viene tras otro. Así ha sido siempre en cualquier ámbito de la vida. Los atajos no sirven cuando buscas la excelencia.

Se cuenta que cuando, tras inventar la luz eléctrica, preguntaron a Edison cómo se sintió con el millar de fracasos antes de dar con el filamento correcto, el inventor declaró: «No fueron mil intentos fallidos, fue un invento de mil pasos».

En sus palabras resuena también la máxima de Lao-Tsé: «Un viaje de mil millas comienza con un paso».

Dar ese primer paso es ya un éxito en sí mismo.

LA REGLA DE LAS 10.000 HORAS

En su ensayo *Fuera de serie*, el periodista Malcolm Gladwell calcula que son necesarias 10.000 horas para llegar a ser un verdadero maestro en algo. Si te propones alcanzar ese nivel, te hago un sencillo cálculo de lo que puedes tardar en acumularlas:

8 horas diarias × 5 días a la semana = 5 años

4 horas diarias × 5 días a la semana = 10 años

2 horas diarias × 5 días a la semana = 20 años

1 hora diaria × 5 días a la semana = 40 años

71
RESILIENCIA

Hace décadas que en psicología se habla de la resiliencia. Este término se usaba originalmente para referirse a los materiales, en concreto a su capacidad de regresar a su forma inicial tras haberse aplicado una fuerza sobre ellos.

Trasladado a la vida humana, la persona resiliente es no solo aquella que es capaz de sobreponerse a las dificultades sino que además aplica los aprendizajes logrados a través de esa experiencia.

El neurólogo francés Boris Cyrulnik es experto en este tema. Su vida misma es ejemplo de resiliencia: de familia judía, sus padres fueron asesinados en el Holocausto y él mismo sufrió los campos de concentración de niño. Logró escapar y tuvo que vivir el resto de su infancia en casas de acogida.

En sus palabras: «La resiliencia es el arte de navegar por los torrentes. A veces la vida nos hiere y nos lleva por direcciones que no habríamos deseado. Sigue adelante, más sabio, humano y más fuerte».

Cada vez que superamos un obstáculo, sacamos un aprendizaje para el futuro, además de demostrarnos nuestra capacidad de seguir adelante.

CONFÍA EN TUS CAPACIDADES

Los desafíos que nos pone la vida son la única forma que tenemos de conocer nuestro nivel de resiliencia. En este ejercicio, te propongo que analices la última gran prueba que te puso la vida. Pregúntate:

1. ¿Cuál fue la principal dificultad que tuve que superar?
2. ¿Qué recursos personales utilicé para hacerle frente?
3. ¿De qué manera me sentí reforzado después?

Acuérdate de todo eso la próxima vez que te encuentres ante un gran obstáculo.

72
LAS PIEDRAS Y EL ARCO

Se cuenta que, en los viajes a Oriente de Marco Polo, en una ocasión, quiso describirle al emperador mongol Kublai Kan un puente especialmente bello.

Sin entender por qué el veneciano describía la construcción piedra por piedra, el emperador le preguntó:

–Pero, entonces..., ¿cuál es la piedra que sostiene el puente?

–No está sostenido por esta o aquella piedra –le explicó Marco Polo–, sino por el arco que forman entre todas.

Kublai Kan reflexionó en silencio unos momentos y luego añadió:

–¿Por qué me hablas, entonces, de las piedras, si el arco es lo que importa?

–Sin piedras no hay arco –se limitó a decir el viajero.

Este relato nos procura un mensaje importante: cada uno de nuestros actos y decisiones son una piedra con la que construimos nuestra vida. Tal vez no les damos importancia por separado, pero la suma de todos ellos es nuestro futuro.

¿CUÁLES SON LAS PIEDRAS GRANDES DE TU VIDA?

La gestión del tiempo es como un frasco que vamos llenando de piedras. Primero hay que poner las piedras grandes, luego las pequeñas, y aún cabría arena e incluso agua.

Si no pones las piedras grandes al principio, luego no cabrán. Es decir, si perdemos la vida en actividades o preocupaciones poco relevantes, no nos podremos ocupar más tarde de las cosas que son realmente importantes.

¿Cuáles son las piedras grandes de tu vida?

73
KINTSUGI

El concepto japonés de *kintsugi* hace referencia al arte de recomponer un objeto de cerámica roto en pedazos, uniendo sus piezas con barniz de resina a veces mezclado con polvo de oro, plata o platino.

Y lo más bello es que, aunque el objeto no es el mismo, una vez bien restaurado adquiere aún más valor. ¿A qué se debe? Los expertos en *kintsugi* dicen que es porque, tras la reconstrucción, el objeto tiene una historia que contar y brilla en los lugares rotos.

Aplicado a las personas, las más interesantes son aquellas que han pasado por muchas aventuras y desventuras, han aprendido y tienen mucho que contar.

¿Cuáles son las rupturas o heridas que te han hecho ser quien eres? Si sientes que tu alma está por recomponer, ¿cómo te gustaría restaurarla para que sea tan valiosa como tu experiencia?

UN CV DE APRENDIZAJES

En Estados Unidos, cuando un candidato a un cargo manda su currículum, incluye las cosas que no han salido bien. Si fue despedido de una empresa o si se arruinó en un proyecto empresarial propio, lo refleja en el informe, ya que se considera un valor. Son errores que le han enseñado y que no volverá a cometer.

¿Te atreves a escribir tu CV de fracasos y aprendizajes?

74
BE WATER, MY FRIEND...

A veces no es necesario cambiar ni intervenir en el camino de las cosas... Es preferible fluir con ellas. Ya lo decía Bruce Lee con su «Be water, my friend».

La frase fue utilizada para un anuncio de coches y pertenece a la entrevista más larga que le hicieron a Bruce Lee, hacia el final de su vida. Sin embargo, es muy interesante saber qué dijo justo antes:

> *Se como el agua, abriéndote paso a través de las grietas. No seas cabezota, adáptate al objeto y encontrarás un camino alrededor o a través de él. Si nada dentro de ti es rígido, las cosas del exterior se revelarán ellas mismas.*
>
> *Vacía tu mente, no tengas forma.*
>
> *Sin forma, como el agua.*
>
> *Si pones agua en una taza, se transforma en la taza. Pones agua en una botella y se transforma en la botella. La pones en una tetera, se transforma en la tetera. Ahora, el agua puede fluir o puede colisionar.*
>
> *¡Sé agua, mi amigo!*

ADÁPTATE A LA VIDA

En lugar de luchar contra los elementos, te doy algunas ideas para fluir:

- No trates de corregir el rumbo de alguien que está muy excitado. Déjalo expresarse o que se quede con su enfado. Ya habrá tiempo de hablar más adelante.
- Percibe cuándo las personas están abiertas a proyectos o cuándo están a la defensiva y actúa en consecuencia.
- Cuando sientas fatiga, dale descanso a tu cuerpo en lugar de forzarlo, y canaliza de forma inteligente tu energía cuando te sientas pleno.

75

ÚTIL PARA LA FELICIDAD

Hay una frase atribuida al escultor francés Auguste Rodin que dice: «Útil es todo aquello que nos da la felicidad».

Me parece un interesante punto de partida: deberíamos mantener y nutrir todo aquello que aporta felicidad, alegría, bienestar o calma a nuestra vida.

Puede ser un determinado hábito o actividad, una persona que te alimenta el alma, o incluso un lugar que te hace sentir especialmente bien.

¿Qué es lo que te procura verdadera felicidad, por pequeño que sea?

El poeta alemán Bertolt Brecht se hizo esta pregunta y respondió con la siguiente lista: La primera mirada por la ventana al despertarse, el viejo libro vuelto a encontrar, rostros entusiasmados, nieve, el cambio de las estaciones, el periódico, el perro, la dialéctica, ducharse, nadar, música antigua, zapatos cómodos, comprender, música nueva, escribir, plantar, viajar, cantar, ser amable.

MIL COSAS QUE ME GUSTAN

Mi querida y admirada Sol Aguirre, que tanto me inspira, tiene un reto con toda su comunidad que consiste en identificar mil cosas que te gustan (#1000cosasquemegustan), apuntarlas y descubrir la grandeza de las pequeñas cosas que nos gustan y que nos hacen vivir de una manera más plena. Te invito a que te unas.

76
FRAG MEN TAR

Has pensado alguna vez que puedes *frag men tar* tu vida en etapas para poder observarla desde fuera y planear lo que vas a hacer en cada fase?

El empresario chino Jack Ma dio en una conferencia su visión sobre las etapas de la vida óptima, en relación con la carrera laboral:

- Hasta los 20 comete todos los errores posibles, no tengas miedo a fallar, y gana experiencia.
- De los 20 a los 30 aprende de alguien a quien admires. Hasta los 30 no importa en qué compañía trabajas, si no a qué jefe sigues.
- De los 30 a los 40 deberías estar trabajando ya para ti, si lo que quieres es emprender.
- De los 40 a los 50 es hora de centrarte en hacer las cosas en las que eres bueno.
- De los 50 a los 60 trabaja con los jóvenes, porque sin duda lo harán ya mejor que tú.
- A partir de los 60, usa el tiempo para ti. No sabes cuánta vida útil te queda, disfruta de cada día.

UN EXCEL VITAL

Transportemos esto a la vida personal. Si piensas llegar a los 100 años, programa tus próximas etapas en un Excel u otra hoja de cálculo.

Anota en cada etapa lo que es indispensable para ti para así poder priorizarlo.

77
CREE Y CREA

El ser humano tiende a anticipar los sucesos y a pensar en resultados concretos. Sin embargo, por fortuna, la vida no es ciencia exacta y las cosas no suelen suceder como esperamos. Tal como cantaba John Lennon en una canción dedicada a su hijo: «La vida es aquello que te va sucediendo mientras estás ocupado haciendo otros planes».

Ciertamente, no hay un credo establecido de la vida, pero la vida es ya un credo en sí misma. Creer en ella es parte del ejercicio diario de cohabitar con los acontecimientos que suceden.

¿Qué es lo que crees de ti y de la existencia? ¿Qué estás dispuesto a creer para crear la vida que quieres?

¿QUÉ CREAS CON TU MENTE?

Si tu realidad toma forma a través de las creencias que tenemos sobre ella, estaría bien que hicieras la siguiente revisión de tus archivos internos:

1. ¿Qué creencias tengo sobre el éxito y el dinero?
2. ¿Qué creo sobre el amor y sobre mis relaciones con los demás?
3. ¿Cuáles son mis creencias sobre la vida?

Si algunos de estos *credos* son negativos, empieza a sustituirlos por creencias que vayan a tu favor.

78
LAS CUATRO CLAVES DEL BUEN SEXO

Hablamos demasiado poco de la importancia del sexo en nuestra vida. Es una cuestión muy personal y parte del conocimiento de las propias necesidades.

Sin embargo, a nivel general, según el psicólogo Antoni Bolinches, hay cuatro claves que debemos respetar para tener buen sexo:

1. *No hagas nada que no quieras.* Complacer a la otra persona no debe llevarte a prácticas o situaciones en las que no te sientas cómodo.
2. *Haz todo lo que quieras.* Desde el respeto y la libertad, el sexo es una forma más de expresarte y de gozar de la vida.
3. *Hazlo desde el propio deseo.* Saber qué es lo que de verdad te gusta es una premisa esencial para el buen sexo.
4. *Hazlo de acuerdo con tu escala de valores.* Además de desear lo que se hace, hay que ser fiel a uno mismo. Disfrútalo de manera sana, bonita y alegre.

No desperdicies la oportunidad de conocerte a través del sexo. Decide bien con quién compartes algo tan sagrado y valioso. Es un regalo de la vida.

DISFRUTA Y CUIDA EL SEXO QUE VIVES

Si tienes una pareja sexual, ábrete y verbaliza aquellos deseos, anhelos y fantasías que te apetecen y, si hay coincidencia en alguna de ellas, según las cuatro claves que hemos visto, podéis hacerla realidad.

79
ESTAR A BUENAS CONTIGO

Creo que esta es una de las grandes lecciones que aprendemos demasiado tarde: *No podemos complacer a todo el mundo.* A veces lo intentamos, pero con ello solo provocamos que la situación se complique y sea más retorcida de lo que al principio pensábamos.

Por eso, en cualquier interacción con los demás, es importante no ir contra los propios deseos, prioridades y valores.

Yo misma, cuando me doy cuenta de que algo no está yendo por donde me gustaría, o no avanza de manera ágil y fluida, me hago la pregunta: Pero ¿realmente quieres hacer esto o estás cumpliendo las expectativas de otros?

Una creencia que ha estado muy presente en mi vida y es posible que también en la tuya es la de *tengo que estar a buenas con todo el mundo.* Ahora me digo, desde el respeto y el cariño, que no puedo vivir otra vida que no sea la mía. Y si eso implica ganarse la antipatía de alguien, no pasa nada. La autenticidad es mucho más importante que la opinión que puedan tener de ti.

Se trata, más bien, de estar a buenas contigo mismo.

ESCUCHA TU CUERPO

Muchas veces, cuando hacemos algo con lo que íntimamente no estamos de acuerdo, el cuerpo nos lo comunica de forma sutil a través de sensaciones de incomodidad. Si estás atento a estas señales, lograrás vivir de manera más coherente contigo mismo.

80
LA ORACIÓN DE LA SERENIDAD

Es muy posible que alguna vez te haya llegado este texto breve e inspirador:

Señor, concédeme serenidad para aceptar
todo aquello que no puedo cambiar,
valor para cambiar lo que soy capaz de cambiar
y sabiduría para entender la diferencia.

Conocida como la Oración de la Serenidad, fue escrita por el pastor Reinhold Niebuhr hacia 1943, durante una misa de domingo en la localidad de Heath, Massachusetts.

Esta plegaria ha penetrado tanto en la cultura popular que incluso forma parte de los doce pasos del programa de Alcohólicos Anónimos y Neil Young la incluyó –en latín– en la contraportada de un álbum suyo en 1981.

¿Qué sentido tiene para ti en este momento de tu vida?

DOS PREGUNTAS VITALES

A partir de la Oración de la Serenidad, te sugiero que contestes a estas dos cuestiones:

1. ¿Qué es aquello que no puedo cambiar, porque no depende de mí, en este momento vital? ¿Cómo puedo aceptarlo?
2. ¿Qué es lo que puedo cambiar, porque depende de mí, y debo cambiar? ¿Cuándo voy a hacerlo?

81
LO MEJOR DE TI

En cada cosa pon lo mejor de ti. Es tan sencillo como hacer las cosas bien, hacerlo lo mejor que sabes y convencido de que es lo correcto.

Hay personas que aplican la ley del mínimo esfuerzo y otras que no empiezan jamás aquello que deberían hacer porque les bloquea el miedo a no hacerlo perfecto.

Sobre esto, el entrenador de fútbol americano Vince Lombardi decía:

«La perfección no es alcanzable, pero si perseguimos la perfección podemos alcanzar la excelencia».

Es como el cuento del arquero que apuntaba a la luna: no llegó jamás a acertar en ella, pero se convirtió en el mejor arquero de su tierra.

Da lo mejor de ti y superarás tus límites.

TU KAIZEN COTIDIANO

La filosofía japonesa de la mejora continua es una herramienta perfecta para «apuntar a la luna». En aquello que estés haciendo, plantéate qué puedes hacer hoy un poco mejor que ayer para subir un escalón más hacia la excelencia.

82
SER FELIZ O APRENDER

Hay una célebre frase, atribuida al humorista británico Marcus Brigstocke, que dice: «Prefiero ser feliz a tener razón».

Sin embargo, yo creo que podemos ir un poco más allá. Si le damos otra vuelta, podríamos preguntarnos: ¿Qué prefiero: ser feliz o aprender?

A veces podemos estar tentados a callar, a no expresar lo que sentimos, porque así creemos preservar la paz. Pero la felicidad que obtenemos así es solo temporal, porque en el fondo no estamos de acuerdo.

Aunque al pronunciarnos sobre algo corramos el riesgo de equivocarnos, incluso si eso sucede, estaremos aprendiendo. Sobre nosotros y sobre los demás.

No hay nada malo en tener una opinión diferente a la del resto. Ni hay tampoco nada malo en cambiar de opinión si después vemos que no llevábamos la razón. Todo son aprendizajes que nos llevarán a una felicidad mucho más duradera que el breve alivio que nos produce quedarnos en silencio.

CÓMO SOSTENER EL CONFLICTO

Un freno a la hora de ser asertivos es que nos aterra estar molestos con los demás y perder su consideración. Algunas claves para dejar de sufrir por este motivo:

- Podemos comunicarnos con delicadeza y ser claros al mismo tiempo.
- En general, las personas que se muestran sinceras y asertivas son más valoradas y respetadas que el resto.
- Si la otra parte se enfada, porque esperaba otra cosa, piensa que el enfado pertenece a él o ella, no a ti.

83
MÁS ALLÁ DEL LÍMITE

Si has practicado yoga, sabrás que al realizar los asanas solemos llegar al límite de la postura poco a poco. Cada sesión supone un reto con uno mismo a través de la respiración y la consciencia corporal.

Cuando llegas a ese límite de la postura es donde empieza lo interesante, porque ahí está el punto de inflexión, de aprendizaje y evolución.

Siempre sin forzar, pero entendiendo ese trabajo que te lleva más allá de tus supuestas limitaciones.

Descubrir que podemos superar ese techo es una valiosa lección para cualquier situación de la vida cotidiana. Cuando superamos el límite empezamos a aprender y a conocernos de verdad.

¿Qué limitaciones te has fijado en lo que estás viviendo ahora mismo? ¿Cómo puedes rebasar ese límite, poco a poco y sin hacerte daño, tal como se hace en el yoga?

LA MURALLA DEL MIEDO

El escritor y conferenciante David Fischman dice que «el miedo es una muralla que separa lo que eres de lo que podrías llegar a ser». Si quieres motivación para derribar ese muro, pregúntate las veces que necesites:

¿Qué seré y haré cuando supere este miedo?

84

VOLVER A PASAR POR EL CORAZÓN

Recordar es volver a vivir. Aprender es recordar.

La palabra *recordar* viene del latín *recordare* y significa *volver a pasar por el corazón.* Volver a sentir, a vivir de la manera que fue. ¿No es fascinante?

Nuestro inconsciente no distingue de tiempos ni de modos. Así que, si crees que lo necesitas, vuelve a pasar por el corazón. Hazlo con aquello que te dio vida, que te acerca también al coraje, a la valentía de poner el corazón por delante.

Un ejercicio que puede ayudarte a ello es pescar recuerdos felices que creías olvidados. Puedes hacerlo a través de viejas fotos o mediante un ejercicio de indagación personal. Con los ojos cerrados, trasládate a una época especialmente brillante, a un encuentro memorable o a un viaje que te dejó huella.

Trata de rescatar escenas y momentos mágicos.

Vuélvelo a pasar por el corazón.

UN CUADERNO DE RECUERDOS INSPIRADORES

Te propongo que trabajes en un cuaderno donde almacenar momentos felices para volver a ellos cuando te sientas apagado. Puedes poner allí imágenes, notas, descubrimientos, trozos de conversaciones, cualquier cosa que te devuelva a ese instante mágico.

Lo ideal es que ese cuaderno tenga muchas páginas para que quepan numerosos *greatest hits* de la felicidad.

85
LA NOCHE OSCURA

San Juan de la Cruz habla en su poema *La noche oscura del alma* del camino hacia una nueva visión de la propia vida.

Y es que muchas veces no es hasta después de tocar fondo cuando empezamos a vislumbrar una nueva y mejor vida. Para salir airoso de la tristeza o la ansiedad a veces primero hay que atravesar desiertos, avanzar por sendas guiadas por un corazón que arde.

Así como el desierto esconde vida y procura valiosas lecciones al caminante, en la tristeza de hoy crecen las semillas de nuestra futura felicidad.

Sobre esto, en 1953 el escritor existencialista Albert Camus escribía:

> *En medio del odio me pareció que había dentro de mí un amor invencible. En medio de las lágrimas me pareció que había dentro de mí una sonrisa invencible. En medio del caos me pareció que había dentro de mí una calma invencible.*
>
> *Me di cuenta, a pesar de todo, de que en medio del invierno había en mí un verano invencible. Y eso me hace feliz. Porque no importa lo duro que el mundo empuje en mi contra, dentro de mí hay algo mejor empujando de vuelta.*

¿CUÁL ES TU NOCHE OSCURA?

Es importante conocer y reconocer nuestra propia noche oscura para salir reforzados desde la esperanza.

Puedes explicársela a un buen amigo, a un terapeuta, o incluso a ti mismo a través de un diario personal.

86
CELEBRACIONES

Cuántas veces te dijeron que no habías hecho las cosas del todo bien o que las habías hecho mal? ¿Cuántas veces te negaste un premio al pensar que no eras merecedor de él?

Tantas que te lo has creído. Tantas que, incluso, cuando quizá merecías un pequeño reconocimiento, ni siquiera te diste cuenta.

Eres merecedor de atención, afecto, reconocimiento y cariño siempre. ¿Por qué no empiezas por reconocer tus cualidades y señalar las cosas que sí haces bien?

Sé consciente de todo lo que haces para enriquecer la vida –la tuya y la de los demás– y, si además lo necesitas, empieza por celebrarlo contigo mismo.

Orientados a solucionar problemas o a tapar agujeros, muchas veces nos olvidamos de premiarnos. Tal vez porque esperamos grandes acontecimientos, cuando la vida nos procura diariamente pequeños regalos.

CELEBRA LAS PEQUEÑAS COSAS

Una manera de cargar nuestra vida de energía positiva es celebrar las pequeñas cosas.

Cada gesto de celebración, cada brindis, es un ritual que será recordado, y eso hará que el cerebro retenga más tiempo el motivo de la celebración.

Como decía Robert Brault: «Disfruta de las pequeñas cosas, porque tal vez un día mires atrás y te des cuenta de que eran las grandes».

87
LOS SIETE MONOS

La doctora en psicología Jenny Moix, que ha publicado recientemente la fábula *La cueva del mono*, trabaja con el concepto zen de la *mente de mono*, que muestra siete características acerca de cómo pensamos:

1. *El mono saltador*. La mente tiene tendencia a saltar al pasado y al futuro, lo que nos produce tristeza y miedo.
2. *El mono circular.* La mente siempre anda por los mismos sitios, y el surco puede convertirse en un hoyo sin salida.
3. *El mono juez*. La mente tiene un libro donde tiene anotado cómo debería ser la realidad.
4. *El mono culpabilizador*. En ese libro está también la emoción que deberíamos sentir en cada situación.
5. *El mono cegador*. Entre la belleza y nosotros se interpone la mente y no nos deja verla, porque no para de parlotear.
6. *El mono hipnotizador*. Nos mete dentro sus películas. Muchas emociones no son consecuencia de la realidad, sino de nuestros pensamientos.
7. *El mono soñador*. De día y de noche, la mente crea nuestra realidad. Nuestra tarea es despertar.

EL PERRO NEGRO

En su libro anterior, *Mi mente sin mí*, Jenny Moix cuenta que Winston Churchill se refería a sus momentos de depresión como al *perro negro*, para separarse de sus emociones y estados de ánimo. Cuando estaba desanimado, advertía a sus colaboradores: «Hoy vuelvo a tener el perro negro caminando a mi lado».

Esta clase de metáfora te servirá para entender algo muy liberador: *no eres tus pensamientos*. Puedes dejar de identificarte con el mono.

88
EL REGALO DEL PRESENTE

Un relato judío cuenta que alguien preguntó a un sabio rabino:

–¿Cuál ha sido el día más especial de su vida y quién fue la persona más importante?

–El día más especial de mi vida es HOY –respondió–. Y la persona más importante es con la que ahora estoy hablando.

Proyectarnos al pasado o al futuro suele acarrear emociones dolorosas, como hemos visto. En el pasado viven la tristeza, la culpa y el resentimiento. En el futuro viven la ansiedad, el temor y la incertidumbre.

La alegría y la paz mental pertenecen al presente. Quizá por eso, esta palabra significa también regalo. El presente es un regalo.

Cuando quieras dejar atrás tus miedos o los recuerdos que te llevan a la melancolía, el apego o la tristeza, céntrate en vivir con intensidad lo que está sucediendo aquí y ahora de manera consciente con todos tus sentidos.

Además de liberarte de las suposiciones que te hacen sufrir, estarás construyendo los buenos recuerdos del futuro.

¿EN QUÉ TIEMPO VIVES?

Un ejercicio interesante para saber cuánto presente hay en tu vida es observar, al hablar, si utilizas más el tiempo pasado, futuro o presente. Eso te dará una idea de dónde estás y te ayudará a volver al aquí y ahora.

89

SONRÍE, POR FAVOR

No hay un gesto tan sencillo y que tenga un poder equiparable al de la sonrisa. En su libro *Reír y vivir*, la actriz y *coach* Imma Rabasco la define así:

> *La sonrisa arquea nuestros labios hacia arriba, un gesto lleno de belleza que puede tener varios orígenes. Tal vez brota por la voluntad del alma de asomarse a una forma de vida optimista, alegre y conciliadora. O puede responder a un enamoramiento –de una persona o de la vida–. Lo importante es que no desaparezca. O que, si se va, vuelva.*

Con independencia de donde venga, cada sonrisa atrae más sonrisas, porque este gesto de bienestar y felicidad evoca pensamientos agradables en nuestro cerebro.

La sonrisa tiende puentes y ayuda a expresar que venimos no solo en *son de paz* sino además en *son de amar*.

LA SONRISA DE BUDA

En el libro que titula el ejercicio se cuenta que un hombre muy pobre le dijo a Buda que era totalmente infeliz. Ante esto, el Iluminado le contestó que para ser feliz debía dar algo a los demás, ser caritativo. Sorprendido, el hombre le dijo que no poseía nada. ¿Qué podía ofrecer?

Entonces Buda le dijo:

—Sí tienes algo, tienes tu sonrisa. Ofrécesela a la gente y empezarás a ser más feliz.

Te propongo que ofrezcas tu sonrisa y amabilidad a las personas que lo necesitan. Además de iluminar su vida estarás alegrando la tuya.

90

ENVIDIA DE LA BUENA

Con admiración y cariño, siempre intento tomar ejemplo de quien me inspira. Tal y como os conté anteriormente que hacía Benjamin Franklin con las biografías que leía, yo tomo nota de aspectos que me gustan de las personas inspiradoras de mi vida y hago un plan para desarrollar esas cualidades en mí. Aunque conozco a alguien que termina la ducha con agua muy fría y reconozco que es algo que aún no he conseguido hacer...

Sí, es envidia de esa que despierta curiosidad, motivación y admiración. No me refiero a la envidia maliciosa y destructora del relato de Caín y Abel, sino a la que nos hace descubrir esa hambre que nace en nosotros al compararnos con otros, que nos permite localizar nuestras insatisfacciones internas y repararlas.

Es lo que se llama *envidia de la buena.* De la que se basa en la admiración y no en la crítica, la que usamos para construirnos a nosotros y que nos ayuda a convertirnos en personas mejores.

Así que, por qué no, cultivemos la buena envidia y quitémosle esa pátina negativa a la palabra para aportarle una nueva utilidad: que sea un detector de puntos de mejora, nos ayude a descubrir pequeñas grietas y poros en nuestros cimientos para poder repararlas, afianzar nuestras fortalezas y convertirnos en nuestra mejor versión.

QUIÉN QUIERES SER

El best seller de James Clear, *Hábitos atómicos,* sustituye las *to do lists,* las listas de lo que hay que hacer, por el desafío de decidir QUIÉN QUIERES SER a partir de ahora. La mecánica es sencilla:

1. Decide QUIÉN QUIERES SER a partir de ahora (tal vez inspirado en alguien a quien admiras).
2. Empieza a actuar como ese QUIÉN, con hábitos que confirmen tu nueva identidad.

91
DUDAR ES DE SABIOS

Decía sir Francis Bacon, un intelectual inglés del siglo XVI: «Si comienza uno con certezas, terminará con dudas, mas si acepta empezar con dudas, llegará a terminar con certezas».

¿Quién no ha conocido a personas ignorantes que creen saberlo todo y tratan de imponer su opinión?

Si dudar es de sabios, permítete cuestionar y cuestionarte como una excelente manera de avanzar. Quien va con certezas, le cierra las puertas a las infinitas posibilidades que nos ofrece la vida.

Con todo, para ser saludable, la duda debe tener un límite. Es bueno invitarla a pasar cuando estamos en una encrucijada, pero no podemos darle habitación y dejar que se quede en casa.

Al final hay que tomar decisiones, aunque sean erróneas, ya que al menos nos permitirán descartar opciones y seguir adelante.

AUTODUDA Y PROCRASTINACIÓN

William Knaus, uno de los asesores de Bill Clinton en su presidencia, aseguraba que las personas que posponen por sistema padecen el llamado *síndrome de autoduda*. Creen que están dudando, pero en realidad se trata de una excusa para no empezar nunca las cosas, porque tienen baja tolerancia a la presión que imprimen las grandes metas.

Cuando sientas que estás dudando demasiado, pregúntate si tu vacilación oculta en realidad el miedo a empezar.

92

PREPÁRATE PARA LO BUENO

Si aceptamos que *lo que crees es lo que creas*, concluiremos que hay que estar siempre preparado para lo que pueda llegar, anticipando y dando la bienvenida a aquello que puede ser digno de nuestra vida.

Deja un espacio a lo que llegue sin avisar y sin esperarlo apenas. Prepara tu vida para acoger todo lo que anhelas.

Si lo que deseas, por ejemplo, es el amor, solo llegará si tienes la puerta abierta. Hay una canción de Daniel Johnston, *True Love Will Find You In The End*, que habla de eso.

Traducida, viene a decir:

> *El amor verdadero te encontrará al final. Esta es una promesa con una trampa, ya que solo si estás buscando podrás encontrar. Porque el amor verdadero te está buscando también, pero ¿cómo podrá reconocerte a menos que des un paso hacia la luz? (...) Por eso, no te des por vencido hasta que el amor verdadero te encuentre al final.*

DEFINE POR ESCRITO LO QUE NECESITAS

Ya se trate del amor verdadero, de un trabajo distinto o de cualquier otra cosa que anheles, hay más posibilidades de encontrarlo si lo defines con detalle.

Si escribes en una ficha qué características concretas debe tener lo que esperas, tu radar interior se orientará para encontrar justamente eso.

93
LOS DOS MIEDOS

Es común que temas perder lo que tienes, y también no ser capaz de conseguir lo que anhelas. El primer temor provoca inseguridad y ansiedad; el segundo, más miedo, frustración y desolación.

Si ambas clases de miedos no estuvieran tan presentes en nuestra vida, nos encontraríamos en el camino hacia la felicidad.

¿Cómo podemos librarnos de ellos?

En cuanto al primer miedo, se trata de entender que solo poseemos de verdad lo que tenemos en este preciso momento, ya que la vida es cambio constante. Si no eres capaz de disfrutarlo ahora por miedo a perderlo, entonces ya lo has perdido, porque tampoco lo tienes en el ahora.

En cuanto al segundo miedo, se puede mitigar anhelando solo aquello que depende de uno mismo. Si con esfuerzo y constancia lo consigues, entonces solo debes temer perder las ganas.

DEL MIEDO AL MEDIO

Para este ejercicio, haremos una transposición de letras. Cada vez que tengas miedo a perder algo o a no conseguir algo, cambia ese *miedo* por el *medio* necesario.

1. Si tienes *miedo* a perder algo, busca el *medio* de conservarlo y, sobre todo, de disfrutarlo aquí y ahora.
2. Si tienes *miedo* a no lograr algo, busca el *medio* de conseguirlo por tus propios *medios*, valga la redundancia.

94
ACEPTA LO QUE ES

Los grandes maestros saben que el amor y la sabiduría parten de la aceptación: de ti mismo, de los demás, del mundo, de la naturaleza, de la realidad.

Eckhart Tolle dice:

> *Tu aceptación de lo que «es» te lleva a un nivel más profundo (...). Cuando dices «sí» a la vida tal como es, cuando aceptas este momento como es, puedes sentir dentro de ti un espacio profundamente pacífico. Superficialmente puedes seguir sintiéndote feliz cuando hace sol y menos feliz cuando llueve; puedes sentirte feliz si ganas un millón de euros e infeliz si pierdes todas tus posesiones. Sin embargo, la felicidad y la infelicidad ya no calan tan hondo. Son olas en la superficie de tu Ser. La paz de fondo que hay dentro de ti permanece inmutable en cualesquiera que sean las condiciones externas.*

Cuando abrazamos *lo que es,* fluimos con la vida, con cualquier forma que tome, y nos adaptamos a los cambios –externos e internos– con la misma naturalidad que aceptamos la salida del sol y su puesta.

UN PASEO ADVAITA

Para experimentar *lo que es,* te propongo que des un paseo sin juzgar absolutamente nada, ni lo que te rodea ni tampoco a ti mismo. Limítate a caminar, siente la gravedad con cada paso, percibe la temperatura, la brisa y la luz, pero no lo etiquetes como *bueno, malo, bonito* o *feo*. Experimenta la no dualidad que define la espiritualidad advaita. Abraza *lo que* es momento a momento.

95
ADICCIONES INCONSCIENTES

Si entendiéramos la causa profunda de nuestro malestar, sonreiríamos con la misma compasión con la que miramos a un niño que se asusta al ver un chispazo por primera vez, antes de arroparlo con ternura.

En el documental *The Wisdom of Trauma*, el profesor Gabor Maté asegura que debajo de muchas formas de sufrimiento late una adicción: complacer a los demás, trabajar sin descanso, preocuparse de forma constante... Para reconocerlas y diagnosticarlas, propone que contestemos a la pregunta: *¿Quién está a cargo, el individuo o su comportamiento?*

O podemos plantearnos una pregunta más simple todavía: si te das cuenta de que te estás haciendo daño a ti mismo o a los demás, ¿estás dispuesto a parar?

Si no puedes renunciar a ese comportamiento o mantener la promesa que te has hecho, es una adicción, asegura Maté en su libro *In the Realm of Hungry Ghosts*.

¿PASIÓN O ADICCIÓN?

Siguiendo el hilo de este médico y autor de origen húngaro, cuando no sepas discernir entre algo que te apasiona hacer y una adicción, recurre a las siguientes preguntas:

- ¿Siento que tengo el control sobre mis actos? ¿Tengo la libertad de parar cuando lo deseo?
- ¿Domino esta conducta sin que la conducta me domine a mí?
- ¿Cumplo mi promesa cuando decido hacer algo distinto a lo que me empuja esta pasión?

Si contestas *no* a una o más de estas preguntas, se trata de una adicción de la que debes deshacerte.

96

LA CARROZA VACÍA

Un relato tradicional cuenta que una niña paseaba con su abuela por un plácido prado y se detuvieron en una curva del camino. Su abuela entonces le preguntó:

–¿Oyes lo mismo que yo?

La niña aguzó el oído y finalmente dijo:

–Oigo el ruido de una carroza.

–Así es –dijo la abuela–. Es una carroza vacía.

–¿Y eso cómo lo sabes? –preguntó la niña–. Aún no ha llegado para que podamos verla...

En este punto, la anciana sonrió y dijo:

–Es fácil saber si una carroza esta vacía. Cuanto más vacía va la carroza, mayor es el ruido que hace.

Este cuento es una alegoría perfecta de las personas que hablan demasiado e interrumpen la conversación de los demás, aunque realmente no tengan nada importante que decir. Cuanto más vacía va la carroza, más estridente es su ruido.

COMPARTIR EL SILENCIO

Un proverbio hindú reza: «Cuando hables, procura que tus palabras sean mejores que el silencio». Esto es algo que podemos practicar estando en compañía. De hecho, un signo de intimidad y armonía entre dos o más personas es cuando son capaces de compartir el silencio sin sentirse mal por ello.

97
ESPERAR CONTENTO

La paciencia parte del convencimiento de que cada cosa tiene su momento y que en la espera también se encuentra la importancia de aquello que ha de llegar.

Yo suelo decirles a mis hijos que *paciencia es esperar contento*.

Jugando con la palabra paciencia, un periodista decía que es *la ciencia de la paz*. Sin paciencia, la cultura de lo inmediato nos hace estar ansiosos e irritables, y nos agotamos fácilmente. Con paciencia, evitamos precipitarnos y no ponemos un *deadline* a lo que debe suceder.

Cuando dejamos atrás las prisas y las exigencias, el mundo se vuelve un lugar mucho más amable y placentero. De repente, sentimos que tenemos más tiempo, porque gozamos de cada minuto y de cada hora.

Esperar contento significa no impacientarse porque las cosas no sucedan hoy y, simplemente, disfrutar del camino.

EJERCICIOS DE PACIENCIA

Hay muchas prácticas que nos ayudan a ejercitar el músculo de la paciencia.

Veamos tres de ellas:

- Encarga un libro en una pequeña librería y espera a que te lo traigan en lugar de pedirlo con un simple clic.
- Acude a restaurantes de *slow food* donde todo tarda más porque cocinan alimentos frescos.
- Escucha con atención lo que te están diciendo en lugar de interrumpir o empezar a pensar lo que vas a contestar. También eso requiere paciencia.

98
SI VOLVIERA A NACER...

Una especie de epitafio falsamente atribuido a Borges empezaba así:

Si pudiera vivir nuevamente mi vida, en la próxima trataría de cometer más errores. No intentaría ser tan perfecto. Me relajaría más. Sería más tonto de lo que he sido. De hecho, me tomaría muy pocas cosas en serio.

Más allá de quien escribiera este texto, me sirve para preguntarte: ¿Qué harías diferente si volvieras a nacer?

Personalmente, creo que si volviera atrás en el tiempo, dedicaría más tardes y noches a convocar a personas que conversen en torno a mi mesa.

Disfrutar de la compañía de personas bellas, de seres humanos ricos en experiencias, es un auténtico regalo al que muchas veces no damos el valor que merece.

La buena noticia es que no necesitas volver a nacer para hacer todo eso. Puedes empezar a disfrutar de lo mejor de la vida a partir de ahora.

¿CUÁNTO SE TARDA EN CAMBIAR?

En el documental *No soy tu gurú*, Tony Robbins se dirige a una nutrida audiencia y les dice algo así: aunque llevéis diez años intentando cambiar, eso no significa que el cambio os lleve diez años. Cambiar es cosa de un instante, solo que a veces tardamos diez años en decidirnos a hacerlo.

¿Qué cambio deseas introducir ahora mismo en tu vida?

99
LOS HIJOS COMO ESPEJO

Nuestros hijos son un espejo de quienes somos. Nos modelan con sus enseñanzas vitales y también nos muestran mucho de nosotros mismos.

Si eres padre o madre, seguro que más de una vez te has sorprendido reconociendo en tus hijos gestos y actitudes que tenías o tienes tú mismo.

Si no hemos tenido descendencia, podemos hacer el mismo ejercicio fijando la mirada en nuestros padres. ¿Qué hemos heredado de ellos, con independencia de que nos guste más o menos?

La relación entre padres e hijos es un camino de ida y vuelta lleno de autoconocimiento. Tanto si nos reflejamos en el espejo de nuestros padres como en el de nuestros hijos, ver en el otro aquello que somos nos aporta una luz que, justamente, nos permite cambiar de perspectiva.

AYUDAR NOS AYUDA

Bert Hellinger, el creador de las *Constelaciones Familiares*, decía: «Los humanos dependemos, en todos los sentidos, de la ayuda de otros. Únicamente así podemos desarrollarnos. Al mismo tiempo, también dependemos de ayudar a otros».

Si para crecer se necesita ofrecer y recibir ayuda, por una parte, debes plantearte qué necesita de ti tu hijo, una madre o padre, un hermano o un familiar que te permita desarrollar tus capacidades; por otra, debes aprender a pedir ayuda cada vez que la necesites.

100
COSAS QUE HACER ANTES DE MORIR

Seguro que alguna vez ha caído en tus manos una obra o artículo sobre las cosas que hay que hacer antes de morir, los 100 libros que todo el mundo debería leer o las 100 películas que de ningún modo deberías dejar pasar.

Sin embargo, eso son solo listas ajenas que no tienen por qué coincidir con tus gustos y prioridades. Me parece más interesante que escribas tu propia lista de lo que deseas hacer en esta vida.

Tal vez se trate de un viaje, de escribir un libro, de aprender un idioma o a tocar un determinado instrumento. Cualquier cosa que palpite fuertemente en tu interior merece estar en la lista. Y deberías poner los medios para intentar cumplirla.

Como decía el novelista Mark Twain: «Dentro de veinte años te arrepentirás más de las cosas que no hiciste que de las que llegaste a hacer. Por lo tanto, ya puedes levar el ancla. Abandona este puerto. Hincha las velas con el viento del cambio. Explora. Sueña. Descubre».

¿Y si empiezas poniéndolo por escrito?

BUSCA TU TESTIGO

Además de plasmarlo por escrito, una manera de materializar un determinado sueño de tu lista es nombrar a un amigo, pareja o familiar como testigo de tu propósito. Confíale la fecha de inicio y lo que te comprometes a hacer para lograrlo. Por su parte, tendrá el papel de supervisar si lo estás cumpliendo y reñirte cariñosamente si es necesario.

101
UNA BELLA SOLEDAD

¿Eres una buena compañía para ti mismo?

La soledad es un sentimiento, un estado y, a la vez, un espacio de libertad. Un vacío y un todo al que recurrir para serenarte y llenarte de tu esencia.

En esa quietud solitaria apreciarás los regalos que llegan desde el interior y que, quizá, la compañía de elementos externos (no solo personas) te impide identificar.

La soledad te conecta con lo más profundo de ti mismo y, al mismo tiempo, con todo lo que existe fuera. Los japoneses llaman *Yugen* a esos momentos en los que nos damos cuenta de que no somos algo separado del universo, sino que *somos el universo.*

Desde la observación hacia fuera hasta la integración de lo externo, es necesario pasar ratos de soledad para luego caminar ligero hacia aquellos que te necesitan.

Se atribuye al existencialista Jean-Paul Sartre la frase: «Si te sientes solo cuando estás solo, estás en mala compañía».

PRACTICA LA SOLOSOFÍA

El último libro de la psicóloga Nika Vázquez, *Solosofía,* acuña una palabra nueva para designar el arte de estar solo en buena compañía con uno mismo. El *solósofo* o *solósofa* sabe disfrutar de actividades en soledad, tenga o no una pareja o una familia.

Te propongo algunas:

- Ir solo al cine, con la libertad de levantarte y marcharte si no te convence la película.
- Darte cita en un café o en un parque para revisar, tal vez con una libreta y bolígrafo, las cuestiones de tu vida que ahora mismo te interesan.
- Atreverte incluso a hacer un pequeño viaje en solitario, en el que descubrirás muchas cosas sobre ti mismo. ¿Puede haber mayor aventura?

102
DEJA PASAR EL PASADO

Más allá del juego de palabras, hay personas que no logran vivir el presente con plenitud y hacer planes de futuro porque siguen ancladas al pasado.

Hay muchas formas en las que el pasado nos puede retener, incluso sin darnos cuenta: viejos rencores de los que no nos hemos desprendido, sentimientos de culpa por cosas que podríamos haber hecho mejor o de manera diferente, una nostalgia excesiva por una época en la que fuimos felices...

Para levar estas anclas, solo tienes que darte cuenta de que el pasado ya es pasado. Lo que has aprendido gracias a él y lo que amas de ese tiempo quedó atrás.

Puedes desear con todas tus fuerzas volver a esos lugares felices, igual que huyes de los lugares poco agradables que te hicieron sufrir. Pero todo, todos ellos, son pasado.

Suéltalo y sentirás que tu vida arranca.

EL CONSEJO DE PABLO D'ORS

En su exitosa *Biografía del silencio*, este sacerdote y escritor español nos da una clave para liberarnos de la culpa hacia algo que hicimos o fuimos en el pasado:

> *Desde mi presente (...) no puedo condenar a quien fui en el pasado por la sencilla razón de que aquel a quien ahora juzgo y repruebo es otra persona. Actuamos siempre conforme a la sabiduría que tenemos en cada momento, si actuamos mal es porque, al menos en ese punto, había ignorancia.*

Por lo tanto, perdónate. Con lo que ya has aprendido, vas a hacerlo mejor a partir de ahora.

103
DESPREOCÚPATE

Según un estudio realizado en la Universidad Estatal de Pensilvania, el 90 por ciento de las cosas que nos preocupan nunca se hacen realidad.

Se llegó a este porcentaje aproximado a partir de un grupo de personas que padecían ansiedad y que, a lo largo de un mes, fueron escribiendo todo lo que les preocupaba.

Se demostró que, en 9 de cada 10 casos, sus temores eran totalmente injustificados, ya que no se reflejaron en su vida. Por tanto, se trataba de fantasías, proyecciones infundadas de su mente.

Darse cuenta de esto las ayudó a desactivar los ataques de ansiedad.

Si eres una persona con tendencia a preocuparte, toma nota de este estudio y empieza a utilizar tu tiempo en ocuparte, en vez de pre-ocuparte.

TERAPIA OCUPACIONAL

El psicólogo y escritor Antoni Bolinches asegura que la mejor manera de desactivar las preocupaciones es teniendo ocupaciones. Estar ocupados nos permite somatizar menos, baja nuestro nivel tensional, tenemos menos hipocondría...

Cada vez que te asalten las preocupaciones, puedes aplicar la terapia ocupacional. Ocúpate bien, haz cosas que te gusten o te interesen.

El lema debe ser: más hacer y menos pensar.

104
AUTOCONOCIMIENTO

La buena gestión emocional tiene que ver con el conocimiento de uno mismo. Al igual que no puedes amar a alguien sin reconocerlo y aceptar quién es, sin desear que sea otra cosa, el amor por uno mismo empieza también por la aceptación.

Cuando conoces y aceptas tus emociones, tu forma de relacionarte con el mundo, tus sueños y prioridades, entonces puedes decir que tienes amistad contigo mismo.

Eso te dará paz mental, a la vez que te permitirá evolucionar y vivir con más libertad.

Invierte tu valioso tiempo en saber quién eres, qué eres y decide qué quieres hacer con tu vida. Hazlo de manera honesta y celebra cada avance, porque solo las personas valientes como tú vivirán de manera plena y consciente.

¿QUIÉN SOY YO?

Un místico que tenía su *ashram* en Arunachala, en el sur de la India, daba esta pregunta a todos sus estudiantes, pero la respuesta no podía ser el propio nombre ni la profesión ni la procedencia familiar ni cualquier otra convencionalidad.

¿Te atreves a interrogarte de este modo? Justamente un proverbio indio dice que «uno solo posee aquello que no puede perder en un naufragio». ¿Qué es lo que no podrías perder en un naufragio? En la respuesta te encontrarás a ti mismo.

105
DENTRO DE TUS POSIBILIDADES

En una reflexión anterior vimos cómo las personas a las que admiramos nos pueden servir de inspiración para la automejora. Basta con fijarnos en sus virtudes y preguntarnos: ¿qué hace esta persona que yo no hago?

Sin embargo, es muy posible que eso que ves en la otra persona esté ya en ti. Lo único que sucede es que te resulta más fácil verlo en el otro.

Cuando identifiques algo extraordinario en alguien, pregúntate cuánto de esa cualidad hay en ti. Sea positivo o no tan agradable, por la ley del espejo, si lo ves en otros, es muy posible que esté también en ti, por pequeño que sea.

Solo puedes ver aquello que conoces y solo puedes trabajar en ello cuando lo reconoces.

Acerca de eso, el emperador y filósofo Marco Aurelio decía:

> *Aunque tus fuerzas parezcan insuficientes para la tarea que tienes ante ti, no asumas que está fuera del alcance de los poderes humanos. Si algo está dentro de los poderes de la provincia del hombre, créelo: también está dentro de tus posibilidades.*

¿QUÉ HARÍA EN TU LUGAR?

En momentos de bloqueo o agobio ante una situación que te sobrepasa, imagínate que eres alguien que es un referente para ti. Puede ser incluso un personaje histórico o de ficción. Pregúntate: ¿Qué haría X en mi situación? Una vez tengas la respuesta, obra en consecuencia.

106
NADA ESTÁ PERDIDO

Cuando crees que lo has perdido todo, la vida te sorprende. Quizá con recursos propios que descubres y no sabías que tenías, o bien personas que te recuerdan lo valioso que eres.

A veces hay que tocar fondo para darse cuenta de que somos como el Ave Fénix, capaces de renacer de nuestras cenizas.

Julio Cortázar lo explicó de manera especialmente bella, al decir que «nada está perdido si se tiene por fin el valor de proclamar que todo está perdido y que hay que empezar de nuevo».

Como en un proceso de alquimia, ese *todo* del que habla el escritor argentino se transforma y crea nuevos *todos*, nuevas capacidades y prioridades.

AHORA PUEDO VER LA LUNA

Un aforismo a veces atribuido al zen, pero que al parecer pertenece a Karl Marx, dice: «Mi granero se ha quemado. Ahora puedo ver la luna».

Cuando sufras algún percance, pregúntate:

- ¿Qué gano con esta pérdida?
- ¿Qué puedo ver ahora que antes no veía?
- ¿Qué fortaleza tengo de la que solo ahora soy consciente?
- ¿Qué personas han demostrado ser importantes en este momento difícil de mi vida?

107
DISCIPLINA

A medida que aprendo sobre mí misma, me doy cuenta de que necesito tanta disciplina y orden como relajación y naturalidad. Puedo explicarlo con una imagen gráfica: para mí, la disciplina es como soltar el hilo de la caña de pescar y tensarlo lo justo para que esté siempre lista para la vida. No muy suelto en el carrete, para que el hilo esté firme y visible en el horizonte. Así, con el corcho a la vista y flotando, me dejo llevar por las corrientes más apetecibles que llegan desde otros mares. Quiero descubrir y aprender de ellas.

Al igual que el pescador a la captura de lo inesperado, necesito las rutinas que hacen de mí alguien constante y con esa capacidad de ver lo nuevo para aprender de la vida.

EL CUERPO, PRIMERO

A menudo relacionamos las rutinas con lo mental: actividades que tienen que ver con la organización, la creatividad o la buena gestión del tiempo. Sin embargo, una rutina saludable debe de empezar por nuestro vehículo para la vida, y eso implica:

- Una alimentación equilibrada y saludable.
- Ejercicio suave para tonificar el cuerpo.
- No escatimar horas de sueño.
- Regalarnos vida social y actividades de ocio para relajarnos.

108
LO QUE DEPENDE DE TI

Ante una crisis o un dilema, te darás cuenta de que hay asuntos que no dependen directamente de ti para solucionarse. Si inviertes energía en ellas, será en vano.

En lugar de eso, pregúntate qué puedes hacer tú con las cuestiones que sí dependen de ti y ponte manos a la obra cuanto antes.

Hace ya un par de milenios, el filósofo estoico Epicteto lo explicaba así:

> *De todas las cosas que existen en el mundo, unas dependen de nosotros, otras no dependen de nosotros (...)*
>
> *Las cosas que dependen de nosotros son por naturaleza libres, nada puede detenerlas, ni obstaculizarlas; las que no dependen de nosotros son débiles, esclavas, dependientes, sujetas a mil obstáculos y a mil inconvenientes, y enteramente ajenas.*

Tomemos estas sabias palabras para ocuparnos de lo que sí depende de nosotros y no gastar fuerzas allí donde no tenemos influencia.

CUATRO VIRTUDES ESTOICAS

Para esta escuela filosófica, hay cuatro virtudes cuya práctica nos ayudará en el arte del buen vivir. Son las siguientes:

1. *Sabiduría*. Para saber lo que depende de nosotros y lo que no.
2. *Templanza*. Para no tomarnos a la tremenda lo que sucede ni dejarnos llevar por el primer impulso.
3. *Justicia*. Para gestionar nuestro trato a los demás, pero también a nosotros mismos.
4. *Coraje*. Para no amilanarnos ante los cambios y desafíos y actuar desde lo que depende de nosotros.

109
NUESTRA PIEDRA DE TOQUE

Las cosas que más se nos resisten son también las que más nos enseñan, porque nos muestran cuál es nuestro punto a trabajar. En ese sentido, las dificultades son nuestra *piedra de toque*.

En su sentido original, la piedra de toque es una piedra dura y oscura que sirve para conocer la pureza de un material. Por ejemplo, al rascar el oro o la plata. En una segunda acepción, la piedra de toque es aquello que nos permite evaluar nuestro valor preciso. Por ejemplo, la de un navegante será la primera gran tormenta a la que se tiene que enfrentar al mando de la nave.

A nadie le gusta que las cosas se tuerzan, pero con el tiempo acabaremos dando las gracias por haber pasado por determinadas situaciones.

El gran regalo de los obstáculos es que, una vez superados, nos hacen conscientes de qué somos capaces, de cuál es nuestro valor.

¿CUÁL ES TU PRÓXIMO RETO?

Dice el escritor y conferenciante Álex Rovira que el coraje no es la simple ausencia de miedo, sino la consciencia de que hay algo importante por lo que merece la pena arriesgarse.

En este ejercicio, te pido que te preguntes qué desafío tienes ahora ante ti que te empodera para ir más allá de tu miedo.

110
AUTOAMABILIDAD

Aunque no es una palabra que estemos acostumbrados a oír, la *autoamabilidad* es una vía óptima y demostrada para el bienestar emocional.

¿Te vas a permitir ser amable contigo mismo o quieres seguir cuestionándote, juzgándote y castigándote, como quizá has aprendido desde pequeño?

Hace poco Nazareth Castellanos compartió un estudio realizado en 2021 sobre el cerebro y la autoamabilidad. En concreto, sobre los cambios cerebrales y los cambios psicológicos asociados que produce cultivar la autocompasión.

Sobre estos últimos, concluyó que gracias a la autoamabilidad:

- Disminuye nuestra autocrítica y autojuicio.
- Paliamos el aislamiento y nos relacionamos más y mejor con los demás.
- Mejora nuestra capacidad de tener atención plena.

En suma, ser amable contigo mismo te aporta paz mental, concentración y buenas relaciones.

EL EFECTO PIGMALIÓN

Al igual que, según el Efecto Pigmalión, la visión negativa sobre alguien condiciona que nos dé una respuesta igualmente negativa, si quieres recoger belleza y amabilidad en tu vida, empieza cultivando esa visión de ti mismo.

Cuando te des cuenta de que te estás tratando con dureza, haz este cambio de perspectiva.

111
LO QUE DABA EL ÁRBOL

Un relato tradicional cuenta que había un rey que mostraba con mucho orgullo su jardín. Hasta que un noble visitante se atrevió a preguntarle:

–Es muy bonito, pero ese árbol solitario de allí, junto al lago... ¿qué fruto da?

Tras pensarlo un rato, el rey reconoció:

–Pues me temo que ninguno.

–¿Ninguno? ¡Qué árbol más vago!

Consternado, hizo llamar al jardinero para decirle:

–No puede ser que ese árbol no dé frutos. No quiero vagos en mi reino. ¡Tálalo!

El jardinero cumplió la orden muy a su pesar, ya que tenía cariño por aquel árbol.

Aquel mediodía, el rey salió a pasear por el lago. Hacía tanto calor que deseó pararse a descansar, pero no supo dónde. Entonces se dio cuenta de que, si bien el árbol no daba frutos, daba algo más importante: sombra.

Todos y todo lo que nos rodea nos da algo, y depende de nosotros saberlo valorar y apreciar.

LA GRATITUD HACE AMIGOS

Está demostrado que las personas que muestran su agradecimiento a los demás tienen más facilidad para hacer amigos y sus relaciones son más duraderas. ¿A quién y por qué puedes darle las gracias hoy?

112
TÓMATE TU TIEMPO

No permitas que te metan prisas. A veces es necesaria una pausa para decidir las cosas, sean o no importantes. De hecho, nuestro propio cuerpo nos informa de cuándo necesitamos frenar o pararnos a mirar el paisaje; otra cosa es que lo escuchemos.

Cuando sientas que estás cansado o confundido, tómate el tiempo que necesites. Nadie debería presionarte.

Sobre los ritmos cambiantes de cada persona, el novelista Marcel Proust decía:

> *Los días quizá sean iguales para un reloj, pero no lo son para un hombre. Hay días empinados e incómodos, que cuesta un tiempo infinito coronar, y días en cuesta abajo, que pueden bajarse fácilmente cantando. Para recorrerlos, las naturalezas –particularmente las que son un poco nerviosas– disponen de diferentes velocidades, como los automóviles.*

RELÁJATE EN UN MINUTO

- Si te sientes fatigado o estresado, respira lentamente y aguanta el aire 4 o 5 segundos.
- A continuación, libéralo de golpe. Puedes emitir un suspiro.
- Mientras exhalas, relaja la mandíbula y los hombros.
- Repite esta serie seis o siete veces y te sentirás mucho mejor.

113
CHEQUEA TUS RELACIONES

Tienes relaciones que alimentan el alma? Examina cuál es tu red de amigos y relaciones en este momento de tu vida, las personas con las que intercambias mensajes y convives a diario. ¿Con quiénes interactúas más y de qué manera? ¿Qué tipo de energía envías y recibes y cómo te dejan al cabo del día? ¿Echas de menos otro tipo de relaciones, otro tipo de conexión? ¿Cómo podrías establecer esta clase de relaciones de alta calidad?

Somos lo que vivimos, pero sobre todo cómo y con quién lo vivimos. Por lo tanto, nuestro bienestar, energía e incluso nuestro éxito dependen de la clase de vínculos que creamos con los demás. Yo lo llamo *crear redes bonitas*.

TRES TIPOS DE VÍNCULO

Josep Pla, un escritor catalán de la segunda mitad del siglo XX muy apreciado por sus crónicas y ensayos, decía que hay tres clases de personas con las que nos relacionamos: *amigos*, *conocidos* y *saludados*.

Una forma de gestionar nuestros vínculos de manera sana es no confundir estas categorías y ser selectivos en el apartado de los amigos, ya que son las personas que más inciden en nuestra felicidad.

114
MEJOR HECHO QUE PERFECTO

Esto se les suele decir a aquellas personas que, de tan perfeccionistas, tienden a alargarlo o postergarlo todo, llegando incluso a lo que se conoce como *parálisis por análisis.*

A veces nuestro ideal de excelencia es tan complejo y ambicioso que acabamos por no hacer nada. En este caso, el perfeccionismo es solo una excusa para no avanzar.

Contra ese síndrome, las personas expertas en productividad recomiendan empezar por lo que se conoce como *mínimo viable.*

El mínimo viable es lo mínimo que necesitas para ponerte en marcha. Sin embargo, no debes quedarte ahí. A partir de este punto, puedes ir mejorando lo que haces porque ya estarás en movimiento.

Por lo tanto, la clave está en el equilibrio: ni quedarnos parados por miedo a no hacer algo perfecto ni conformarnos con lo primero que nos salga. Eso sí, partiendo siempre del mínimo viable como el primer peldaño hacia la excelencia.

TRES PREGUNTAS PARA PROGRESAR

Cuando te quedes paralizado, te propongo estas tres preguntas para ponerte en marcha:

1. ¿Por qué es importante para mí lo que estoy haciendo?
2. ¿Qué nivel o meta deseo alcanzar?
3. ¿Cuál es el siguiente paso en esa dirección?

115
LA UTILIDAD DEL MIEDO

El miedo tiene muchos detractores en el ámbito del bienestar emocional. Y es cierto que a menudo nos impide avanzar y nos limita, pero también es una defensa contra posibles amenazas.

Incluso cuando tenemos un temor injustificado, si lo examinamos con atención nos dará pistas sobre qué lo origina. Por lo tanto, nos resultará útil para conocernos mejor. Si nos aliamos con él, una vez comprendido, puede ser una catapulta para ir un poco más allá de nosotros mismos.

Pero ¿cómo hacerlo? Dando las gracias al miedo por todo lo que nos ha enseñado y protegido hasta ahora y retándole, incluso, a quedarse durante un tiempo para explorar otras áreas de nosotros que desconocemos.

La admirable Marie Curie se expresaba en estos términos al respecto: «Nada en la vida debe ser temido, solamente comprendido. Ahora es el momento de comprender más para temer menos».

TERAPIA DE EXPOSICIÓN PROGRESIVA

Según la psicología conductista, en lugar de evitar lo que tememos —eso solo refuerza el miedo—, la mejor manera de superarlo es exponernos de forma progresiva a lo que lo causa. Por ejemplo, alguien con fobia al metro puede empezar bajando al andén un par de minutos en compañía; luego hacerlo solo; tomar el metro y recorrer una estación. Y así sucesivamente, hasta que la huella positiva haya sustituido la que ha provocado la fobia.

¿Con qué probarías tú esta terapia en tu vida?

116
AHORA YO

Decía Francisco de Quevedo: «Vive solo para ti si pudieres, pues solo para ti si mueres, mueres».

Y tenía mucha razón, pues nadie puede vivir nuestra existencia por nosotros.

Por eso mismo, no significa ser egoísta ni egocéntrico decir *ahora yo*. A nadie más le corresponde escribir nuestra propia historia. Cuando nos damos cuenta de eso, empezamos de verdad a ser guionistas, actores y directores de nuestra vida.

Piensa, ¿eres quien verdaderamente lleva la dirección de tu película o tiras de inercias e influencias externas a la hora de tomar tus decisiones?

El *ahora yo* implica elegir, asumir riesgos, corregir el rumbo cuando sea necesario, empezar de nuevo. En definitiva: vivir.

TU PRÓXIMO PUNTO DE INFLEXIÓN

Visualiza tu biografía como si fuera una película. Date cuenta de todos los momentos en los que has tomado decisiones que han supuesto un punto de inflexión en tu historia.

Cuando llegues a tu momento actual, pregúntate cuál va a ser el próximo punto de inflexión. Ponte manos a la obra para acompañarlo con tus actos y pensamientos.

117
EL CAMINO DEL CORAZÓN

Muchas veces nos encontramos en una encrucijada vital y no estamos seguros de qué camino deberíamos tomar. En esos momentos, hay una brújula que todos tenemos incorporada que nos puede ayudar a marcar el rumbo.

En su clásico *Las enseñanzas de Don Juan*, Carlos Castaneda recibía del indio yaqui el siguiente aprendizaje:

> *¿Tiene corazón este camino? Si lo tiene, el camino es bueno; si no, de nada sirve. Ningún camino lleva a ninguna parte, pero uno tiene corazón y el otro no. Uno hace gozoso el viaje; mientras lo sigas, eres uno con él. El otro te hará maldecir tu vida. Uno te hace fuerte; el otro te debilita.*

Lo que te dicta el corazón suele ser lo más auténtico, un impulso que te da fuerza para emprender cualquier viaje o proyecto con coraje y determinación.

No dejes de poner atención a los mensajes que te envía tu corazón en su latir y aparta cualquier distracción que te impida escucharlo alto y claro.

ATIENDE TUS CORAZONADAS

Definida como *la sensación o sospecha de que algo va a ocurrir*, la corazonada es una señal que surge del inconsciente, cuando este cuenta con una información superior a la que maneja la mente consciente. Es importante escuchar estos mensajes de la intuición, porque muchas veces demuestran ser acertados. Escúchalos.

118
EL RÍO DEL CAMBIO

Joe Dispenza, doctor en quiropráctica y estudioso de la neurociencia y la epigenética, enseña en sus cursos a crear nuevos caminos neuronales a través de la meditación.

Cuando esos nuevos caminos están ya formados, llega el momento de llevar ese cambio a la realidad. Entonces viene el verdadero reto. Dispenza lo explica diciendo que el cambio es un río, y al cruzarlo te enfrentas a dos peligros:

1. *Los demás*, a quienes, acostumbrados a que actuemos y seamos de determinada manera, nuestro cambio les genera inquietud. Por eso, mientras nadas hacia la otra orilla, algunos te gritarán: *¡¿Adónde vas, loco?! ¡Vuelve!*
2. *Tus propios miedos*. Cambiar es tan incómodo como sumergirte en un río de agua helada. Puede que cuando llegues a la mitad del río, pienses *¡qué frío está!*, y te sientas tentado a regresar a tu zona de confort.

Dispenza aconseja que no escuches a nadie y mucho menos a tus propios temores cuando decidas cambiar.

¿QUIÉN ERES SIN TU MIEDO?

Nuestros temores limitan y determinan el espacio que podemos ocupar, las cosas que podemos llegar a hacer. Por eso, cuando decidimos desafiarlos y nos lanzamos a la piscina, descubrimos quiénes somos realmente.

¿Te atreves a probarlo?

119

EL MOMENTO ADECUADO

A menudo esperamos el momento adecuado para lanzarnos a hacer algo, pero parece que ese momento nunca llega. De hecho, es muy posible que creas que nunca llegue.

Vamos a darle la vuelta a esa idea.

Hay veces que es el propio momento el que te espera a ti, desde hace mucho tiempo ya. Lo sabes y lo intuyes. Solo tienes que dar el paso.

Atrapa ese momento que te está mirando con ganas –quizá sea este precisamente– y te está diciendo que no debes esperar más.

La vida no espera.

No esperes el momento adecuado y lánzate.

Haz todo aquello que estás llamado a hacer antes de morir.

— LOS CUATRO CONSEJOS DE ELIZABETH KÜBLER-ROSS —

Esta psiquiatra y escritora que trabajó la mayor parte de su vida con moribundos nos da estos valiosos consejos para la vida:

1. Vive de tal forma que al mirar hacia atrás no lamentes haber desperdiciado la existencia.
2. Vive de tal forma que no te lamentes de las cosas que has hecho ni desees haber actuado de otra manera.
3. Vive con sinceridad y plenamente.
4. Vive.

120
CADA INSTANTE VIVIDO

Cómo podemos medir la calidad e intensidad de nuestra vida? Tal vez la mejor manera de hacerlo sea con la consciencia de cada instante vivido.

A cada respiración, a cada mirada, a cada sentir le corresponde el poder de otorgarte una vida plena y de aprendizaje que no es comparable con ninguna otra.

Cuando vivimos el presente con ese grado de consciencia y realización, entonces el camino al futuro se convierte en un agradable viaje lleno de descubrimientos. Sobre esto, Mihály Csíkszentmihályi, a quien ya hemos mencionado, añade:

> *Cada uno de nosotros tiene una idea, aunque sea vaga, de lo que le gustaría conseguir antes de morirse. Lo cerca o lo lejos que lleguemos a estar de ese objetivo se convierte en la medida de la calidad de nuestra vida.*

Sin embargo, ese camino al futuro se compone de millones de instantes vividos, cada cual único e irrepetible. ¿Estás disfrutando de tu momento presente?

PRACTICA EL FOCO

Aprovecha lo que vayas a hacer ahora mismo para ejercitar la atención plena. Pon los cinco sentidos en esa actividad, por muy cotidiana o incluso aburrida que pueda parecer. Conviértela en una meditación, demostrándote a ti mismo que eres capaz de convertir esa acción y ese momento en el centro de tu universo.

121
LO BUENO DE SER BUENO

Aunque no abundan en los medios, debo reconocer que me emocionan las buenas noticias. Me conmueve la bondad, la generosidad, la empatía y el amor del ser humano hacia lo que le rodea: personas, animales, naturaleza...

Descubrir a héroes cotidianos que se preocupan por el bienestar de los demás me devuelve la fe en la humanidad. Me hace sentir viva y me recuerda que, en el fondo, soy una niña que cree en la capacidad del ser humano para amar, reparar y acompañar en el dolor.

Si tú también experimentas a veces esta agradable sensación, te propongo un reto: ¿Y si asumes tú el papel de héroe cotidiano, aunque sea con una pequeña acción, para dar esperanza a los demás?

¿CUÁL ES TU GRANO DE ARENA?

La madre Teresa de Calcuta decía que muchas veces sentimos que lo que podemos aportar es solo un grano de arena en el desierto, pero que el desierto sería menos sin ese grano. Desde esa filosofía, te planteo pequeños retos:

- ¿Qué puedes aportar en el ámbito de tu familia para que todo vaya un poco mejor?
- ¿Cuál puede ser tu grano de arena en tu profesión para facilitar la vida a los demás?
- Y, no menos importante, ¿qué pequeña mejora puedes hacer por ti mismo para cuidarte y sentirte mejor?

122
ESTRELLAS INVISIBLES

Ayer vi amanecer por primera vez junto a mi hijo.

Volvíamos de pasar la noche en Urgencias. Mientras regresábamos con el coche, solo se veía una estrella en el firmamento. Entonces el sabio niño dijo:

–Hay estrellas que no vemos en el cielo, ¿verdad, mamá?

Me emocioné al escucharlo, porque tenía toda la razón: ¡cuántas cosas por descubrir!

Paramos el coche al margen del camino y nos bajamos en un descampado para observar mejor el cielo nocturno.

Gracias a una aplicación en el teléfono que te da el nombre de los astros, descubrimos todo un baile infinito de constelaciones.

Todas estaban ahí, también las que no se veían. Luces por descubrir que nos pueden servir de guía en el momento menos esperado.

Lo mismo sucede en la vida cotidiana: hay maravillas que están ahí, aunque no las veamos, esperando ser descubiertas.

EL DISOLVENTE UNIVERSAL DE LOS PROBLEMAS

La doctora en física cuántica Sonia Fernández-Vidal, autora de muchas obras de divulgación científica, afirma que estudiar el cosmos —a través de un libro, de un documental o de la simple observación— nos abstrae de los pequeños problemas de la vida diaria. Además, alimenta nuestra curiosidad y capacidad de sorpresa, lo cual es un aliciente más para levantar la cabeza hacia el cielo.

123
LA VIDA ETERNA ES AHORA

El jesuita y terapeuta Anthony de Mello, gran conocedor de la India y autor de numerosos libros de relatos, nos legó esta reflexión sobre la velocidad:

> *El día en que ustedes paren de correr, llegarán (...) La vida eterna es ahora, está aquí, pero te han confundido hablándote de un futuro que esperas mientras te pierdes la maravilla de la vida que es el ahora. Te pierdes la verdad.*

De Mello dice que no debemos «ni temer ni tener esperanza en un futuro juntos», porque ambas son proyecciones, al igual que el pasado, y añade:

> *Las cosas solo serán cuando deban ser, por mucha prisa que te des (...) Tienes que vivir libremente el ahora, separado de los recuerdos, que están muertos; solo está vivo el presente y lo que tú vas descubriendo en él como real.*

VUELVE

El gran enemigo del ahora son las proyecciones. Cuando tu conciencia viaja al pasado o al futuro, por la razón que sea, dejas de disfrutar de lo que te ofrece el presente.

Cada vez que te des cuenta de que eso sucede, puedes decirte *¡vuelve!* y poner los cinco sentidos en lo que pasa aquí y ahora. Al principio puede costarte, pero a medida que practiques, te será más fácil regresar al ahora.

124
ÚNICO

Quizá nadie te lo dijo cuando eras un niño, pero vengo a recordarte algo: eres un ser único. Único en todo lo que haces, sientes y piensas. ¿No es extraordinario?

Cuando tomas conciencia de ser un fuera de serie, te empoderas para protagonizar tu propia historia.

En tu autenticidad y carácter genuino está tu fuerza para evolucionar y dar lo mejor de ti en cada fase de la vida, con los retos que comporta. Para ello, debes practicar el autoconocimiento y la comprensión de tus capacidades.

¿Qué piensas hacer con tu vida? ¿Te vas a quedar con las ganas de descubrir todo lo original que hay en ti, con lo que podrías cambiar el mundo?

PARA DESCUBRIR LO GENUINO EN TI

- Cada mañana, cuando te levantes, recuerda que no hay nadie como tú y que eres responsable de conducir esa vida única.
- Cuando te descubras admirando una cualidad de alguien que crees que te falta, dale la vuelta al asunto y pregúntate qué tienes tú que la otra persona no posee.
- Date cuenta de aquello que es tuyo y solo tuyo. ¡Celebra tu carácter único!

125

DAFO

En el mundo de la empresa se utiliza el denominado *Análisis DAFO*, una herramienta para conocer la situación de una empresa o proyecto, aunque también se puede aplicar a la persona.

Veamos qué significan estas siglas:

- **D**ebilidades
- **A**menazas
- **F**ortalezas
- **O**portunidades

Algo que diferencia a las personas exitosas del resto es el hábito de revisar periódicamente su situación. Para ellas, el análisis es también parte de la toma de decisiones. Puede que en ocasiones no todo llegue del *universo*.

Plantéate de vez en cuando un DAFO para saber dónde estás y cómo estás. Mientras lo haces, indaga y busca visiones alternativas sobre el asunto. Sin duda, te procurará informaciones que pueden llevarte a nuevos caminos y soluciones que ni siquiera imaginas.

TUS PREGUNTAS DAFO

Elige una determinada cuestión o tema que te preocupe actualmente y hazte las siguientes preguntas:

1. ¿Cuáles son mis puntos débiles en esta situación? ¿Cómo puedo compensarlos?
2. ¿Qué amenazas se ciernen en el horizonte si no hago algo para evitarlo? ¿Qué es lo primero que debería hacer?
3. ¿Cuáles son mis puntos fuertes que debo potenciar a mi favor? ¿Por dónde debo empezar?
4. ¿Qué oportunidades me ofrece esta situación?

126
SINCERICIDIO

Quizá hayas oído hablar de la expresión *sincericidio* referida a una situación en la que queremos ser tan sinceros que acaba siendo un homicidio de la autoestima o del orgullo de los demás.

Puede ser ofensivo darle nuestro parecer a aquella persona que no nos lo pide.

Muchas veces nos lanzamos a aportar nuestra visión sobre las decisiones o circunstancias ajenas, por el mero hecho de reafirmarnos en lo que pensamos. Sin embargo, el problema es que no se trata de nosotros, sino de otra persona con una experiencia y perspectiva sobre la vida totalmente distinta.

Si nadie te ha pedido que seas sincero, cuida cómo y a quién le das opiniones y consejos sobre su vida, porque puedes hacerle más mal que bien.

En caso de duda, acompañarás mejor con una mirada amable, un silencio o tu presencia que con palabras *omnisapientes*.

PEDIR PERMISO

Se dice que los japoneses, antes de contar un problema, piden permiso al interlocutor para enturbiar su paz mental. Podemos aplicarnos esta misma medida a la hora de meternos en la intimidad de otra persona. Antes de lanzarnos, es prudente preguntar: *¿Te gustaría que te diera mi parecer sobre lo que estás viviendo?*, o bien, *Si en algún momento quieres saber lo que pienso sobre esto, solo me lo has de pedir.*

127

DEMOS LAS GRACIAS

Contra el síndrome de pensar que todo va mal y que no hay nada de lo que alegrarse, una mirada positiva es capaz de desmontar cualquier fatalismo.

Un viajero que atravesó toda Rusia sin apenas dinero explicaba que su secreto era no tener expectativas. Si llamaba a una casa y le permitían dormir bajo el porche, lo celebraba. Si le abrían la puerta del establo, era ya una fiesta. Y si, además, le ofrecían algo de beber o de comer, se sentía bendecido por los dioses.

Todo tiene que ver con las expectativas.

El solo hecho de estar vivos, con todas las posibilidades a nuestro alcance, debería inspirarnos gratitud.

Hace dos milenios y medio, Buda lo expresaba así a los monjes que le acompañaban en su peregrinación:

Demos las gracias, porque si hoy no aprendimos mucho,
al menos aprendimos un poco,
y si no aprendimos un poco, al menos no enfermamos,
y si enfermamos, al menos no morimos,
por tanto, demos las gracias.

WORST CASE SCENARIO

Hay una estrategia que emplean los estadounidenses cuando se enfrentan a una dificultad. Se hacen la pregunta: *¿Qué es lo peor que podría pasar?* Una vez asumes el peor escenario posible, cualquier cosa que suceda por encima de ese umbral te parecerá positiva.

128
¿CON QUÉ TE IDENTIFICAS?

La actividad profesional y la personal cada vez tienen una relación más estrecha y muchos pueden elegir trabajos que los llenan, los hacen más felices y convierten las horas laborales en algo creativo y gratificante. No siempre es así, pero por fortuna en muchas ocasiones sí.

Es bien conocido el pasaje bíblico que dice: «Por sus actos los conoceréis». Y a partir de aquí planteo las preguntas: *¿Somos lo que hacemos? ¿Cómo nos aferramos a nuestra identidad profesional?*

Muchas veces asociamos identidad y ocupación. Sobre esto, la escritora afroamericana Toni Morrison explicaba en la revista *New Yorker* las conclusiones a las que llegó tras pasar por empleos que le resultaron frustrantes:

1. *Tú haces el trabajo; no es el trabajo el que te hace a ti.*
2. *Tu vida real es la que vives con tu familia.*
3. *No eres el trabajo que haces; eres la persona que eres.*

Demasiado a menudo nos aferramos a lo que hacemos y muy poco a lo que somos y sentimos. Ese apego no debería limitarte en la expansión de la consciencia de lo que eres.

MODO HACER Y MODO SER

En su ensayo *Mindfulness*, el doctor Mark Williams y la doctora Danny Penman resumen así lo que sucede en ambas actitudes vitales:

Modo Hacer	*Modo Ser*
• Automatismo	• Capacidad de elección
• Pensar, analizar	• Sentir
• Luchar, juzgar, comparar	• Aceptar, observar
• Te identificas con el pensamiento	• Te desidentificas de él
• Evitas emociones dolorosas	• Te acercas a ellas y las reconoces
• Su tiempo: el pasado y futuro	• Su tiempo: el presente
• Pérdida de energía	• Recarga de energía

129

EL CREDO DEL LOBO

Hay nueve leyes para la vida, atribuidas a los indígenas norteamericanos, que están inspiradas por los lobos. Son las que siguen:

1. *Respeta a los mayores.*
2. *Enseña a los jóvenes.*
3. *Coopera con el clan.*
4. *Juega siempre que puedas.*
5. *Caza cuando sea necesario.*
6. *Descansa entre medio.*
7. *Comparte tu afecto.*
8. *Da voz a tus sentimientos.*
9. *Deja tu huella.*

Te propongo que reflexiones sobre cada una de ellas, entendiendo de qué manera se traduce a tu vida actual. ¿De qué manera los lobos nos enseñan a vivir mejor?

LA PREGUNTA DE CLARISSA PINKOLA ESTÉS

En una de las obras más celebradas de la literatura inspiracional, la autora de *Mujeres que corren con lobos* recurre, simbólicamente, a este animal para despertar la intuición y creatividad innatas en nosotros.

Te comparto, para que trates de responderla, una de las preguntas más provocadoras que encontramos en el libro:

«¿Qué debo matar hoy para generar más vida?».

130
HAZLO POR TI

Cuando vivimos en piloto automático en lugar de escuchar nuestros propios impulsos y prioridades, acabamos haciendo las cosas de cara a la galería.

Desde pequeños, buscamos el reconocimiento de nuestros mayores, su aprobación para cerciorarnos de que lo estamos haciendo bien. El problema es cuando, de forma inconsciente, seguimos alimentando esa conducta en la vida adulta.

Para evitar ser esclavos de la aprobación ajena, debemos reafirmarnos y reforzar los pasos que damos sin darle demasiada importancia a lo que puedan decir los demás.

¿Para quién haces lo que haces? Espero y deseo que sea por ti.

Por mucho que consigas el reconocimiento externo, lo importante es que siempre camines hacia lo que de verdad te llena. Cuando haces eso, todo adquiere sentido.

EJERCICIO DEL ESPEJO

Ponte delante de tu reflejo y plantéate las siguientes preguntas:

1. ¿Soy sincero y consecuente con mis deseos, planes y prioridades?
2. ¿Me doy el primer lugar o vivo en función de los deseos de los demás?
3. ¿Cómo puedo ser más Yo y menos lo que mi entorno quiere que sea?

131
EL TIEMPO ES RELATIVO

El tiempo es una mera percepción y, por ello, cada persona lo vive de manera distinta, aunque parezca que es igual para todos.

Se cuenta que una vez le pidieron a Albert Einstein que explicara de forma sencilla la relatividad del tiempo, y respondió que cuando una persona realiza una tarea que le desagrada especialmente, un minuto puede parecerle una hora, pero que, en cambio, cuando fluimos con algo que nos apasiona y nos aporta felicidad, una hora parece un minuto.

De este ejemplo deducimos que hay un tiempo cronológico y otro psicológico. Si elegimos actividades que nos hagan disfrutar, el tiempo adquiere otra calidad.

Somos el tiempo que vivimos y cómo lo vivimos.

LA PRUEBA DEL MINUTO

Para darte cuenta de lo subjetiva que es la percepción del tiempo, si tienes a mano un reloj de agujas con segundero, te propongo que sigas con la mirada una vuelta completa de la manecilla más fina. Experimentarás el minuto más largo de tu vida.

Esto te demuestra que la atención influye en la percepción y calidad del tiempo.

132
SOY SUFICIENTE

Aleja de ti la autoexigencia por un instante. Regálate la posibilidad de sentir que eres suficiente, más allá de lo que hagas o dejes de hacer. Quizá así te liberes de obstáculos que te impiden avanzar en tus relaciones y objetivos anhelados.

Tenlo claro. Afírmate con este mantra: *soy suficiente.*

Celebra lo que has hecho y no lamentes lo que no pudiste hacer.

El filósofo del siglo XIX Ralph Waldo Emerson, pionero de los libros de desarrollo personal, recomendaba: «Termina cada jornada sin remordimientos. Has hecho lo que has podido y mañana será otro día».

No seas duro contigo mismo. En lugar de enfocarte en lo que no has hecho todavía o en lo que te falta, celebra cada cosa que hayas llevado a buen fin. Eso te dará motivación para seguir avanzando.

LA FÓRMULA DE CARY GRANT

En una ocasión le preguntaron a este actor del Hollywood clásico cuál era su secreto para sentirse satisfecho con su vida. Su respuesta, que nos podemos aplicar como principio vital, fue la siguiente: «Mi fórmula para la vida es muy simple. Me levanto por la mañana y me acuesto por la noche. Entre medio, trato de ocuparme lo mejor que puedo».

133
EL PRINCIPIO DEL CAMBIO

La posibilidad de cambiar tu vida empieza en el mismo instante en el que has decidido que lo vas a hacer.

El cómo lo vas a hacer es personal y dependerá de las herramientas que tengas en tu mano. Es, en todo caso, una aventura fascinante llena de descubrimientos y avances.

Aquello que debas o quieras hacer no lo pospongas. Hazlo ahora mismo, ya que has puesto atención en lo que te gustaría cambiar y te estás haciendo preguntas sobre ello.

Este ya es el principio del cambio. No te detengas.

Todo cambio exige una determinación y voluntad férreas. Para armarte de esa fuerza, indaga hasta llegar al motivo profundo que te mueve al cambio. Cuanto más clara tengas la razón por la que quieres cambiar, más fácil será dar el paso.

¿QUIÉN Y QUÉ SERÁS CUANDO LO LOGRES?

Esa es una buena pregunta que puedes hacerte cada vez que sientas que decae tu motivación para afrontar un cambio. Piensa en quién te convertirás y qué nueva situación tendrás cuando hayas cumplido lo que deseas alcanzar. Con ese objetivo en mente, sigue adelante.

134
EL ENFADO DEL BARQUERO

Al monje vietnamita Thích Nhất Hạnh, que falleció durante la pandemia, le gustaba explicar esta historia:

Un hombre estaba remando por un río en su bote, corriente arriba, durante una mañana muy brumosa. De repente, vio que otro bote venía corriente abajo sin intentar esquivarlo.

Avanzaba directo hacia él, así que gritó *¡Cuidado! ¡Cuidado!*, pero el bote le dio de pleno y casi le hizo naufragar.

Furioso, el hombre empezó a gritar maldiciones al otro navegante para que se enterara de lo que pensaba de él. Sin embargo, cuando observó el bote más de cerca, se dio cuenta de que estaba vacío.

El mensaje de esta fábula es que muchas veces nos enfadamos por cosas que no son culpa de nadie, son simple obra del azar. Si lo asumimos, evitaremos gritar en balde a una barca vacía.

EL CARBÓN CANDENTE DEL ENFADO

Cada vez que sientas que la furia se apodera de ti, recuerda la frase de Buda:

«Retener la ira es como asir un trozo de carbón candente con la intención de arrojarlo contra alguien; tú eres quien se va a quemar».

Para preservar tu calma y *no quemarte*, no prolongues el enfado y pasa página.

135
HÁBITOS

Para muchas personas, la sola idea de crear nuevas rutinas y hábitos se les hace cuesta arriba, les resulta un compromiso difícil de acometer. ¿Cómo romper ese bloqueo que a veces nos impide transformar nuestra vida?

Por una parte, tenemos la motivación de cómo te sentirás cuando lo hayas logrado. Ese aliciente te dará fuerzas para seguir adelante, porque esos nuevos hábitos son los que te llevarán a una vida nueva y libre.

Por otra parte, sustituir unos hábitos por otros es una cuestión de prioridades. Al igual que al llenar tu cesta de la compra dejas fuera los alimentos tentadores pero que no te convienen, mantén lejos aquellos hábitos que no te llevan a ningún sitio. Aquellos que solo logran desestabilizarte y te alejan de lo que quieres ser y conseguir.

UN DIARIO DE HÁBITOS

1. Hazte con un cuaderno exclusivo para tu trabajo con los hábitos que quieres depurar.
2. En todas las páginas, en la parte izquierda, anota los hábitos negativos de los que te quieres desprender y tus avances en ese sentido.
3. En las de la derecha, escribe aquellos nuevos hábitos que quieres incorporar.
4. No quieras cambiarlo todo simultáneamente. Céntrate en un solo tema y no pases al siguiente hasta que no hayas consolidado dicho cambio.

136
TIENES TALENTO

Todos tenemos algún talento. Lo que ocurre es que podemos no ser conscientes de él, tenerlo escondido bajo el miedo, las dudas y los juicios externos e internos.

Sir Ken Robinson decía que es absurdo enseñar a todos los niños por igual, en una educación uniformada, sin preocuparnos antes por averiguar cuál es la capacidad especial de cada pequeño.

¿Cómo desentrañar, aunque sea de adultos, esos dones que te mostrarán el camino original de quién eres?

Según Robinson, un camino es la prueba y error de la ciencia: «Si no estás preparado para equivocarte, jamás llegarás a nada original».

Atreviéndote a probar distintos caminos, llegarás a descubrir tu talento especial, aquello que siempre quisiste ser.

NUNCA ES TARDE

Puede que no hayas desarrollado todavía tu genialidad porque alguien te convenció de que lo que querías hacer era solamente un sueño inalcanzable. Tú se lo compraste, casi convencido. Te lo hizo creer así, porque en el fondo, esa persona también tenía sus propios miedos, dudas y juicios.

¿Y si te das una nueva oportunidad?

Como afirmaba la novelista George Eliot: «Nunca es tarde para ser lo que deberías haber sido».

137
LA CATEDRAL

Hay una historia que se cuenta sobre la construcción de la catedral de Londres que me parece muy significativa porque habla de la fuerza del propósito.

Su arquitecto, Christopher Wren, decidió visitar de incógnito la cantera para observar a los picapedreros. Se fijó en tres de ellos. Uno trabajaba de forma deficiente, el otro con corrección y el tercero con una fuerza y pasión extraordinarias. Intrigado, se aproximó al primero y le preguntó:

–Buenos días, ¿a qué se dedica usted?

–¿Es que no lo ve? Trabajo de sol a sol picando piedra. ¡No veo la hora de terminar!

El arquitecto repitió entonces su pregunta al segundo, que contestó:

–Me gano un salario honradamente para mantener a mi esposa y mis hijos. Lo hago lo mejor que puedo.

Finalmente, se dirigió al tercero:

–Buenos días, ¿a qué se dedica usted?

El picapedrero levantó la cabeza y, lleno de orgullo, le dijo:

–Estoy construyendo la catedral de Londres, caballero.

QUÉ, CÓMO Y POR QUÉ

El conferenciante Simon Sinek dice que hay tres niveles de excelencia en aquello que hacemos:

1. Hay personas que saben QUÉ hacen. Es el nivel más bajo.
2. Otras saben CÓMO lo hacen. Es un escalón intermedio.
3. La excelencia pertenece a aquellas que saben POR QUÉ lo hacen.

Cada vez que hagas algo realmente importante, pregúntate en cuál de los tres niveles estás operando.

138
LET IT BE

En la escuela nos enseñan a adquirir conocimientos, a aprobar exámenes y a establecer relaciones con los demás, pero también deberían enseñarnos a perder, a dejar ir.

A medida que avanzamos en la vida, nos damos cuenta de que hay personas a nuestro alrededor que no son las más adecuadas para vivir en calma. Bien sea porque nos alteran en nuestro día a día o porque necesitan seguir su camino para crecer.

A veces debemos dejar ir a alguien que amamos, alejarnos de esa persona, aun sabiendo que la echaremos de menos. Será bueno para ambas partes. Y más si, además, expresamos con cariño el deseo de dejar ir.

Paul McCartney escribió *Let it be* tras soñar con su madre, que le aconsejó que *dejara ir* aquello que, tras años de felicidad, le estaba pesando a él y a sus compañeros. Sería el fin de The Beatles.

TRES PASOS PARA CERRAR

Si sientes que tienes que dejar ir una pareja, un amigo o un proyecto compartido, puedes hacerlo de forma bella y saludable, aunque al principio no seas comprendido:

1. Explica con serenidad las razones por las que no deseas seguir.
2. Agradece todo lo que habéis vivido y aprendido juntos.
3. Desea de corazón una feliz andadura a la otra parte en aquello que emprenda.

139
AUTOLIDERAZGO

Me gusta decir que un líder es generoso cuando comparte sus conocimientos e inquietudes e influye en quienes le rodean a través de la empatía y el entusiasmo.

Esto no es exclusivo del mundo de la empresa. Todos hemos tenido a algún profesor o profesora que nos contagió de este modo el amor por su asignatura.

Sin embargo, el liderazgo no termina ahí. Puedes aplicarlo a tu propia vida. Practicar el autoliderazgo significa ser generoso, empático y entusiasta contigo mismo. De este modo, podrás vivir lleno de inspiración.

Trátate a ti mismo como lo que eres: el maestro y guía de tu propia vida.

Quien no sabe liderarse a sí mismo tampoco podrá hacerlo con los demás. Por consiguiente, empieza tomando el mando de tu propia vida.

EL LIDERAZGO SEGÚN JACINDA ARDERN

La neozelandesa que, con 37 años, se convirtió en la primera ministra más joven de la historia fue calificada por la prensa internacional como la *líder más eficaz del mundo*. Esta es su definición de liderazgo:

Para mí, el liderazgo no se trata necesariamente de ser el más ruidoso en la sala, sino de ser el puente, o lo que falta en la discusión y tratar de construir un consenso a partir de ahí.

140
MADUREZ

El profesor Juan José Zacarés, cuyo doctorado versó sobre la madurez psicológica, expone que el verdadero sentido del crecimiento es la transformación en lo que cada cual realmente es.

Eso implica el desarrollo de nuestras potencialidades, de todo aquello que nos hace únicos e irrepetibles. En sus palabras:

> *La madurez como plenitud de la existencia no es una etapa o fase más del desarrollo, sino una conquista individual. Todos los individuos alcanzan la edad adulta, pero no todos consiguen la madurez personal.*

Alcanzar esa madurez implica actuar desde la libertad y la responsabilidad, tomando conciencia de los resultados de nuestras decisiones.

Asimismo, una persona madura no depende de la aprobación de los demás y sabe mantener la calma en medio de las tempestades.

LAS CINCO CLAVES DE LA MADUREZ

Para evaluar el grado de madurez de una persona, empezando por uno mismo, según un estudio publicado en la revista *Annals of Psychology* deben darse estas cinco cualidades:

1. *Realismo*. Ser capaz de mirar de frente los acontecimientos sin dejarse llevar por interpretaciones.
2. *Equilibrio*. Las emociones no suben y bajan como una montaña rusa.
3. *Naturalidad*. Mostrarse como se es, no pretender aparentar otra cosa.
4. *Entusiasmo*. Facilidad para motivarse ante un proyecto.
5. *Capacidad de adaptación*. Ser flexible y saber improvisar.

141
EL PASADO PRESENTE

¿Eres de los que se anclan al pasado o, por el contrario, tiendes a enfocarte en el futuro? En este segundo caso, tu energía mental se proyecta en lo que te gustaría crear. Pones mucho foco en un porvenir prometedor. Sin embargo, ¿estás seguro de haber soltado el pasado?

Tal vez haces planes basándote en un conocimiento viejo, a partir de resultados que ya obtuviste. En ese caso, debo decirte que quizá no has soltado el pasado del todo.

Recuerda: el futuro nunca llega si el pasado está presente.

Para proyectarte hacia el futuro, desde el aquí y ahora, libre de cargas y expectativas, imagina que tu vida es una hoja en blanco, el primer capítulo de un nuevo libro.

Haz limpieza de todo aquello que ha sido para ti un impedimento para avanzar. A fin de cuentas, el futuro se construye desde el presente coincidiendo todo finalmente en uno, con cada pequeña acción, palabra y pensamiento.

HAZLO SMART

En un modelo iniciado en la década de 1980 por George T. Doran, la palabra que en castellano traducimos como *listo* o *inteligente* sirve para definir las cinco características de los planes que funcionan:

Específico (en inglés, *specific*). Es decir, lo más concreto posible.

Medible. Nuestro progreso hacia ese objetivo ha de ser cuantificable.

Alcanzable. Entendido como realista y asumible.

Relevante. Ha de ser motivador, empoderador, que resulte importante e incluso retador.

Temporalizado. Ha de tener fecha de inicio y de finalización.

142
APUNTA A TI MISMO

Para los que nos empeñamos en la imposible tarea de cambiar a los demás, hay un libro zen que da una importante pista sobre dónde debemos poner el foco de la excelencia.

Se llama *Zen en el arte del tiro con arco* y su autor, el alemán Eugen Herrigel, publicó en 1948 las principales lecciones aprendidas como discípulo de un gran maestro de *kyudo*, como se llama esta disciplina en Japón.

Esta es una conclusión a la que llega el autor, que vivió varios años en el país nipón:

> *El arquero se apunta a sí mismo y se dispara a sí mismo, y así llega de forma simultánea el arquero y la diana, el golpeador y el golpe (...) Entonces sucede el milagro supremo y definitivo; el arte carece de arte, disparar es no disparar, disparar sin arco ni flecha; el profesor vuelve a ser aprendiz, el maestro un principiante, el final un principio y el principio perfección.*

Con ello indicaba que la verdadera *diana* a la que hay que apuntar, si quieres un mundo mejor, es a uno mismo.

¿CUÁL ES TU DIANA PARTICULAR?

De todos los ámbitos de tu vida —economía, familia, cuidado personal, carrera, espiritualidad...—, determina cuál tienes más desatendido. Dirige tu arco, a través de las flechas de los hábitos, hacia el centro de esa área en la que quieres mejorar.

143
ELIGE LO MÁS DIFÍCIL

En momentos de cambio, tendrás que tomar decisiones complicadas. Son momentos en los que lo que hagas determinará tu nuevo rumbo vital.

Por este motivo, si inicias una nueva andadura, si vas a crear otra vida, de todas las opciones que has diseñado, elige primero la más difícil de llevar a cabo. Solo así te acostumbrarás a superarte y tus límites ampliarán cada vez más su margen.

Hay un dicho atribuido al cuerpo de ingenieros de Estados Unidos que reza: «Lo difícil lo hacemos de inmediato, lo imposible llevará un poco más de tiempo».

Me parece un lema espléndido para los momentos de gran exigencia que nos brinda la vida, ya que sitúa lo *difícil* en el ámbito de la normalidad, y lo *imposible* en el de lo posible con un poco más de tiempo y experiencia.

DESMONTA LA DIFICULTAD

Como si sentaras al reto al que te enfrentas ahora en el diván, puedes interrogarlo de la siguiente manera:

1. ¿Quién ha decidido que esto es *difícil?*
2. ¿Es difícil para cualquier persona o solo es difícil para mí?
3. ¿De qué manera actuaría una persona para quien no es difícil?
4. ¿Qué necesito para actuar del mismo modo y hacer fácil lo difícil?

144
UNA MIRADA AMPLIA

Conjugar el mundo en primera persona del singular tiene algo de perverso. Siento ser así de directa. A estas alturas de la vida, ¿vas a permitir que tu mente aplique una sola mirada a tu alrededor?

Mirar la realidad desde una sola perspectiva es como escuchar en *mono* una sinfonía que tiene múltiples matices y texturas.

En el fondo, todos sabemos que el juego va de otra cosa. Va de observar, entender, integrar y evolucionar con el aprendizaje. Va de hacerle la 13-14 a tu mente para responderle que tú eres algo más que tus circunstancias, que tienes capacidad de elección y una mirada amplia sobre todas las percepciones posibles.

PONTE EN SUS ZAPATOS

Según Ken Wilber, escritor y pionero de la psicología transpersonal, «la persona más evolucionada es aquella que es capaz de ponerse en los zapatos de todo tipo de personas».

Cada vez que te sientas irritado o decepcionado con alguien, trasládate a su historia personal y a su situación. Eso te permitirá comprender por qué piensa, habla y actúa como lo hace.

145
EL DON DE INSPIRAR

Tienes el don de influir en todo lo que te rodea. En más personas de las que te imaginas. Tienes la capacidad de expandir tus talentos e inspirar a los demás.

Sin embargo, para compartir todo esto que te ha sido dado, primero has de saber conectar de manera inteligente con los otros. En su clásico *Cómo ganar amigos e influir sobre las personas*, que se viene reeditando desde 1936, Dale Carnegie nos da algunas recomendaciones:

- En las relaciones, se logran mejores resultados elogiando de forma inteligente que censurando.
- Si quieres corregir a alguien, hazlo contigo mismo.
- Dejar hablar a tu interlocutor e interesarte por sus problemas es la llave a su corazón.
- Se hacen más amigos interesándote por la otra gente que intentando que la gente se interese por ti.

EVITA CRITICAR

Una regla de oro en el método Carnegie es no censurar nunca a los demás, ya que solo se consigue que la otra persona se ponga a la defensiva y se justifique, albergando además resentimiento. Según sus palabras: «Cualquier tonto es capaz de criticar, condenar y quejarse. Y la mayoría lo hacen».

146
ENERGÍA QUE SE TRANSFORMA

Sea lo que sea que estés sintiendo, date cuenta de que es temporal. Este es el momento para empezar a soltarlo. Puedes dejar ir, y al hacerlo te vas a sentir mejor.

Las emociones son una energía que se transforma y les debes dar la bienvenida. Si las arrojas fuera del escenario de tu vida, ignorándolas, volverán para que les *eches cuentas*, cual vecino quejoso que necesita ser escuchado.

Atiéndelas y recuerda que mandas tú.

Sea lo que sea lo que te duele en este instante, se irá. Sonríe, ¡tú, a lo tuyo! y sigue adelante. Como decía Marilyn Monroe en unas bellas notas personales: «Mantén tu cabeza en alto y, lo más importante, mantén la sonrisa, porque la vida es hermosa y hay mucho por lo que sonreír».

DOCE MÚSCULOS MILAGROSOS

Cada vez que sonreímos movemos doce músculos que activan una verdadera alquimia en el estado de ánimo. Según diferentes estudios realizados, al sonreír se reduce el estrés y el dolor, promovemos la confianza y aumentamos incluso nuestra propia respuesta inmunitaria.

Por lo tanto, ¡sonríe por favor!

147
¿CUÁL ES EL SECRETO DE LA FELICIDAD?

Esta es la pregunta que se hace el protagonista de *El viaje de Héctor*, una novela escrita por François Lelord en la que un joven psicoterapeuta se propone descubrir por qué sus pacientes no logran ser dichosos.

Con este fin, empieza a viajar y a hablar con todo tipo de personas que parecen vivir con alegría. Así es como descubre que la felicidad, entre otras cosas, es...

- algo que muchas veces llega por sorpresa
- una caminata por montañas desconocidas
- estar junto a las personas queridas
- tener un trabajo que te guste
- sencillamente: pasártelo bien
- una manera de ver las cosas
- hacer felices a los demás

Tal vez esta última clave sea la más importante, y además todos podemos llevarla a cabo de diferentes maneras.

UNA PERSONA AL DÍA

Si hacer felices a los demás nos procura felicidad, te propongo que cada día busques de forma consciente una ocasión para hacer feliz a alguien. Tienes mil maneras a tu alcance, te pongo cuatro ejemplos:

- Escuchar y animar a alguien que está pasando por un mal momento.
- Regalar un libro a quien necesita inspiración.
- Hacer reír a tu entorno con una historia graciosa.
- Expresar a una persona cercana lo que te encanta de ella y lo importante que es para ti.

148
TU CAPACIDAD DE PENSAR

Mi admirado Sergi Torres nos invita a acoger esta idea por un instante: «Tu capacidad de pensar es infinitamente mayor de lo que piensas».

Y añade: «El ser humano desconoce su capacidad de pensar porque está atrapado en su forma de pensar. Tu capacidad de pensar es distinta a tus pensamientos».

Una cosa es aquello que somos, otra lo que podemos ser, y lo mismo sucede en la esfera del pensamiento. Que hasta ahora hayamos funcionado de determinada manera no significa que no podamos hacerlo de otra.

Podemos actuar de forma más brillante y profunda.

Solo me queda añadir *Amén* y seguir mi existencia aplicando la mayor consciencia.

LAS TRES PREGUNTAS DE SERGI TORRES

En su libro *Saltar al vacío,* este joven maestro dice que «aparentamos saber mucho de la vida, pero no pasamos ni las tres primeras preguntas del test». Son estas:

1. ¿Quién eres?
2. ¿Por qué estás vivo en este mundo?
3. ¿Cuál es tu función dentro de la vida?

Haz el ejercicio de contestarlas para expandir tu pensamiento.

149
ENTRAR EN ZONA

Hay un estado óptimo a la hora de ejecutar cualquier tarea, en el que todo parece fluir de manera impecable. Todo sale rodado. No quieres detenerte porque te das cuenta de lo bien que avanza justo en ese momento.

Yo lo llamo *entrar en zona.*

Me gusta identificarla, aprovecharla y, si puedo, anclarme a ese instante, integrando las sensaciones que me llegan, tanto en lo físico como en mi mente.

Intento averiguar qué ha podido suceder. ¿Qué acontecimientos se han dado para haber entrado en esa zona tan productiva?

Te animo a que descubras tú también qué te hace *entrar en zona,* qué necesitas para lograr ese grado óptimo de concentración y fluidez en lo que haces.

PON TODA TU ATENCIÓN

Según Mihály Csíkszentmihályi, el autor de *Flow* de quien ya hemos hablado, «es imposible disfrutar de un partido de tenis, de un libro o de una conversación, a menos que la atención esté totalmente concentrada en la actividad».

Esta es también una de las claves para *entrar en zona.* Por lo tanto, aparta cualquier distracción (pon el teléfono en modo *no molestar)* cuando vayas a hacer algo valioso para ti.

150
EL PROPÓSITO DE LA VIDA

Últimamente se habla mucho de la importancia de encontrar el propósito vital. Tal vez por eso, quienes no terminan de encontrarlo se frustran y sienten no estar del todo realizados.

Para lograrlo, podemos avanzar desde lo pequeño hasta lo grande, dar al instante presente la posibilidad de que nos inspire desde la cotidianidad más sencilla. El propósito de la vida empieza, muchas veces, con pequeñas cosas que podemos hacer todos los días.

En lugar de agobiarte pensando en horizontes inalcanzables, deja que lo cercano sea el punto de partida.

Vivir es, ya de por sí, una gran motivación. Es expandirse y sorprenderse cada día. Por lo tanto, entiende que el propósito ya te ha sido dado, aunque tú quizá lo estés buscando.

Tal vez si dejas de buscarlo lo encuentres en las cosas más sencillas. Deja que el propósito te tome la mano y, mientras tanto, acércate a lo que más te inspire.

CINCO VÍAS PARA DESCUBRIR TU *IKIGAI*

Francesc Miralles y Héctor García, coautores del best seller *Ikigai*, proponen diferentes caminos para encontrar el propósito vital:

1. Haz un ranking de las actividades que te producen *flow*. La que esté más arriba puede ser tu *ikigai*.
2. Determina cuál es tu elemento, la actividad o situación en la que das lo mejor de ti mismo.
3. Escribe todas las cosas que detestas hacer. ¿Qué tienen en común? Vete al opuesto. A través de lo que no te gusta se llega a lo que te gusta.
4. Recuerda quién eras y qué soñabas en la infancia, ya que los niños están naturalmente unidos a su *ikigai*.
5. Practica el *prueba y error* de la ciencia. Ábrete al máximo de experiencias y conoce a personas nuevas.

151
RECUPERAR LOS SUEÑOS DE INFANCIA

En una de las charlas más emocionantes e inspiradoras de los últimos tiempos junto a la de Steve Jobs en Stanford, el profesor de realidad virtual Randy Pausch se dirigió a los estudiantes de la Universidad Carnegie Mellon para ofrecerles una última lección.

Tras explicar que padecía un cáncer terminal, su conferencia trató sobre cómo hacer realidad los sueños de la infancia, a lo que Pausch dedicó los últimos meses de su vida. En sus palabras:

> *La primera vez que hice una lista con mis sueños tenía solo ocho años. Treinta años después, esta lista me continúa sirviendo para muchos propósitos. Y sé cuál es el truco: no se trata de saber cómo hacer realidad tus sueños, sino de vivir tu propia vida. Si diriges tu existencia en la dirección adecuada no tendrás que perseguir nada, porque los sueños vendrán hacia ti.*

RESCATA UN SUEÑO INFANTIL

Siguiendo el emotivo ejemplo del autor de *La última lección*, como se tituló el libro sobre su charla, te propongo que hagas una lista de los sueños que tenías en tu infancia. Elige al menos uno, el que te parezca más motivador, para cumplirlo en este momento de tu vida.

152
LA TERAPIA DE LOS ARMARIOS

Llamo así al hecho de organizar mis armarios, porque cuando ordeno, planifico, decido, priorizo, cribo, retiro, aparto, ordeno, limpio y reubico siento que lo hago también con mi vida. Como dos vasos comunicantes, el orden exterior propicia el interior.

Ya mencioné a Marie Kondo en otra parte del libro al hablar de orden y concierto, pero con la terapia de los armarios vamos a bajarlo a la práctica.

Sé que es algo muy personal, pero, poniendo las cosas en su sitio, retirando lo que ya no uso, logro apreciar lo que atesoro. Doy a cada cosa la importancia que tiene y, en muchas ocasiones, esta actividad me permite hacer sitio para cosas venideras.

Sin miedo, atrévete a darle sentido a esas perchas, cajones y estanterías en todos los aspectos de tu vida. Sé la Marie Kondo de tu propia vida.

EL MÉTODO DAVE PARA LIBERAR ESPACIO

En su libro *Simplifica tu vida*, Elaine St. James comparte este truco para dejar de acumular y crear nuevos espacios:

> *Nuestro amigo Dave avala la utilidad de este método para deshacerse de cosas que ya no necesita, pero que no soporta tirar. Guárdelas con una etiqueta que indique una fecha a dos o tres años vista, pero no apunte su contenido. Guarde la caja en el altillo, o en el sótano, o donde usted crea conveniente. Una vez al año examine las etiquetas. Cuando llegue a una caja cuya fecha se ha sobrepasado, tírela sin abrirla. Como no sabe qué hay dentro, nunca lo echará en falta.*

153
HASTA QUE LA MUERTE NOS SEPARE

Las obras románticas clásicas hablan del amor eterno entre dos seres humanos. Pero ¿qué hay del amor que te debes a ti mismo?

Oscar Wilde decía que «amarse a uno mismo es el comienzo de una aventura que dura toda la vida». De hecho, sin esta clase de amor tampoco pueden existir relaciones sanas con los demás.

Hablemos, por lo tanto, de amarte para toda la vida, del trato que has hecho con tu propio ser.

En el juego de la vida, esta es una regla fundamental: Si vas a vivir contigo (con tu cuerpo, tu mente y tu espíritu) hasta que la muerte os separe, en la salud y en la enfermedad, cual historia de amor inquebrantable, ¿prometes cuidarte y amarte para siempre?

TRES CUIDADOS PARA LA AUTOESTIMA

Para cumplir con este propósito, es bueno que cada cierto tiempo hagamos un chequeo de cómo estamos tratando nuestras tres dimensiones como ser humano:

1. Cuerpo. ¿Me estoy nutriendo de forma sana y consciente? ¿Ejercito mi cuerpo y le doy el descanso que merece?
2. Mente. ¿Mantengo lubricado el músculo de la curiosidad? ¿Me doy tiempo y espacio para aprender cosas nuevas?
3. Espíritu. ¿Busco espacios para cultivar el silencio y la conexión con la naturaleza, con el universo?

154
ENVEJECER Y CRECER

En uno de los muchos textos que nos legó Osho hacía la siguiente reflexión:

Cualquier animal es capaz de envejecer; crecer es la prerrogativa de los seres humanos (...) Crecer significa sumergirse en cada momento más profundamente hacia el principio de la vida.

Sin duda, uno de los privilegios de envejecer es que adquirimos una mirada más sabia sobre la vida y sobre nosotros mismos. Este controvertido maestro y a la vez brillante escritor hindú lo explica con gran belleza:

Para crecer simplemente observa un árbol. A medida que el árbol crece hacia arriba, sus raíces se estiran hacia abajo, más hondo. Hay un equilibrio. Cuanto más se eleva el árbol, más profundo penetran las raíces. No puedes tener un árbol de cuarenta y cinco metros de altura con raíces pequeñas, no podrían sostener a un árbol tan enorme. En la vida, «crecer» significa crecer en profundidad dentro de ti; es allí donde están tus raíces.

LOS REGALOS DE LA MADUREZ

Para darte cuenta de cómo estás creciendo por dentro, puedes plantearte las siguientes preguntas:

1. ¿Qué cosas temías o te preocupaban de más joven y ahora no te inquietan?
2. ¿Cuáles eran tus prioridades entonces y cuáles tienes ahora?
3. ¿Qué es lo más importante que has aprendido con la madurez?

155
LA SABIDURÍA DE ACOMPAÑAR

Ciertamente, debes buscar tu propio camino y entenderte. Estar contigo a solas y crecer en esa consciencia. Pero ¿qué más espera de ti el mundo?

La sabiduría es la intersección entre lo que tú esperas de la vida y lo que la vida espera de ti.

Probablemente ya llevas un largo camino recorrido y comprendes que esto no va solo de sentirte bien y *encontrarte.* Va también de acompañar a otros para entender su camino y, de paso, de sentirte útil, de entender el tuyo.

Un maestro zen decía que retirarse del mundo, vivir en lo alto de un monte como ermitaño, es mucho más fácil que mezclarse con la gente en la ciudad. Tu nivel de consciencia lo marca cómo son tus relaciones, tu comprensión y capacidad de ayuda, ya que los demás son un espejo de quién eres hoy.

TU CÍRCULO ÍNTIMO

El experto en comunicación Ferran Ramon-Cortés propone el siguiente filtro para saber qué personas forman parte de tu entorno más íntimo y cuáles son amistades o relaciones para otro tipo de situaciones.

Según el autor de *La isla de los 5 faros,* tu círculo íntimo lo forman las personas que invitarías a comer en la cocina de tu casa.

¿Cuántas amistades de esta calidad tienes ahora?

156
EL SENTIDO DE LA VIDA

Si hay un autor en el siglo XX que habló en profundidad sobre el sentido de la vida fue Viktor Frankl.

Tras perder a casi toda su familia en el Holocausto, dio nacimiento a la logoterapia, convencido del poder sanador de encontrarle un sentido a la existencia. Tal y como escribió él mismo en 1942 en el campo de concentración de Theresienstadt:

> *No hay nada en el mundo que capacite tanto a una persona para sobreponerse a las dificultades externas y a las limitaciones internas como la consciencia de tener una tarea en la vida.*

Tal vez por eso la pregunta más importante que podemos hacernos es: ¿Cuál es mi tarea en la vida?

Frankl afirmaba que «el éxito, como la felicidad, es el efecto secundario inesperado de la dedicación personal a una causa mayor que uno mismo».

El autor de *El hombre en busca de sentido* encontró el significado de su vida en ayudar a otros a encontrar significado a la suya. ¿Qué da sentido a tu existencia en este punto de tu vida?

COMO SI VIVIERAS POR SEGUNDA VEZ

Para desarrollar la propia responsabilidad y coraje, Viktor Frankl aconsejaba lo siguiente: «Actúa como si vivieras por segunda vez y la primera lo hubieras hecho tan desacertadamente como estás a punto de hacerlo ahora».

¿Cómo quieres que sea esta nueva vida que te dispones a empezar?

157
NÓMADA

Hay épocas en las que sentimos que nuestra existencia está estancada, como si la energía no se moviera y, no sabemos por qué motivo, *no suceden cosas.*

Un error común es pensar que el mundo vendrá a nuestro encuentro, que las cosas sucederán mientras permanecemos sentados en el sofá. No es así como funciona la dinámica de la transformación. La energía fluye con el movimiento. Hazte un poco nómada para permitir los cambios que anhelas y que no sabes exactamente de dónde deberían venir.

Con ser nómada no me refiero a que debas dejar tu casa, tu ciudad, tu trabajo, para llevar una vida bohemia e itinerante. Se trata solo de abrir la mente a otras posibilidades, de moverte en nuevas direcciones para aportar frescura y espontaneidad a tu día a día.

IDEAS PARA AÑADIR NOMADISMO A TU VIDA

1. Evita hacer las cosas siempre de la misma manera. Cambia la ruta para ir al trabajo o para visitar a tu familia y amigos.
2. Deja entrar a gente nueva a tu vida que te aporte visiones distintas.
3. Descubre nuevos libros y películas, acude a exposiciones y conferencias. Incluso sin moverte del lugar donde vives, la vida puede convertirse en una aventura.

158
UNA ESTRELLA INTERIOR

La filósofa y escritora Ayn Rand, nacida en San Petersburgo y nacionalizada estadounidense en 1931, nos dejó a mediados del siglo pasado poderosas inspiraciones sobre el arte de vivir.

Quiero compartir esta reflexión suya sobre el destino de cada cual y la búsqueda de la felicidad:

> *Cualquiera que sea el camino que yo tome, la estrella que me guía está en mi interior; la estrella que me guía y la brújula que señala el camino. Señalan en una única dirección. Señalan hacia mí.*
>
> *No sé si esta tierra en la que estoy es el corazón del universo o si no es más que una mota de polvo perdida en la eternidad. Ni lo sé ni me importa. Pues sé qué felicidad puedo alcanzar en esta tierra (...) Mi felicidad no es el medio para fin alguno. Ella es el fin. Es su propio objetivo. Es su propia razón de ser.*

HAZ BRILLAR TU ESTRELLA INTERIOR

Para poder seguir esa estrella interior que guía y que señala el camino, debes limpiarla de todo lo que le resta resplandor:

1. Ideas limitantes sobre lo que *no puede ser* o lo que *debe ser* tu vida.
2. Opiniones y expectativas ajenas.
3. Miedos irracionales.
4. Pronósticos sobre lo que va a suceder antes incluso de haberlo vivido.
5. Otras estrategias (muchas veces inconscientes) de autoboicot.

159
GRADOS DE INDEPENDENCIA EMOCIONAL

Ser feliz por ti mismo no significa dejar de lado a las personas de tu entorno. Significa relacionarte con los demás desde tu autonomía y poder personal. Es tomar conciencia de tu propia grandeza, independientemente de lo que suceda ahí fuera.

Según el maestro en psicología transpersonal José María Doria, hay cinco grados de dependencia emocional respecto a una pareja:

Dependencia pura. Cuando no somos correspondidos por la otra persona, lo cual crea un anclaje enfermizo.

Co-dependencia. Dos personas que dependen entre sí con todos sus controles, celos y reproches.

Independencia. Se da en relaciones basadas en la autonomía emocional, con intimidad, pero sin apegos excluyentes.

Co-independencia. Un nivel por encima, se produce entre personas totalmente independientes que comparten su amor.

Inter-independencia. Supera el ámbito de la pareja, ya que hay relaciones de afecto y cooperación a cada instante, incluso con quienes no conocemos íntimamente.

PEQUEÑO TEST DE DEPENDENCIA EMOCIONAL

1. ¿Necesitas que él o ella te confirme su amor a menudo para tener la seguridad de que está contigo?
2. ¿Vigilas el tipo de relaciones que establece con los demás?
3. ¿Te preguntas a menudo qué estará haciendo cuando no os encontráis juntos?
4. ¿Sientes a menudo celos o la frustración de no ser lo más importante de su vida?

Si has respondido *sí* a una o más preguntas, debes examinar tu dependencia emocional y buscar algunas maneras de liberarte de ella.

160
PUNTOS DE VISTA

Es curioso. No sé si a ti te pasa, pero algunas personas me dicen que pongo distancia o que puedo incluso resultar fría. Me lo suelen comentar ante mi sorpresa.

En realidad, no es así exactamente. Simplemente, soy muy respetuosa y prudente en los primeros contactos.

Tampoco están en lo cierto quienes me dicen que soy muy cariñosa y afable siempre con todos. Tan solo estoy atenta a lo que me rodea y doy lo que intuyo que se necesita de mí.

Si te ofreces al mundo con lo mejor que puedes dar, más allá de cómo te perciban los demás, seguro que estás en el camino acertado, con independencia de la imagen que te digan que proyectas, porque, además, nunca será la misma para todos.

DECIR Y HACER

Tal como concluye Álex Rovira en una de sus obras, en el territorio del amor hay personas que dicen y no hacen, con lo cual las suyas son palabras vanas; otras hacen, pero no dicen, tienen problemas a la hora de expresar su amor. El grado más saludable de integración sería *decir y hacer* de una manera honesta en nuestras relaciones con los demás.

161
ESTAR PRESENTE

Me lo recuerdo cada día y quiero compartirlo contigo. Quizá sea la clave de casi todo lo que tiene que ver con el arte de ser feliz: *la vida es lo que está sucediendo aquí y ahora. En el presente.*

Levanta la mirada por un instante y observa alrededor de ti. Después cierra los ojos y respira profundo.

Otra vez.

Es esto. Es ahora.

Demasiadas cosas suceden y se nos escapan mirando atrás o hacia adelante, más allá en el horizonte.

Cuando vives aquí y ahora, tiempo y espacio convergen en una línea vertical imaginaria que te atraviesa de arriba abajo para que te dejes ser y sentir.

EJERCICIO DE ESCRITURA EN EL AQUÍ Y AHORA

John Cheever, maestro norteamericano de los cuentos, proponía a sus alumnos un ejercicio que nunca falla para escapar de la dispersión que nos produce proyectarnos al pasado o al futuro.

En su taller de escritura proponía lo siguiente: *Escribe una carta de amor desde un edificio en llamas.*

¿Te atreves a ponerte en situación y escribir esa carta, aquí y ahora, a la persona o personas que más quieres?

162
ENCONTRAR Y BUSCAR

Con la novela *Siddhartha*, el premio Nobel de Literatura Hermann Hesse divulgó en todo el mundo el orientalismo.

Su protagonista, que tiene el mismo nombre de pila que quien devendría Buda, sale de viaje para encontrar la sabiduría, algo que resulta ser más difícil de lo que cree, como vemos en este fragmento:

> *Cuando alguien busca –dijo Siddhartha–, suele ocurrir fácilmente que sus ojos solo ven la cosa que anda buscando; este alguien no puede encontrar nada, no deja entrar nada dentro de él, porque siempre está pensando en la cosa buscada, porque tiene un fin, porque está poseído por este fin. Buscar significa tener un fin. Pero encontrar quiere decir ser libre, estar abierto a todo, no tener fin.*

DÉJATE SORPRENDER

Siguiendo esta reflexión de *Siddhartha*, de vez en cuando suspende el modo *buscar* para poder verdaderamente *encontrar*. Un par de ejemplos:

- Si estás en un restaurante nuevo, en lugar de buscar en la carta aquello que puede gustarte, deja que el camarero te sorprenda con su plato favorito.
- De vez en cuando, pide a un amigo en el que confíes que te recomiende qué deberías leer o ver en televisión. Aparta el juicio y deja que las sorpresas te encuentren.

163
UN REGALO DEL PASADO

A veces, un instante se convierte en un regalo. El recuerdo de lo vivido contiene un universo de sensaciones y aprendizajes que regresan como un bálsamo.

Ese momento felizmente no se ha perdido. Quedó en el bolsillo, cual piedra bella que recogiste en la orilla y que, al secarse, dejó de interesarte. Pero está de vuelta para que recuerdes esa playa, aquel *tú* que vio belleza en ese trozo minúsculo de mar y quiso atesorarlo en el bolsillo.

Aquí está de nuevo en tu mano, pidiendo que la mojes en la ola del presente para enriquecer el ser humano en el que te has convertido hoy.

Lo dicho: un regalo lleno de sentimiento que te hace sonreír sin decir nada más.

TU MAGDALENA DE PROUST

La monumental obra del escritor francés, *En busca del tiempo perdido*, se despliega a partir del recuerdo que le despierta al narrador tomar un poco de té con una magdalena que le da su madre.

¿Qué olores, sabores o lugares tienen en ti el poder de recuperar tesoros del pasado?

Utilízalos para gozar de estos regalos memorables que son una reserva de felicidad.

164
BOOMERANG

Una de las frases más lúcidas de Carl Gustav Jung es: «Lo que aceptas, te transforma; lo que niegas, te somete». Durante toda su carrera, el médico y psicólogo suizo insistió en integrar la sombra, hacer nuestra aquella parte que no queremos ver.

Aquella parte de ti que rechazas vuelve a ti una y otra vez, te recuerda que hay asuntos que están pendientes de solucionar. Mientras no lo afrontes, volverá cual *boomerang*.

Esa parte de ti no dejará de llamar a tu puerta hasta que le prestes la atención que reclama, la comprendas y le des la bienvenida. Una vez entendido el porqué de su visita podrás agradecer el aprendizaje que te brinda.

Hecho esto, por fin puedes dejarla ir para siempre.

HAZ AMISTAD CON TU SOMBRA

Según C. G. Jung, la sombra es la parte de nuestra personalidad que está oculta o reprimida. No aceptamos que forma parte de nosotros, ya que queremos vernos como seres siempre buenos y nobles.

Dos claves para hacer las paces con tu sombra:

1. Cuando sientas emociones de las que no te sientas orgulloso —rabia, odio, deseos inconfesables—, en lugar de rechazarlas, acógelas para entender cuál es su raíz. Siéntalas en el diván.
2. Cuando algo te irrite sobremanera de otra persona, más de lo que sería razonable, pregúntate si ese defecto o actitud está apuntando hacia una zona de sombra de ti mismo.

165
NO TE RINDAS

Mario Benedetti es uno de los autores más entrañables y motivadores que ha dado la literatura hispanoamericana. Además de escribir novelas llenas de belleza como *Primavera con una esquina rota*, es también un maravilloso poeta. Este texto tan inspirador del que comparto unos fragmentos popularmente y por error se atribuye a él, aunque realmente no es suyo, sino que pertenece al argentino Guillermo Mayer, que lo escribió para sí mismo en un momento vital duro:

> *No te rindas, por favor no cedas, aunque el frío queme, aunque el miedo muerda, aunque el sol se esconda, y se calle el viento. Aún hay fuego en tu alma. Aún hay vida en tus sueños. Porque la vida es tuya y tuyo también el deseo (...)*
>
> *Porque no hay heridas que no cure el tiempo. Abrir las puertas. Quitar los cerrojos. Abandonar las murallas que te protegieron. Vivir la vida y aceptar el reto. Recuperar la risa, ensayar un canto, bajar la guardia y extender las manos desplegar las alas e intentar de nuevo (...)*
>
> *Aún hay fuego en tu alma. Aún hay vida en tus sueños. Porque cada día es un comienzo nuevo. Porque esta es la hora y el mejor momento.*

TRES FIGURAS GEOMÉTRICAS A EVITAR EN LA VIDA

Además de poeta y novelista, Benedetti tenía una constante conexión con los problemas existenciales del ser humano. En una de sus reflexiones más célebres, Benedetti dijo: «En la vida hay que evitar tres figuras geométricas: los círculos viciosos, los triángulos amorosos y las mentes cuadradas».

166
MÁS Y MEJOR

No *puedo hacer más con lo que me ha sido dado.* ¿Te has sorprendido alguna vez diciéndote algo así?

Pensar que has recibido menos de lo que necesitabas en su momento tiene una ventaja: te permite entender que, quizá, tus decisiones fueron las mejores que podías tomar.

Pero ¿y ahora? ¿Qué tienes en tu mano para mejorarlo?

Un proverbio árabe dice que no importa lo que has sido, sino lo que serás a partir de ahora.

Sorpréndete de todo lo que has aprendido, en especial de tus errores y fracasos, casi sin darte cuenta. Aplica toda la sabiduría de tu madurez en el momento presente, sin lamentarte ni un segundo más.

Quizá en el pasado te faltaron recursos y experiencia para hacerlo distinto, pero ahora eres más y mejor.

INNOVAR Y APRENDER

Los especialistas dicen que no es posible innovar sin cometer errores. Sin embargo, para progresar es necesario no volver a cometer *los mismos errores*, porque eso implica que no hemos aprendido.

¿Hay errores que sigues repitiendo? Pregúntate por qué no sales de esa rueda, qué necesitas cambiar para salir de ella.

Toma cualquier nuevo fracaso como una oportunidad de aprendizaje, pero recoge la lección cuanto antes.

167
INFINITAS POSIBILIDADES

Siempre me digo que sería necia si pensara que todo empieza y acaba donde yo lo concibo. Porque la vida es mucho más, hay infinidad de cosas por descubrir.

Nuestro mundo no empieza ni acaba en el metro cuadrado en el que estás ahora ubicado. Ni este espacio ni este tiempo te pertenecen en realidad. Son circunstancias cambiantes. Eres mucho más.

Has llegado a la vida para dejarte sorprender por ella y ser poroso con lo que te regala el mundo.

Los parámetros que utilizamos para entender el universo no son más que instrumentos limitados para conocer un poco mejor nuestro paso por este espacio y tiempo.

Más allá de lo que vemos y creemos, albergamos infinitas posibilidades. Celebremos esa riqueza que nos queda por descubrir.

EL MITO DEL 10 POR CIENTO

Una declaración atribuida a Einstein, posiblemente de forma errónea, es que solo usamos el 10 por ciento de nuestro cerebro. Pero desde un punto de vista puramente físico, las resonancias magnéticas no aprecian que, salvo accidente o enfermedad, haya zonas de nuestro cerebro que estén inutilizadas. Otra cosa es cómo usamos nuestro cerebro. Podemos aumentar su rendimiento:

- Focalizándonos en una cosa a la vez, en lugar de dispersar nuestra atención.
- Evitando distracciones, como el *scrolling* en las redes, que no nos aportan nada, ni siquiera placer.
- Cambiando los pensamientos recurrentes y no productivos por una atención que esté orientada a las soluciones y al aquí y ahora.

168
PALABRAS PARA JULIA

Hay un poema que José Agustín Goytisolo escribe a su hija y que me cantaba mi padre, en la versión de Paco Ibáñez. Se llama *Palabras para Julia*, me emociona desde niña y ahora aún más.

Es una oda al amor para que recuerdes que alguien piensa en ti y que todos nos encontramos, al fin y al cabo, en el camino. Nunca estamos del todo solos.

Ha sido mi credo en muchas ocasiones. Aquí comparto un fragmento:

Nunca te entregues ni te apartes
junto al camino, nunca digas
no puedo más y aquí me quedo.

La vida es bella, ya verás
como a pesar de los pesares
tendrás amor, tendrás amigos.

SOLO SE PUEDE VIVIR HACIA ADELANTE

El poema original de Goytisolo, empieza diciendo: «Tú no puedes volver atrás / porque la vida ya te empuja / como un aullido interminable».

En este arranque lleno de belleza late la sabiduría de Søren Kierkegaard, el filósofo danés considerado padre del existencialismo. Este decía: «La vida solo puede ser entendida mirando hacia atrás, pero tiene que ser vivida hacia delante».

Por lo tanto, comprendamos lo que hemos sido y aprendido, y vivamos en la única dirección posible: la que nos lleva de este momento hacia el futuro.

169
LA VERDADERA ABUNDANCIA

Quienes no tienen una visión restringida de la abundancia, limitada a la riqueza económica, tienen más fácil alcanzar la plenitud y el éxito en todos los sentidos de su vida, incluida la prosperidad material que necesitan.

De hecho, los directores de felicidad de las empresas –lo de *recursos humanos* se empieza a quedar obsoleto– saben que el salario emocional es tan importante o más que el puramente financiero. Este incluye:

- El reconocimiento profesional y humano que reciben en la organización.
- La capacidad de crecer como seres humanos por los retos que les procura la empresa.
- La aportación que hacen al mundo gracias a su actividad.

Los profesionales más valorados solo permanecen en una compañía si se sienten *bien pagados* emocional y espiritualmente.

CUANTIFICA TUS RIQUEZAS

Más allá de lo que ingreses cada mes o tengas en el banco, en este ejercicio te propongo que midas:

- Cuántos buenos amigos y personas queridas tienes.
- Cuántas ideas eres capaz de generar, el número de proyectos que tienes vivos en tu cabeza.
- Tus existencias en materia de sueños que esperan ser cumplidos.

170
TAN CERCA

Un relato tradicional cuenta que un pez muy joven le preguntó a otro más adulto lo siguiente:

–¿Qué es el mar? Hace tiempo que oigo hablar de él, pero no sé dónde está ni qué es exactamente.

El pez mayor sonrió y le respondió:

–El mar es justamente lo que está a tu alrededor, chico.

–Vaya... pero, entonces, ¿cómo es que no puedo verlo? –preguntó el pequeño pez.

–Porque te rodea y está en todas partes. De hecho, tú eres parte del mar, porque aquí naciste y aquí morirás. Siempre nadas en él. Seguramente es por eso, porque está tan cerca, por lo que te cuesta verlo.

El mensaje de esta pequeña fábula es claro: muchas veces buscamos lejos cosas que en realidad tenemos muy cerca.

EL CONSEJO DE PAUL AUSTER

El autor de *La trilogía de Nueva York*, entre otras obras, y marido de la escritora Siri Husvedt, comenta lo siguiente en sintonía con la historia que acabamos de conocer:

Dicen que tienes que viajar para ver el mundo, pero yo a veces pienso que, si estás quieto y con los ojos bien abiertos, verás todo lo que puedes manejar.

171
PERSPECTIVA

Llevo casi treinta años mirando a una cámara, sabiendo que hay personas al otro lado, reconociendo el poder de difusión que tiene una imagen en la pantalla.

La manera más efectiva de relativizar y darme cuenta de que yo soy un mero canal, un puente para *contar historias,* es observar el monitor de referencia que hay en un lado del estudio.

En ese me veo, desde la distancia, y me observo desde fuera para tener constancia de lo que estoy siendo en ese momento y así relativizarlo todo.

Tomar perspectiva es una herramienta muy poderosa para darnos cuenta de quiénes somos en cada momento de nuestra vida.

PREGUNTAS PARA CONOCERTE Y RESETEARTE

¿Te has observado en la distancia alguna vez? ¿Qué ves?

¿Cómo gestionas el verte desde fuera?

¿Qué aprendes?

¿Qué te gusta de ti? ¿Qué cambiarías?

¿Por dónde vas a empezar?

172

FUERA DE LA CELDA

Hay ocasiones en las que no encontramos recursos para salir de una determinada situación o bucle emocional. En estos casos, podemos llegar a sentirnos en una celda oscura imposible de abrir. No obstante, ¿es eso real?

La llave del cerrojo la tenemos nosotros, pero no siempre es fácil de encontrar.

Empieza asumiendo que las circunstancias te llevaron ahí. Y ahora ya sabes que esas circunstancias tienen mucho que ver con tu interpretación de los hechos. Por eso, lejos de castigarte más, te invito a que busques la llave.

Como un viejo cuento, tal vez la puerta ni siquiera esté cerrada y eres tú quien cree que es así. ¿Has probado a abrirla?

Para salir de donde te encuentras bloqueado, te será muy útil bajar el nivel de autoexigencia y recuperar la certeza de que tu vida te pertenece. Fuera de la cárcel, te espera un mundo casi infinito, como lo eres tú. Como lo somos todos los que un día estuvimos en esa celda.

SEMÁFORO ROJO, SEMÁFORO VERDE

Hay un momento del libro *Greenlights*, las memorias de Matthew McConaughey, en las que el actor dice que muchas personas se quedan detenidas en los semáforos rojos de su vida, obviando que hay otros verdes que les invitan a pasar.

A partir de esta reflexión, dos preguntas muy sencillas y directas:

- ¿Cuál sientes que es ahora el *semáforo rojo* de tu vida?
- ¿Cuál es el *semáforo verde* en forma de camino u oportunidad que no estás aprovechando?

173
NADA PERMANECE

Una de las mayores fuentes de sufrimiento, según el budismo, es empeñarnos en que sean permanentes cosas que no lo son. Para darnos cuenta de que todos, personas y cosas, somos aves de paso, quiero compartir un cuento zen:

Un discípulo rompió accidentalmente un jarrón de mucho valor que pertenecía a su maestro. Antes de que este viniera, recogió a toda prisa los añicos y los escondió en su hábito.

Cuando el maestro llegó para impartir sus enseñanzas, el discípulo le preguntó:

–¿Por qué morimos, maestro?

–Es natural –respondió–. Todo lo que existe tiene un principio y un final. Cada cosa y persona debe vivir el tiempo que le ha sido dado. Luego, tendrá que morir.

Al escuchar eso, el estudiante dejó caer al suelo los añicos de jarrón y declaró:

–Maestro, a su jarrón le ha llegado la hora de morir.

MUERTES Y RENACIMIENTOS

A lo largo de la vida, experimentamos diferentes muertes y renacimientos. Termina una época y empieza otra. Algunos amigos dejan de estar, pero llegan otros con nuevas propuestas. Darnos cuenta de esto nos quita la tristeza de *perder*, ya que estamos perdiendo unas cosas y ganando otras todo el tiempo.

¿Cuál fue tu última muerte? ¿Y tu actual o próximo renacimiento?

174
LA TEORÍA DE DUNBAR

El ser humano es eminentemente social. Necesita tener conexión con los demás y se proyecta así, a través de las personas que le rodean.

Según la teoría del antropólogo británico Robin Dunbar, el ser humano, para desarrollar su dimensión social, tiene como máximo:

- 5 personas fundamentales
- 15 buenos amigos
- 150 conocidos

Para calcular esta última cifra, Dunbar se basó en el número máximo de personas en las sociedades de cazadores y recolectores. Y es trasladable a los grupos actuales que componen una oficina, fábrica o incluso una comuna.

Por encima de esa cifra, el número de conocidos deja de ser manejable.

Estos cálculos nos pueden ayudar a revisar quiénes componen nuestro entorno social y qué jerarquía tienen en nuestras prioridades.

LLEGADAS Y SALIDAS

Más allá de estos datos, que son estadísticos, las personas que integran estos tres grupos van cambiando. Hay llegadas y salidas, como en los aeropuertos. Este es un ejercicio interesante que puedes hacer cada año o fin de curso:

- ¿Qué personas importantes han salido de mi vida?
- ¿Cuáles han entrado?

175

COMPROMISO

Si estás motivado con algo, quizá ya tengas claro alguno de tus objetivos inmediatos. Ahora bien, para alcanzarlos no solo necesitas un plan de acción, una hoja de ruta a seguir. También deberás sopesar hasta qué punto te comprometes con ese objetivo y si estás dispuesto a realizar el esfuerzo que requiere.

Sobre esto, Abraham Lincoln decía que «el compromiso es lo que convierte una promesa en realidad».

Sin compromiso, es difícil que los planes trasciendan los límites de lo mental o que, una vez en marcha, no bajemos los brazos ante la primera dificultad.

Por su parte, el *coach* Tony Robbins añade: «El único límite a tu impacto en el mundo es tu imaginación y compromiso».

Habla en serio sobre esto contigo mismo. Solo así, comprometiéndote en la gesta que vas a emprender, podrás superar los obstáculos que encontrarás en el camino.

UN CONTRATO CONTIGO

Para afianzar tu compromiso con aquello que has decidido hacer, te sugiero que escribas un contrato contigo mismo donde fijes:

1. Qué te propones hacer.
2. Cuándo empezarás de forma efectiva.
3. Qué deberás hacer diariamente para lograr tu objetivo.
4. Fecha en la que completarás tu proyecto.

Fírmalo debajo como el contrato que estás suscribiendo con tu compromiso.

176
ENFÁDATE BIEN

Permítete enfadarte de vez en cuando y no guardes solo para ti lo que te corroe por dentro. Hay ocasiones en las que debemos estallar. Acaba siendo terapéutico, porque después de la tormenta llega la calma.

Permítete un poco de vehemencia en caso necesario. Si estás acompañado, avisa a tu entorno de cómo te sientes para que esté al tanto de ese sano desequilibrio.

Si el enfado es con otra persona y necesitas expresarlo, toma nota de lo que decía Aristóteles en su *Ética a Nicómaco*:

> *Cualquiera puede enfadarse, eso es algo muy sencillo. Pero enfadarse con la persona adecuada, en el grado exacto, en el momento oportuno, con el propósito justo y del modo correcto, eso, ciertamente, no resulta tan sencillo.*

CAMINAR LIBERA EL ENFADO

Salir a caminar o correr es un gran bálsamo para procesar el enfado. Sobre esto, la escritora estadounidense Lucy R. Lippard describe en su libro *Overlay. Contemporary Art and the Art of Prehistory* este ritual de las gentes del norte, citado por Anna Sólyom en su *Pequeño libro de magia cotidiana:*

Una costumbre de los esquimales para aliviar a alguien de su enfado consiste en que esa persona camine siguiendo una línea recta a través del campo. El punto en que el enfado es conquistado es marcado con una vara, como testimonio de la fuerza o la duración del enojo.

177

DESIERTO Y OASIS

Walt Whitman, el gran poeta de la modernidad en Estados Unidos, tiene un texto que es una luminosa hoja de ruta para vivir día a día. Empieza así:

> *No dejes que termine el día sin haber crecido un poco, sin haber sido feliz, sin haber aumentado tus sueños. No te dejes vencer por el desaliento. No permitas que nadie te quite el derecho a expresarte, que es casi un deber. No abandones las ansias de hacer de tu vida algo extraordinario.*

El autor de *Hojas de hierba* es consciente de que «la vida es desierto y oasis». Ser humano es aceptar que la vida nos lastima y enseña, pero eso no nos hundirá mientras seamos protagonistas de nuestra propia historia. Whitman concluye:

> *Disfruta del pánico que te provoca tener la vida por delante. Vívela intensamente, sin mediocridad. Piensa que en ti está el futuro y encara la tarea con orgullo y sin miedo (...) No permitas que la vida te pase a ti sin que la vivas.*

EL CLUB DE LOS POETAS VIVOS

Probablemente recuerdas la película *El club de los poetas muertos*, con un estelar Robin Williams como profesor que contagia a sus alumnos el amor por la poesía.

Como ejercicio para esta reflexión, te propongo que compartas tus poemas favoritos con las personas que amas. ¿Qué tal un encuentro en el que cada cual aporte su texto preferido?

178
SÉ COMO UN CAMALEÓN

Soy camaleónica, ¿y tú?

Me adapto al entorno de una manera bastante ágil y efectiva. Y te confieso que eso me divierte. No siempre fue así, pero cuando le perdí el miedo a ser porosa y acepté todos los registros que mi persona atesoraba, me di cuenta de que esta cualidad me ayuda muchísimo a conectar de verdad con las personas. Me permite comprender a quienes han tenido distintas vivencias a las mías y tienen mucho que aportarme.

La buena noticia es que este don camaleónico puede entrenarse con estos ingredientes:

Curiosidad. Todo empieza por llevar la mirada más allá del mundo conocido, de nuestra zona de confort.

Observación. ¿Qué hacen los demás que yo no hago? ¿Qué puedo aprender de quienes no son como yo?

Empatía. El tercer paso es trasladarnos al punto de vista del otro, para contemplar la vida desde su perspectiva.

ZELIG Y LOS ROMANOS

Ser camaleónicos en exceso nos puede llevar a las situaciones que vive Woody Allen en *Zelig,* la historia de un hombre sin personalidad propia que se funde con quien tiene al lado. El punto de equilibrio sería la reformulación de un viejo dicho latino: «Si vas a Roma, haz como los romanos, pero sin dejar de ser tú mismo».

179
TRILOGÍA DE LA COHERENCIA

Decía Gandhi que «la felicidad es cuando lo que piensas, dices y haces están en armonía».

Yo lo llamo *la trilogía de la coherencia*, ese hilo rojo de la serenidad que lo une todo cuando, efectivamente, hablamos y actuamos como pensamos, o *triceversa*.

Si piensas una cosa y dices otra, estás engañando al otro y a ti mismo. Si dices una cosa y haces otra, vives en las falsas promesas.

Las tres partes deben estar en perfecta armonía para sentir que llevamos una vida coherente.

Y, para mí, ese hilo conductor lleva una frase grabada en toda su extensión: *pon siempre amor.* Lo más importante es que esta coherencia se construya desde el amor.

UN BARÓMETRO PARA LAS AMISTADES

Puedes aplicar la trilogía de la coherencia para medir la calidad de las personas de las que te rodeas. No puedes saber cómo piensan, pero entre todas las virtudes que puedan tener, aquellas que hacen lo que dicen pertenecen a una élite que merece la pena cultivar.

180
INTELIGENCIA EMOCIONAL

Desde que, hace tres décadas, empezara a divulgarse en todo el mundo la importancia de la inteligencia emocional (IE, como se conoce por sus siglas), esta ha llegado a todos los ámbitos. Daniel Goleman la definía así:

> *El conocimiento de uno mismo, es decir, la capacidad de reconocer un sentimiento en el mismo momento en que aparece, constituye la piedra angular de la inteligencia emocional.*

Aquel que no sea capaz de gestionar sus emociones y estados de ánimo, de identificar lo que le está pasando –así como lo que siente el otro–, le costará mucho más progresar en la vida.

Hoy es algo de sentido común que, poco a poco, se comienza a impartir en los colegios y está al alcance de todos. La IE debe practicarse sobre todo en las situaciones de dificultad, como advierte el propio Goleman:

> *Dominar el mundo emocional es especialmente difícil porque estas habilidades deben ejercitarse en aquellos momentos en que las personas se encuentran en peores condiciones para asimilar información y aprender hábitos de respuesta nuevos, es decir, cuando tienen problemas.*

EJERCICIO BÁSICO DE IE

Cuando choques con alguien y no puedas comprender por qué actúa así, pregúntate:

- ¿Cómo se está sintiendo esta persona ahora mismo?
- ¿Cómo me siento yo ante su acción o reacción?
- ¿De qué manera puedo ayudarle a que me cuente cómo se siente y por qué se siente así?

Aplicando la IE, los conflictos duran mucho menos o se desactivan directamente, con lo que todas las partes se sienten mejor.

181
EL ARTE DE ESCUCHAR

Me llaman mucho la atención las personas que no solo no escuchan, sino que además hablan muchísimo y suelen llevar la conversación a su terreno. Confieso que en este tipo de situaciones termino por desconectar.

Intento no hacer nunca lo mismo. Sé que no hay nada más bonito y agradable para un ser humano que sentirse escuchado, acompañado y comprendido, incluso en su silencio.

Según el filósofo hindú Jiddu Krishnamurti, hay pocas personas que dominen este arte debido a lo siguiente:

> *Nuestro escuchar es siempre con una idea preconcebida o desde un punto de vista particular. No escuchamos simplemente; se interpone siempre la pantalla de nuestros propios pensamientos, de nuestras conclusiones, de nuestros prejuicios (...). Para escuchar tiene que haber quietud interna, una atención relajada; hay que estar libre del esfuerzo de adquirir.*

PROFUNDIZA EN TU ESCUCHA

La naturaleza nos ofrece un buen campo de práctica para este arte del que habla Krishnamurti. Si nos acostumbramos a poner atención plena en lo que sucede a nuestro alrededor, nos resultará más fácil escuchar a los demás o a nosotros mismos. Es así de sencillo:

- Ve a un lugar lo más alejado posible del mundanal ruido.
- Quédate quieto, cierra los ojos y capta los sonidos que te rodean.
- Suspende tu pensamiento para prestar atención a todo lo que pasa por tus oídos. ¿Escuchas el viento? ¿Se oye también su fricción en las hojas? ¿Hay pájaros, insectos que tienen su canción? Sumérgete en ello.
- Dedica al menos un par de minutos a esa escucha antes de volver al ruido del mundo.

182
CHANOYU

Henri Brunel, que ha sido maestro de yoga durante más de treinta años y divulgador de la cultura japonesa, describe así cómo es una ceremonia del té tradicional, llamada *chanoyu*.

> *El maestro de té lleva a cabo los gestos rituales con eficacia, lentitud, cuidado y amor. La conversación va transcurriendo, apacible; se habla de poesía, de historia, de arquitectura. Muy suavemente se va apagando el ligero ruido de las voces, y todos contemplan en silencio los boles familiares, una flor del campo; se oye a lo lejos el canto de un pájaro. El tiempo se encuentra en suspenso; armonía, serenidad.*

No es necesario vivir en Japón, ni siquiera que te guste el té, para compartir la belleza del *chanoyu*. Lo esencial de este acto es hacerlo con atención plena para convertir el encuentro en un oasis de calma y armonía.

REGLAS PARA UNA CEREMONIA DEL TÉ

1. El lugar debé ser silencioso, libre de ruidos de tráfico, televisores o conversaciones ajenas.
2. Las personas que participan en el *chanoyu* dejarán sus problemas y preocupaciones fuera, lo que incluye desconectar los dispositivos móviles.
3. En la conversación se evitan temas que puedan crear incomodidad, como política, rivalidades deportivas o conflictos del mundo.
4. Se promueve, en cambio, la charla sobre cualquier forma de arte, la naturaleza o la calidad del té.
5. La reunión debe tener un espíritu *Ichigo-ichie*, es decir, hacerlo con consciencia de que este encuentro no se volverá a repetir.

183
NO TAN EN SERIO

Soy la primera en tomármelo todo muy en serio. Me hago cargo de las situaciones y no me resulta baladí ningún trabajo o compromiso. Pero de un tiempo a esta parte, modifico ese gesto que pongo de vez en cuando, con el ceño casi fruncido y cara de concentración, para hacerme a mí misma un guiño y darme un beso ante el espejo, a lo *selfie* adolescente, mientras me digo, *no es para tanto, mujer.*

Permítete relajarte y aflojar la tensión a la que llevas acostumbrado demasiado tiempo. No es recomendable tomártelo todo tan en serio. Comprometidos sí, pero con alegría y alguna que otra risa, por favor.

Sobre esto, decía Eduardo Galeano:

> *El humor tiene la capacidad de devolverte la certeza de que la vida merece la pena. Y uno se salva, a veces, por el chiste, por el mágico sonido de la risa, que puede no ser tu risa; por la escondida capacidad de tomarte el pelo, de verte desde afuera y reírte de vos mismo.*

ACTIVA EL HUMOR

Volviendo a Eduardo Galeano, cuando las cosas se pongan demasiado graves, aplícate este lema suyo: «No te tomes en serio nada que no te haga reír».

Una buena risa a tiempo te ayudará a descargar la tensión, tomar distancia y, con ello, encontrar mejores soluciones para la situación que estás afrontando.

184
CAMBIAR A LOS DEMÁS

Casi todos intentamos en algún momento cambiar a otros, con la esperanza de que sean como a nosotros nos gustaría que fueran. Aunque sea por su bien, porque vemos que sus elecciones vitales les perjudican, no nos corresponde a nosotros liderar su cambio. Como decía lúcidamente Andy Warhol:

> *Cuando las personas están preparadas, entonces cambian. Nunca lo hacen antes, y a veces mueren antes de dar el primer paso. No puedes hacer que nadie cambie si no quiere, del mismo modo que, cuando alguien quiere cambiar, es imposible detenerlo.*

Cada persona cambia cuando quiere y puede. Además, ¿quién soy yo para pretender que dejes de ser tú, si no me has pedido que lo haga?

Cuando he entendido que es más fácil asumir lo que sucede sin forzar nada ni a nadie, mi vida ha ido por caminos por los que lo natural y lo orgánico toma las riendas.

INSPIRAR EN VEZ DE CAMBIAR

Como acabamos de ver, no es posible cambiar a nadie que no ha decidido hacerlo por sí mismo, pero sí podemos inspirar con nuestro ejemplo.

Un caso típico serían los padres que quieren que sus hijos se despeguen de las pantallas, cuando ellos están todo el día pendientes del móvil.

Lo mismo sucede con la lectura: no podemos obligar a un niño a que le guste leer. Sin embargo, si nuestra casa está llena de libros y nos ven a menudo leyendo, antes o después se acercarán a este hábito.

185
UN POEMA PARA VIVIR

Roberto Abadie Soriano, maestro muy querido en Uruguay y autor de numerosos libros que leen los niños de su país, a los noventa y dos años redactó esta receta para la longevidad en forma de poema:

Vida sana y ordenada.
La comida, moderada.
No abusar de los remedios.
Buscar por todos los medios.
No alterarse por nada.
Ejercicio y diversión.
No tener nunca aprehensión.
Poco encierro, mucho trato
y continua ocupación.

Merece la pena aplicarnos estos consejos como resumen de la sabiduría para la larga vida. ¿Cuántos de estos puntos sigues en tu rutina?

EL ARTE DE ESTAR FELIZMENTE OCUPADO

Esta es una traducción libre que se da del término *Ikigai*, que vimos páginas atrás. Ahora, ¿qué significa estar felizmente ocupado? Algunas pistas:

- La decisión de mantenerte activo viene de ti, no es una imposición.
- Esta actividad te produce *flow*, no se te hace larga ni pesada.
- Lo que haces tiene un propósito, te ayuda a sentirte mejor o aporta algo al mundo.

186
EL RITMO DE LOS DEMÁS

Cuando estás listo para desempeñar un proyecto en equipo y parece que todo confluye, que te sientes motivado y totalmente enérgico, ¡cuidado!

Comprueba si la otra parte está lista y si es su momento. Como bien sabes, los tiempos de cada uno son distintos. Coincidir en el momento es clave para el éxito de los asuntos en común.

Observa, calibra, busca la manera de que todos vayáis a una. No siempre tu momento coincidirá con el del resto del equipo.

Esto también es aplicable a la pareja. Tal vez, por ejemplo, tú sientas que es hora de dejar la ciudad para irte a vivir al campo, pero tu pareja de vida necesita un poco más para madurar un cambio de tanto calado.

LA DIAGONAL DE EVOLUCIÓN

Cuando alguien te desespere por su falta de iniciativa, por su torpeza o por cualquier otra razón, piensa que cada persona está en un punto diferente de evolución personal.

Imagina que la vida es una pendiente de crecimiento. Hay quien se encuentra en la parte baja de la cuesta, con lo cual, actúa y reacciona desde donde está. Quien está en la parte superior de la diagonal, en cambio, puede hacerlo desde una sabiduría y madurez mucho mayor.

187
HALLAR EL NORTE

Recuerdo cuando, de pequeña, salía al monte con mi padre. Aún no había navegadores en el móvil. Un mapa cartográfico, una brújula y descubrir dónde estaba el norte eran todo un reto para mí, que soy muy despistada y no me oriento del todo bien.

Un rato juntos y mirar al mapa me bastaba para saber hacia dónde debía ir, para descubrir ese norte tan importante entonces.

Siempre lo conseguía, pero confieso que en gran medida era por la confianza que mi padre depositaba en mí.

Ahora, varias décadas después, me gusta saber que el norte de mi vida puede variar. Soy capaz de seguir mi rumbo gracias a la confianza en mí misma y a la depositada en mí por parte de aquellos que me amaron y a quienes amo.

UN MAPA PERSONAL

Hace años se puso de moda crear *un panel de visualización propio* para que la mente se oriente hacia lo que quiere conseguir. Básicamente se hace pegando en una cartulina imágenes que representen aquellos logros que son importantes en este momento de nuestra vida.

El panel de visualización debe colgarse en un lugar a la vista, de modo que cotidianamente estemos en contacto con ese *norte* al que queremos llegar.

188
¿SE PUEDE DECIDIR EL DESTINO?

Un relato tradicional japonés cuenta que, en el curso de una batalla, un general ordenó atacar, aunque su ejército contaba con muchos menos hombres que el del enemigo.

Llenos de temor, mientras iban camino de la guerra, los soldados quisieron parar en un templo. Tras rezar con ellos, el general sacó de su bolsillo una moneda y anunció:

–Voy a lanzar esta moneda al aire. Si sale cara, ganaremos la batalla. Si sale cruz, perderemos. ¡Dejemos hablar al destino!

Dicho esto, arrojó la moneda al aire y los soldados miraron con gran tensión lo que salía. Fue cara. Contentos y confiados, atacaron con gran moral al enemigo y lograron la victoria.

Terminada la batalla, un oficial comentó al general:

–No se puede cambiar el destino.

–Eso es cierto –contestó el general.

Luego mostró al oficial la moneda: tenía cara en ambos lados.

Este cuento ilustra el poder de la convicción en todo lo que emprendemos. Aquello que queremos hacer realidad, primero debe ser real en nuestra mente.

EJERCICIO DE ANTICIPACIÓN

Entre las técnicas de proyección para lograr resultados, una de las más sencillas y realmente efectivas es la siguiente:

1. Decide de manera clara qué es lo que quieres conseguir.
2. Visualiza a continuación cómo alcanzas tu objetivo y cómo te sientes por ello.
3. Quédate con la sensación de que ya lo has logrado para empezar a dar pasos en esa dirección.

189
LA ZONA GRIS

Existe lo que yo llamo *zona gris* para designar esos momentos en los que no estamos ni en la luz ni en la oscuridad. Es una tenue penumbra en la que puedes permanecer casi desapercibido *ad eternum*.

¿Sabes a qué me refiero? A ese estado intermedio en el que no te posicionas ni tomas decisión alguna para no equivocarte.

La zona gris puede resultarnos cómoda, pero, créeme, a largo plazo, no solo te agota, sino que te apoltrona y te limita a una onda de mediocridad de la que cada vez te costará más salir.

¿Te conformas con ser una persona gris en una zona gris y renuncias al arcoíris?

Sobre esto, Renoir dijo una vez: «Una mañana, a uno de nosotros se le terminó el negro y ese fue el nacimiento del Impresionismo».

¿Y si decides sacar el negro y el gris de la paleta de colores con los que tiñes tu vida?

MEJOR MAL QUE NINGUNA

Los especialistas en toma de decisiones afirman que, muchas veces, una mala decisión es mejor que ninguna, cuando nos encontramos en un momento de crisis. Aunque nos equivoquemos, eso nos mostrará enseguida que ese camino no es válido y veremos otras opciones efectivas para salir del atolladero.

190
TAL COMO ERES

Cuando llevamos demasiado tiempo ocultando quiénes somos, podemos olvidar quiénes éramos y, aún peor, quiénes estamos llamados a ser.

Tal vez al principio fue por timidez. O, en el caso de ser extrovertido, taparas tus inseguridades con risas y conversaciones banales que te alejaban de tu esencia, sin darte cuenta de lo que te perdías al no preguntarte en silencio si ibas por el mejor camino.

Muchos nos alejamos de la propia senda porque la sociedad nos mandó el mensaje de que destacar, preguntar, cuestionar, dudar y equivocarse era poco recomendable.

La buena noticia es que siempre estás a tiempo de redescubrirte, de conectar con tu autenticidad y mostrarte al mundo tal como eres.

EL LEMA DE FRIDA KHALO

La pintora más brillante del siglo XX tuvo que lidiar contra los prejuicios y rigideces de su época. Aun así, decidió seguir siempre una senda propia. En sus palabras:

Tan absurdo y fugaz es nuestro paso por este mundo que solo me deja tranquila el saber que he sido auténtica, que he logrado ser lo más parecido a mí misma.

¿Qué puedes hacer para vivir de forma más auténtica y fiel contigo mismo?

191

TRES PRINCIPIOS PARA LA VIDA

Kyong Ho fue un célebre maestro espiritual que, a finales del siglo XIX, renovó el budismo en Corea. Nos legó estos tres principios sobre el arte de vivir:

1. No desees una salud perfecta. En la salud perfecta hay codicia y exigencia. Como dijo un viejo maestro: *haz del sufrimiento de la enfermedad una buena medicina.*
2. No aspires a vivir sin problemas. Una vida fácil lleva a una mente perezosa que emite juicios. Como dijo un viejo maestro: *acepta las ansiedades y dificultades de la vida.*
3. No esperes que tu práctica se vea siempre libre de obstáculos. Sin impedimentos, la mente que busca la iluminación puede quemarse. Como dijo un viejo maestro: *logra la liberación a través de los trastornos.*

LOS OBSTÁCULOS COMO TRAMPOLINES

Según la visión de este maestro, las dificultades y problemas son trampolines que nos permiten ir más allá de nosotros mismos. Cada vez que la vida ponga un obstáculo en tu camino, pregúntate: ¿De qué manera lo que estoy viviendo es una oportunidad para ser mejor?

192
ABRIR EL ABANICO DE POSIBILIDADES

Durante mi formación de *coaching* para acompañar a personas en cambios vitales, tuve un profesor que me dio pautas muy interesantes para aplicar en momentos de duda.

Alfonso Medina fue mi tutor en la fase de la certificación MCC de ICF (International Coaching Federation) y me impresionaba gratamente su pulcritud a la hora de escuchar y poner atención en ese acompañamiento.

Recuerdo que insistía en la importancia de abrir el abanico de posibilidades al *coachee*, o cliente, para después concretar e ir cerrando ese abanico hacia una solución más detallada.

Al abrir el espectro de posibilidades que tenemos ante nosotros, nuestra mente puede crear nuevas opciones ante una toma de decisiones.

Te invito a que indagues sobre ellas a fondo, ya que muchas veces tienes mucho más poder de elección del que crees.

LA INVERSIÓN CREATIVA

En los cursos de *creative writing* de Estados Unidos, cuando un novelista se bloquea a mitad de la trama, se le pide que escriba todo lo que *no va a suceder* en esta historia.

Esta técnica la puedes aplicar a tu propia vida cuando te sientas paralizado ante una encrucijada:

- ¿Qué es lo que no voy a hacer?
- ¿Qué es lo que no va a suceder?

A través de la inversión creativa, por eliminación, empezarás a clarificar tu abanico de posibilidades.

193
NO DEJES DE DIVERTIRTE

Repasando mis valores fundamentales, un día descubrí que quería incluir más diversión en mi presente.

Si no lo había hecho hasta entonces era porque tenía la creencia de que una persona divertida carece de credibilidad. Cuando me di cuenta de que era un prejuicio, supe que me estaba perdiendo demasiadas cosas y que necesitaba la diversión más que nunca.

A partir de entonces, me reté a incluir de forma cotidiana algo divertido y que me sacara de mi zona de confort.

¡Los que somos padres tenemos unos grandes aliados en nuestros hijos! Ahí di rienda suelta a actividades varias: desde saltar a la piscina vestida hasta mojarme bajo la lluvia hasta calarme entera, entre muchas otras cosas.

Me alegro de haberlo hecho, porque ahora soy consciente de la creatividad y el cambio de actitud ante la vida que conlleva trabajar la diversión.

¿Y si empezamos a divertirnos un poco más?

LOS TRES SUPERPODERES HUMANOS

Según la actriz y *coach* Imma Rabasco, autora del libro *Reír y vivir*, «los mortales tenemos tres superpoderes y sabemos (o intuimos) que sin ellos estaríamos perdidos: la risa, la sonrisa y el humor. La risa distiende, la sonrisa une y el humor relativiza».

¿Qué puedes hacer hoy para dar más espacio a estos tres superpoderes en tu vida?

194

UN SOLO GRAN PENSAMIENTO

Así como los árboles más altos nacen de una semilla, de un brote, las grandes transformaciones de nuestra vida tienen como punto de partida una idea, un pensamiento.

Si sabemos regarlo y cultivarlo, podrá llevarnos a cotas inimaginadas. Sobre esto, el escritor y motivador John F. Demartini dice:

> *Casi todas las historias de personas que han triunfado comienzan con un solo gran pensamiento que ha sido alimentado con fe. Y muchas de las que han alcanzado los mayores éxitos también se han enfrentado a las mayores adversidades. Cuando Walt Disney se presentó a solicitar trabajo de dibujante en los periódicos, lo rechazaron de plano. Un director incluso le dijo que no tenía talento y que se buscara otra cosa que hacer en su vida. Pero él tenía una idea que transformó en visión, perseveró y continuó creyendo en sí mismo.*

TU VIVERO DE IDEAS

Para cultivar tu futuro, es útil que tengas un cuaderno donde anotes esas ideas y proyectos que pueden crecer con el tiempo. Apunta aquí cualquier iniciativa que vaya surgiendo y repasa las anteriores para ver cuál está reclamando tu atención y cuidados en este momento.

195
LA MAGIA DEL AGUA

Pocas maravillas de la naturaleza tienen el poder del agua, que además de darnos vida, tiene la capacidad de pulir y dar forma a las rocas más duras.

¿Te das cuenta de que no podríamos vivir sin ella, al igual que sucede con el aire? ¿Celebras como merece este elemento que te refresca y revitaliza?

Echemos mano de lo que se nos ofrece de manera natural. El agua es esencial para la vida y nos procura una conexión especial con el entorno. Por eso es un privilegio disfrutar de este elemento en plena naturaleza.

Sentir el agua, interna y externamente, es fuente de bienestar. El agua purifica, hidrata y emociona.

Tanto si nos bañamos en una playa o en un río como si gozamos de la lluvia que fertiliza la tierra, celebrar el agua es celebrar nuestra propia vida.

LA ALQUIMIA DEL AGUA

Masaru Emoto, el investigador japonés que dedicó gran parte de su vida al estudio del agua, afirmaba que el pensamiento humano, las palabras y la música influyen en la calidad del agua y la hacen cambiar. Si eso le sucede al agua —reflexionaba—, nosotros, que estamos compuestos por un 70 u 80 por ciento de agua, también somos susceptibles de esa alquimia. Según este principio, pregúntate:

- ¿Qué clase de pensamientos y palabras te dedicas a ti mismo?
- ¿Utilizas la música para modular tu estado de ánimo?

196
EMOCIONES NEGATIVAS

Daniel Goleman, el divulgador de la inteligencia emocional del que hablamos en páginas anteriores, asegura que «las emociones perturbadoras y las relaciones tóxicas han sido identificadas como factores de riesgo que favorecen la aparición de algunas enfermedades».

Esto es así, según este doctor en psicología de Harvard, porque «las emociones negativas intensas absorben toda la atención del individuo, obstaculizando cualquier intento de atender a otra cosa».

Debemos entender que recurrimos a los pensamientos negativos de manera automática para protegernos del peligro. Es un impulso ancestral de cuando, como cazadores recolectores, vivíamos en un estado de alerta y con miedo. Sin embargo, ya no necesitamos estar atentos a ningún peligro que amenace nuestra vida. Es un *automatismo* que nos ha guiado durante milenios, pero podemos desactivarlo. Es momento de bajar la guardia.

Saquemos de nuestra vida los pensamientos que nos perturban para dejar espacio a otros que nos motiven y nos aporten calma.

RECONOCER Y DEJAR PASAR

El primer paso para desprenderte de un pensamiento negativo es tomar conciencia de que lo estás teniendo.

Tras reconocerlo, en lugar de aferrarte a él o luchar contra él, déjalo pasar simplemente sin juicios, como un visitante ocasional.

Si insiste en quedarse, puedes diluirlo con un pensamiento de signo contrario: algo que te provoque placer, bienestar o ilusión.

197
DESDE EL CORAZÓN

Hay una frase de Séneca, el filósofo estoico latino nacido en Córdoba, que dice: «Nada es honesto si se ejecuta a disgusto. Toda acción honesta es voluntaria».

Así debería ser. Haz aquello que te llama desde el corazón. Nada debería ser obligatorio, sino hecho desde la convicción de que esto es lo que debemos y queremos hacer.

¿Cuántas personas conocemos que siguen una existencia que no es suya? Bien sea porque viven para cumplir las expectativas de los demás o para mostrar una determinada imagen de cara a la galería, muchas personas están desconectadas de lo que realmente son.

Atrévete a vivir desde el corazón y haz de tus prioridades el eje de tu vida.

LO URGENTE Y LO IMPORTANTE

Una de las lecciones que nos dejó Stephen Covey, el autor de *Los 7 hábitos de la gente altamente efectiva*, es que la mayoría de las personas entregan su tiempo a lo urgente, que es importante para los demás, pero no para uno mismo. Lo importante es aquello que es significativo para ti, aquello que nadie te impone, y por eso no suele tener un lugar en tu agenda. Una vida equilibrada, según Covey, es aquella en la que hay equilibrio entre lo urgente y lo importante.

¿Qué es lo importante que debes realizar ahora en tu vida?

198
LUZ

Al igual que, como hemos comentado ya, a veces obviamos el agua, a menudo damos por hecho algo tan esencial y necesario como es la luz.

La claridad natural, fuente de calor y energía, marca nuestro ciclo vital diario, como nos recuerda la cronobiología. También tiene una gran influencia en nuestras emociones. La luz cambia la percepción que tenemos de la vida y de los desafíos que nos presenta.

¿Cuántas veces algo que nos parecía irresoluble por la noche aparece bajo una *nueva luz* por la mañana?

Exponerse a la claridad solar, además, parece ser una de las claves de la longevidad. Las personas que viven en las zonas azules pasan gran parte del tiempo al aire libre, con lo que sincronizan sus relojes internos con el del astro rey.

Incluso cuando hace frío, merece la pena brindarles a nuestro cuerpo y alma los beneficios de la luz.

SALUDO AL SOL

Muchos practicantes de yoga empiezan el día con la serie de asanas conocida como *Saludo al sol*. Si no lo conoces, puedes aprenderlo fácilmente en un breve vídeo de YouTube; mi querida Xuan Lan tiene tutoriales y clases magníficas.

Otra manera de celebrar la luz y el calor que nos da vida es, simplemente, abrir la ventana por la mañana y darle las gracias al sol por alumbrar un día más.

199
APRENDER DE TODO

Un cuento judío tiene como protagonista a un rabino que enseñaba a sus alumnos cómo la sabiduría está en todas las cosas, incluso en los inventos de la modernidad.

–De todo se puede aprender algo –afirmaba el rabino–. No hay nada en el mundo que no pueda darnos una enseñanza de valor. Y eso incluye todas las cosas que el ser humano ha fabricado. Todas ellas nos enseñan algo importante.

Uno de sus alumnos le preguntó entonces:

–Maestro, pero... ¿qué es lo que puede enseñarnos el ferrocarril?

–Que por un segundo podemos llegar tarde y perder nuestra oportunidad.

–¿Y el telégrafo? –intervino otro alumno.

–¡Que cada palabra cuenta!

–¿Y el teléfono? –preguntó un tercero.

–¡Que allí se oye todo lo que aquí decimos!

EXTRAE TUS ENSEÑANZAS

Siguiendo el cuento del rabino, te propongo que elijas tres objetos que se encuentren en el espacio donde estás ahora. Atribuye a cada uno de ellos una enseñanza para la vida cotidiana. Puedes hacer este ejercicio con amigos o incluso con tus hijos, como un juego divertido e iluminador.

200
MEMENTO MORI

Opina mi querida y admirada Isabel Coixet que, al menos por lo que respecta a sus películas, «la felicidad queda fatal en cámara. La tristeza y la soledad sí quedan bien».

Una de las obras en las que reflejó esa idea es *Mi vida sin mí* –está entre mis películas favoritas, con un fantástico Marc Ruffalo, por cierto–, donde la protagonista, a quien le queda poco tiempo, hace una lista de cosas que quiere hacer antes de morir.

Es una película triste y al mismo tiempo muy bella porque nos conecta con lo esencial. El hecho de reconocer nuestro propio fin nos permite, justamente, saborear la vida en toda su plenitud.

Sobre esto, los antiguos romanos se repetían la expresión *memento mori* –recuerda que morirás– como antídoto contra la soberbia y la vanidad. Este mismo lema nos sirve para recordar que la vida no espera y que merece que extraigamos todo su jugo.

VIVE COMO SI FUERAS A MORIR MAÑANA

Ponte en la situación de la protagonista de la película de Isabel Coixet para dotar de significado y profundidad a tu vida:

- ¿Qué cosas importantes harías si supieras que tu final está cerca?
- ¿Qué desórdenes arreglarías?
- ¿Qué cosas inacabadas completarías?
- ¿Qué les dirías a las personas que amas?

201
EL DIFÍCIL PRIMER PASO

A veces necesitamos tomar decisiones drásticas que, de entrada, nos resultan difíciles de afrontar. Podría ser dejar la relación con alguien que no te hace bien, desprenderte de alguna pertenencia, erradicar algún hábito o tener una conversación delicada.

Sobre esto último, el consultor y escritor Tim Ferriss asegura que «el éxito de una persona en la vida se mide por la cantidad de conversaciones incómodas que está dispuesta a mantener».

Esta puede ser una buena motivación para hacer aquello que, en el fondo, sabemos que debemos hacer. Cada vez que te preguntes *¿Qué haría yo si de verdad pudiera...?* se revelará aquello que necesitas hacer.

No hay cambio importante sin incomodidad. Por consiguiente, esa decisión difícil, pero a la vez meditada, tiene la clave para tu nueva vida.

El primer paso suele ser el más difícil, pero el hecho de darlo despliega un nuevo universo de posibilidades en tu vida.

LA HORA DE LAS DECISIONES

Si eres de los que se preocupan tras adoptar una decisión importante, te aconsejo que no la tomes justo antes de acostarte, en especial si implica mandar un correo electrónico o wasap del que nos llegará una respuesta, ya que te quedarás con la cuestión dando vueltas en tu cabeza.

Este tipo de resoluciones es mejor tomarlas de buena mañana, para que cualquier tipo de reacción te llegue en medio de la actividad.

202
QUITAR LO QUE SOBRA

Se cuenta que una vez le preguntaron a Miguel Ángel cómo lograba crear sus maravillas de mármol. El gran escultor del Renacimiento respondió que se limitaba a «quitar lo que sobra» en el bloque, pues él ya veía la obra que contenía la mole.

Aplicado a la propia existencia, este método puede ser muy eficaz, ya que muchas veces lo que necesitamos es depurar nuestra vida de aquello innecesario o directamente perjudicial, lo cual incluye algunas actitudes y hábitos.

Sobre esto, el filósofo Plotino –probablemente Miguel Ángel lo había leído– ya recomendaba hace casi dos milenios:

> *Entra en ti mismo y mira. Si no te encuentras bello, haz como el creador de una estatua a la que debe conferir hermosura, quitando por aquí, alisando por allá, suavizando tal línea, haciendo más pura tal otra... (...) quita todo lo que sobre, pon recto lo torcido, ilumina lo oscuro y encamina tus esfuerzos a que todo brille (...) Nunca dejes de labrar tu estatua.*

RESTA PARA SUMAR

Siguiendo el método que hemos visto, pregúntate:

- ¿Qué hábitos o actitudes podría eliminar para reducir la complejidad y los conflictos en mi vida?
- ¿A qué gastos innecesarios puedo renunciar para unas finanzas más saludables?
- ¿De qué compromisos puedo prescindir para liberar tiempo y espacio para mí?

203
TU VIRTUD ESCONDIDA

Te has preguntado cuál es tu mayor talento o has pensado, tal vez, que no tienes una virtud especial? En este último caso, muy probablemente te equivocas.

Te invito a que desentierres tu virtud, como el arqueólogo que extrae del fondo de la tierra el mayor tesoro. Y es que a veces nuestros talentos son mucho más visibles en la infancia y juventud y, como si de fósiles se tratara, los vamos cubriendo con el polvo de la vida, con la tierra de los años y la rutina, perdiendo en nuestro interior lo más valioso que tenemos.

Haz arqueología. Llegaste con ese talento a la vida, aunque no seas consciente de él, y tu misión es entregarlo al mundo para aportar belleza o nuevas soluciones a tu entorno.

Descubre esos pequeños tesoros que hacen de ti un ser increíble, digno de amar y de ser amado.

¿CUÁL ES TU GENIOTIPO?

El empresario Tony Estruch presenta un nuevo modelo sobre el talento en su libro *Geniotipo,* traducido ya a media docena de idiomas, incluido el japonés. Estos son algunos de los más comunes, identificado cada uno por una figura geométrica:

- Infinito: Tu propósito es educar y mostrar nuevos caminos a los demás.
- Cuadrado: El geniotipo de los buenos gestores que ponen orden al caos.
- Elipse: Tu don es la creatividad en cualquiera de sus formas.
- Triángulo: Es la genialidad de los grandes vendedores o comunicadores.
- Círculo: Tu *leitmotiv* es el amor y entrega a los demás.
- Pentágono: El talento de los médicos, terapeutas y científicos.

Entre estos perfiles, ¿cuál dirías que es tu tipo de genialidad?

204
EL VALOR DEL TIEMPO

Es cierto que no podemos volver atrás en el tiempo, pero esto no debería ser motivo de desánimo. Si descubres que se te ha escapado como arena entre los dedos, sin tú darte ni cuenta, piensa que a veces es necesario que así sea.

Hay muchas cosas que solo apreciamos en todo su valor cuando las perdemos, y una de ellas es el tiempo.

Cuando nos damos cuenta de que cada hora, minuto y segundo son preciosos, porque ya no volverán, entonces empezamos a emplear el tiempo como lo que es: nuestra divisa de mayor valor.

En el tiempo vivimos y atesoramos nuestras experiencias, que nos recuerdan la grandeza de la vida y lo voraz de cada instante.

LOS LADRONES DE TIEMPO

En su libro *Time Mindfulness*, la economista Cristina Benito identifica estos vampiros de nuestro bien más preciado para que podamos evitarlos:

- *Gente desocupada.* «Está comprobado que quienes más pierden el tiempo son expertos en consumir el de los que menos tienen», dice la autora.
- *Compromisos sociales.* No pierdas el tiempo acudiendo a reuniones o eventos solo por obligación o por quedar bien.
- *Compras de última hora.* Una mala organización doméstica hace que tengamos que escaparnos —y perder tiempo— para adquirir aquello que nos falta.
- *Grupos de Whatsapp, Messenger o similares* que no son necesarios, pero que bombardean nuestro móvil a todas horas.

205
LA BELLEZA DE LO DIFÍCIL

En su clásico *Un camino sin huellas*, M. Scott Peck empezaba con una frase osada para un libro de autoayuda: «La vida es difícil».

Este psiquiatra norteamericano explica después por qué la dificultad no debe frustrarnos, sino suponer un acicate para ser aún más proactivos. En sus palabras:

> *Es humano –y sabio– temer a lo desconocido, ser al menos un poquito aprensivo al embarcarse en una aventura; pero solo de las aventuras aprendemos cosas importantes.*

¿Tienes espíritu aventurero? ¿Cuál fue la última gran dificultad a la que te enfrentaste? ¿Qué aprendizaje importante adquiriste?

Scott Peck nos recuerda que «nuestros momentos más sublimes es más probable que se produzcan cuando nos sentimos profundamente abatidos, infelices o insatisfechos. Pues es solo en estos momentos, empujados por la insatisfacción, que somos capaces de salir del camino trillado y empezar a buscar respuestas más verdaderas en otros senderos».

PON NOMBRE A TU AVENTURA

Cambiar la palabra *problema* o *crisis* por *aventura* nos coloca en el papel de héroe o heroína de nuestra vida, en lugar de ser la víctima. Para ello, en este ejercicio te pido lo siguiente:

1. Pon nombre a la última *aventura* a la que te enfrentaste (por ejemplo, LA AVENTURA DE ENCONTRAR UN TRABAJO MEJOR).
2. Dale un título a la aventura que tienes ahora por delante.
3. Haz un mapa con las diferentes etapas que debes superar en este viaje.

206
TU MEJOR COMPAÑÍA

Vas a vivir contigo toda tu vida, ese es un matrimonio que no admite traiciones ni divorcios. ¿Cómo vas a engañar a esa increíble persona que te acompaña y que es tu mejor aliado? ¿Qué mejor compañero para caminar hacia la felicidad y la realización que la versión más honesta de ti mismo?

Hay mucho que podéis hacer juntos para construir una vida que merezca la pena.

El primer paso para comenzar a andar ese sendero a la par es sincerarte, reconciliarte con lo que eres y abrazar a ese ser maravilloso que cada día tiene el privilegio de respirar, amar y sentir. Y que no es otro que tú mismo.

Solo si vives en armonía contigo mismo, fiel a tus principios y deseos, serás capaz de amar a otros y ser amado. Esto es ya en sí un poderoso motivo para potenciar tu autoamor.

¿CÓMO COCINAS TU FELICIDAD?

Hay muchas recetas de distintas autoras y autores, y en este libro encontrarás algunas, pero te propongo que en este ejercicio seas tú quien establezca los ingredientes que necesitas para llevarte de la mejor manera contigo mismo:

1...................................
2...................................
3...................................
4...................................
5...................................

Ahora que ya tienes la receta, ¡manos a la obra!

207
EXPRESAR LAS EMOCIONES

Me costó un tiempo entenderlo, pero ahora sé que es muy positivo expresar las emociones. Hay muchas maneras de hacerlo: compartirlas con alguien que escuche bien, cantarlas, dibujarlas, escribirlas...

¿Cuál es tu forma más natural de expresar lo que sientes?

Sacarlo y canalizarlo por cualquier medio ayuda a que lo que sentimos baje de intensidad y podamos observarlo desde fuera. Así podemos entenderlo mejor, integrarlo y dejarlo ir poco a poco. Evitaremos que las emociones se queden ahí y que reaparezcan una y otra vez.

Estoy agradecida a todas las personas que supieron acompañarme en la gestión de aquellas emociones que me impedían avanzar, las que me dieron pautas y las que escucharon sin juzgar, haciéndome ver que solo yo poseía la llave de mi libertad.

ARTETERAPIA

El arte no es algo para unos pocos, puedes usarlo como una conversación contigo a través de la que descubrir lo que llevas dentro. Puedes elegir la vía de expresión más cómoda o que más te guste:

- Practica el dibujo libre cuando te invada una emoción. Trata de plasmar en el papel lo que sientes.
- Escribir puede tener el mismo efecto terapéutico. A través de las palabras, da rienda suelta a lo que piensas, sientes o deseas.
- La música, la fotografía, la danza... Puedes probar distintas maneras de expresarte y elegir aquella con la que fluyes más fácilmente.

208
LA VIEJA CAJA

En su celebrado ensayo *El poder del ahora*, el maestro Eckhart Tolle explica una fábula que deseo compartir contigo:

Un mendigo estuvo junto a una carretera durante más de treinta años. Un día, un desconocido pasó por allí.

–¿Una limosna? –murmuró el mendigo, alargando mecánicamente su gorra de béisbol.

–No tengo nada que darte –dijo el desconocido. A continuación preguntó:

–¿Sobre qué estás sentado?

–Nada –respondió el mendigo–. Solo una vieja caja. He estado sentado en ella desde no sé cuándo.

–¿Has mirado dentro alguna vez? –preguntó el desconocido.

–No –dijo el mendigo–, ¿para qué? No hay nada dentro.

–Echa una mirada –insistió el desconocido.

El mendigo consiguió abrir la tapa. Con infinita sorpresa, incredulidad y dicha, vio que la caja estaba llena de oro.

Este relato nos enseña, de forma simbólica, que muchas veces tenemos tan cerca nuestra riqueza que no sabemos verla.

LA VIDA ESTÁ AQUÍ

En su juventud, el escritor checo Milan Kundera escribió *La vida está en otra parte*. En esta novela cuenta la historia de un hombre que siempre cree estar viviendo en el lugar y momento equivocados.

¿Y si intentamos que no nos suceda como al protagonista y abrimos los ojos para darnos cuenta de que la vida está aquí y tiene mucho que ofrecernos si dejamos de mirar a otra parte?

209
LA REGLA DE LOS 5 SEGUNDOS

Muchas veces hay que hacer cosas que nos apetecen poco o nada para lograr aquello que tanto queremos. Sin embargo, también sabemos que es la única forma de acercarnos a ese objetivo.

¿Cómo podemos superar la pereza que nos da esto que necesitamos realizar?

Hazlo sin pensar. Esta es la solución que propone mi adorada Mel Robbins con su «Regla de los 5 segundos»:

- Levántate y disponte a hacerlo ahora mismo.
- Verbaliza la cuenta atrás de los cinco segundos –5... 4... 3... 2... 1...– y siente cómo tu cuerpo y tu mente van cortando, con ese ritual, cualquier intento de procrastinación.
- Celebra que por fin lo has hecho.

CÓMO Y CUÁNDO APLICAR LA REGLA DE LOS 5 SEGUNDOS

1. Puedes recurrir a la cuenta atrás siempre que tengas que hacer algo y notes en ti cierta resistencia.
2. Aplícala en cualquier tarea cotidiana que no te apetezca hacer, pero que sabes que necesitas hacer.
3. Mel Robbins aconseja actuar con el espíritu de *quemar las naves*. Es decir, como si no hubiera ninguna otra opción ni plan B.

210
BELLEZA Y HUMANIDAD

Me encanta impregnarme de lo bello, ya sea música, pintura, afectos, miradas, plantas, animales... La belleza me inspira y me pone contenta.

Pero no limito esta experiencia a un paisaje o a una obra de arte. También me atraen las personas bonitas de corazón. Aquellas que son sencillas, claras, abiertas, nobles y generosas.

No hace falta que digan nada, me basta con su actitud y su energía. A veces ni siquiera las conozco y simplemente me siento a su lado o las observo con disimulo.

Puede ser un padre en un parque, una alegre quiosquera, una joven que sale con sus amigas del instituto... Da igual. Si me miran, yo sonrío y luego me voy.

Necesito la belleza del mundo y la de las personas para vivir. Quiero gente luminosa a mi lado para contagiarme de su resplandor.

BELLEZA Y ESPIRITUALIDAD

Según afirma el teólogo y filósofo Francesc Torralba en su ensayo *Inteligencia espiritual,* las personas con esta clase de inteligencia tienen más facilidad para apreciar la belleza del mundo y la de los demás. Por este motivo, los artistas suelen ser profundamente espirituales.

Así pues, tu capacidad para capturar la belleza que te rodea es un indicador de tu inteligencia espiritual.

211
UNA AVENTURA APASIONANTE

A lo largo del libro hemos hablado de la importancia de cuestionar nuestras creencias. Esto conlleva un ejercicio de valentía, ya que desprenderte de tus verdades absolutas hace que entres en un terreno de incertidumbre nada cómodo.

Sin embargo, cuando abandonas el mundo conocido, empieza una exploración muy interesante que te permite abrirte a nuevas versiones de ti mismo y romper con los viejos paradigmas. Esa aventura puede llevarte a un lugar nuevo y más confortable.

Al salir de la zona de confort, a veces sentirás que pasas por un bosque oscuro y lleno de tinieblas, pero no temas por ello. No hay lobos que te devoren ni ladrones que te asalten.

Jugar a no ser nada, a no ser nadie, y no llevar ninguna certeza por bandera despliega ante ti un sinfín de posibilidades a la vez que te libera de la cárcel de lo absoluto.

¿¡Y TÚ QUÉ SABES!?

En 2004 se estrenó un singular documental con este título que mezclaba física cuántica, consciencia y espiritualidad. Entre las muchas inspiraciones que se dan, una de ellas es: «El verdadero truco de la vida no está en el conocimiento sino en el misterio».

¿Te atreves a soltar las certezas y abrazar el misterio de la vida y sus maravillas?

212
DESAPEGO

Este es un concepto fundamental en el budismo, así como en la psicología moderna. De hecho, en uno de los manuales más influyentes de los últimos cincuenta años, *Tus zonas erróneas*, el psicoterapeuta Wayne Dyer afirma:

> *La independencia psicológica implica no necesitar a los demás. No digo no desear tener relaciones con los demás; lo que digo es no necesitarlos. En el momento que sientes esa necesidad te vuelves vulnerable, eres un esclavo (...) La sociedad nos enseña a ser dependientes de una cantidad de gente empezando por los padres; y podría ser que tú sigas aún con la boca abierta esperando a que caigan los gusanos de muchas de tus relaciones más significativas. Mientras pienses que tienes que hacer algo porque es lo que se espera de ti en cualquier relación, y el hacerlo te provoca resentimientos contra esa persona y el no hacerlo te carga de culpa, puedes estar seguro de que tienes que ocuparte de esta zona errónea.*

PEQUEÑO TEST DE DESAPEGO

1. Antes de tomar cualquier decisión importante para ti, piensa: ¿te preocupa que pueda causar molestias o desaprobación?
2. ¿Sueles estar pendiente de lo que los demás opinan de ti?
3. Cuando publicas un post en las redes sociales, ¿te entristece cuando tiene pocos *likes* y comentarios?
4. ¿Te cuesta ir en contra de la corriente?

Si has contestado afirmativamente a dos o más de estas preguntas, tienes que trabajar el desapego, dejar de depender de lo que opine el mundo.

213
RESETEA TU CEREBRO

No soy tu madre ni te diré que te vayas pronto a la cama, pero te recuerdo que el descanso es esencial para el reseteo de tu cerebro. Y no solo cuentan las horas que dormimos, sino la calidad del sueño. Se aconseja dormir en una habitación tranquila, sin ruidos y con la temperatura adecuada, con una cama que se adapte bien a lo que necesita tu cuerpo.

Como dicen los especialistas en sueño, solo quien descansa suficiente está del todo despierto en la vigilia. Un sueño reparador hará que tus neuronas se regeneren y que tu cerebro esté en forma para un nuevo día.

Te invito a que pongas atención a ese tercio de nuestro tiempo, el que pasamos durmiendo, para que en los otros dos tercios goces de energía y calidad de vida.

SEIS TRUCOS PARA DORMIR MEJOR

Según un informe de la Clínica Mayo, podemos mejorar nuestro descanso nocturno con estas seis medidas:

1. *Sigue un horario fijo de sueño.* Nada altera más el descanso que la irregularidad a la hora de acostarnos.
2. *Presta atención a lo que comes y bebes.* No tomes excitantes después de las seis de la tarde ni hagas cenas pesadas justo antes de acostarte.
3. *Crea un ambiente de descanso.* Aleja de la cama móviles, tabletas y ordenadores. Tu cerebro debe relacionar tu espacio con la desconexión.
4. *Limita las siestas diurnas.* Si son demasiado largas, puedes pagarlo en insomnio.
5. *Realiza actividad física como parte de tu rutina diaria.* Mover el cuerpo, *cansarlo* de forma saludable, ayuda al descanso.
6. *Controla las preocupaciones.* ¡No te las lleves a la cama! Aquello que no hayas podido resolver hoy, déjalo para mañana.

214
EXPLÍCATE, EXPRESA Y COMPARTE

Cuando llegue el momento de iniciar una andadura sentimental junto a alguien –pareja o amigo–, o si quieres refrescar o relanzar la relación en la que estás ahora, empieza explicando el momento en el que te encuentras, cuáles son tus deseos y cómo estás por dentro.

Expresa lo que necesitas y lo que buscas para que la otra parte entienda mejor tus actos y palabras. Comparte lo que te mueve desde el corazón.

Sé generoso en este aspecto e indaga, además, lo que la otra parte necesita de ti para saber si tú puedes corresponderle.

Acércate así, generoso y abierto. Será la mejor forma de crear un camino conjunto y evitar malentendidos y falsas expectativas.

EL BUEN AMOR EN UNA FRASE

Uno de los aforismos más apreciados del psicólogo Antoni Bolinches es «El secreto de una buena relación es casarse con el otro sin divorciarse de uno mismo». Es decir, que no hay nada malo en complacer al otro, siempre que eso no implique perjudicarte a ti mismo o traicionar tus principios.

215
KOĀNS

Has oído hablar alguna vez de los koāns, los acertijos que deben resolver los estudiantes de zen?

El discípulo recibe una pregunta enigmática por parte de su maestro y la medita durante días, suspendiendo el pensamiento racional, para llegar a una respuesta espontánea.

Tal vez por eso también son usados en los programas de creatividad para desarrollar el pensamiento lateral. El orientalista holandés Janwillem van de Wetering lo definía así:

> *Un koān es una pregunta que se plantea a un nivel distinto de las preguntas que surgen diariamente, y perdemos el tiempo si pretendemos resolverla mediante los métodos ordinarios. Ni la inteligencia ni la experiencia nos ayudarán. Sin embargo, el maestro pide una respuesta. Te mira e insiste en que hay una respuesta.*

TRES KOĀNS PARA PRACTICAR EL PENSAMIENTO LATERAL

1. ¿Cuál es el sonido de una palmada ejecutada con una sola mano?
2. ¿Cómo puedes salvar a un unicornio?
3. ¿Cuál era tu rostro original antes de que te dieran a luz tus padres?

216
TREINTA CENTÍMETROS

Treinta centímetros. Eso es lo que aproximadamente separa el cerebro del corazón. Es curioso que en ese corto espacio se produzcan, me atrevería a decir, la mayoría de las disfunciones y desencuentros con nuestro propio ser.

¿Qué sucede para que la conciliación entre emoción y pensamiento sea tan complicada?

Hemos hablado ya de que no atendemos lo suficiente lo que sentimos. Este es un punto que me interesa especialmente, ya que si partimos de la base de que se piensa con el cerebro y se siente con el corazón...

¿Qué pasaría si pudiéramos sentir más con el cerebro y pensar con el corazón? ¿Conseguiríamos unificar esa dicotomía que nos desconecta de nosotros mismos?

CÓMO ACTIVAR LA INTELIGENCIA DEL CORAZÓN

Annie Marquier, matemática e investigadora de la conciencia, explicaba en una entrevista que el corazón contiene un sistema nervioso independiente y bien desarrollado con más de 40.000 neuronas. Eso le permite tomar decisiones independientemente del cerebro.

Según esta autora, podemos activarlo...

- Abriéndonos al prójimo.
- Escuchando más y mejor.
- Practicando el arte de la paciencia.
- Cooperando con los demás.
- Aceptando las diferencias.
- Cultivando nuestro coraje.

217
EL ENCUENTRO MÁS IMPORTANTE DE TU VIDA

Decía Pablo Neruda: «Algún día en cualquier parte, en cualquier lugar indefectiblemente te encontrarás a ti mismo, y esa, solo esa, puede ser la más feliz o la más amarga de tus horas».

¿Cuántas personas evitan ese encuentro porque no se sienten a gusto con ellas mismas?

Solo desde uno mismo puede conducirse con éxito cualquier cambio vital. Únicamente lo que tú hagas desde el más profundo convencimiento y anhelo será efectivo. Ese será el revulsivo infalible para tirar adelante en los momentos complicados.

Nadie vendrá a descubrirte algo de lo que solo tú tienes: tu fórmula magistral para impulsarte un paso más allá.

¿Estás preparado para el encuentro más importante de tu vida?

TRES MANERAS DE ENCONTRARTE CONTIGO MISMO

1. Permanecer en silencio, sea en la naturaleza o en una habitación tranquila, es una de las formas más sencillas de reencontrarte.
2. La meditación en todas sus modalidades es una vía tradicional para profundizar en ti.
3. Un viaje en solitario es otra magnífica forma de conocerte mejor y descubrir cómo eres y reaccionas ante los cambios.

218
ESTELAS EN EL MAR

Cuando te sientas abatido y todo se te haga cuesta arriba, cuando creas que no puedes más, date cuenta de todo lo que has recorrido hasta ese momento. Así aceptarás, con tranquilidad de espíritu, estar exhausto y abatido. Te permitirás descansar, observar lo logrado y celebrarlo, para tomar impulso mucho más motivado y creyendo en ti.

El poema más célebre de Antonio Machado puede servirte de inspiración en un momento así:

Caminante, son tus huellas
el camino y nada más;
Caminante, no hay camino,
se hace camino al andar.
Al andar se hace el camino,
y al volver la vista atrás
se ve la senda que nunca
se ha de volver a pisar.
Caminante, no hay camino
sino estelas en la mar.

LA LÍNEA DE LA VIDA

Este es un ejercicio muy utilizado en *coaching* para tomar conciencia de nuestro recorrido personal:

1. Traza, en una hoja dispuesta en horizontal, una línea recta que simbolice tu vida.
2. Marca con rayas verticales los acontecimientos más importantes: nacimientos, muertes, matrimonios, rupturas, cambios de trabajo, de vivienda, de país...
3. Incluye en esa línea de vida los momentos de crisis que te han fortalecido y te han hecho ser quien eres.
4. Analiza tu historia en perspectiva y date cuenta de todo lo que tienes por dar y por vivir.

219

LA VIDA NO ES UNA COMPETICIÓN

En uno de los libros más bellos e inspiradores publicados, *Martes con mi viejo profesor*, el periodista Mitch Albom se reencuentra con un docente que marcó su vida y que, en el cenit de su existencia, se aviene a darle –cada martes– unas últimas enseñanzas sobre el arte de vivir.

Algunas son tan básicas como esenciales: *Lo más importante en la vida es aprender a dar amor y permitir que el amor venga a ti.*

Este profesor entrañable protagoniza una anécdota muy significativa. Estando en un partido de baloncesto estudiantil, al escuchar los cantos: *«¡Somos número uno, somos número uno!»*, Morrie sorprende a todo el mundo al abandonar su asiento y plantarse en medio de la cancha para preguntar, levantando la voz:

–*¿Qué problema hay en ser el número dos?*

TRES PREGUNTAS SOBRE EL ÉXITO

Esta anécdota nos sirve para hacernos preguntas importantes cuando nos pongamos en un modo competitivo que nos lleva al estrés:

- ¿Por qué debería medir mis logros respecto a lo que consiguen otros?
- ¿Esto que pretendo alcanzar es importante para mí, o es solo un éxito de cara a la galería?
- ¿Cuál es mi verdadero objetivo, que no implica competir con nadie que no sea yo mismo?

220
SIN PRISA

Nadie te persigue. No hay prisa. No te atrapa nada. No te arrolla nada. Solo aceleraste sin saber hacia dónde ibas exactamente. Te pusiste a correr por inercia.

Para cuando te has dado cuenta y has mirado para atrás, has descubierto que no había nadie pisándote los talones. Que te arrollabas a ti mismo. Así que, calma, está todo controlado en cuanto a premura se refiere.

Alguien te dijo, quizá, que corriendo se llegaba antes. Pero ¿correr *pa qué?* me decían en Cuba, cuando era joven. Y es verdad.

Varios estudios demuestran que las personas capaces de ralentizar su actividad manejan mejor el exceso de información, cumplen más con sus compromisos y se distraen menos en el trabajo.

Por todo ello, acostúmbrate a ir más despacio. Verás qué bien sienta.

PRACTICA EL EJERCICIO SUPERLENTO

La lentitud también ha demostrado ser muy eficaz en la práctica deportiva, en especial para perder grasas acumuladas. El llamado entrenamiento LISS *(Low Intensity Steady State)* se realiza así:

- A diferencia de otras prácticas deportivas, el ritmo cardiaco no debe superar el 60-65 por ciento de su capacidad total.
- Para compensar, dedicaremos más tiempo al ejercicio lento: un mínimo de 45 minutos.
- Puedes practicar LISS pedaleando lentamente o caminando en una elíptica, o bien dar un paseo a un ritmo constante hasta lograr un determinado objetivo de pasos.
- En el LISS los *picos* de actividad se cambian por la constancia y el bienestar del ejercicio relajado.

221
TU AJEDREZ VITAL

Quizá a veces sientas que no estás en el mejor momento ni en el mejor lugar, pero eso no significa que no te puedas mover.

Como en el ajedrez, lo que importa en esos casos es tu siguiente movimiento. Tomar la mejor decisión con el ingenio y los recursos a tu alcance.

En su libro *El juego de la vida*, Adriana Hernández Planillas ve en este ejercicio una metáfora de la vida:

> *El futuro (...) es la suma de muchas pequeñas causas y efectos que parten de uno mismo. Cada movimiento que hacemos en la existencia tiene sus consecuencias, y a su vez, estas provocan reacciones y nuevas acciones, como en el efecto mariposa. Justamente de eso va también el ajedrez (...)*
>
> *Trasladado a la vida, las personas que van a la deriva son aquellas que no son conscientes de las consecuencias de sus actos, ni para ellas ni para los demás (...) El arte de vivir consiste en comprender todos los mecanismos –favorables o perjudiciales para nuestros intereses– que activamos cada vez que movemos pieza.*

LA ESTRATEGIA DE KASPÁROV PARA LA VIDA

Este juego intelectual, que ha aumentado su popularidad desde la emisión de la serie *Gambito de dama*, tiene como uno de sus grandes maestros a Garry Kaspárov, quien en su libro *Cómo la vida imita al ajedrez* explica que un estratega «empieza con un objetivo para un futuro lejano y trabaja retrocediendo hasta el presente».

¿Eres capaz de hacer este ejercicio con tu propia vida, midiendo todos los pasos que te llevan desde el ahora hasta esa meta futura?

222
LAS SOLUCIONES ESTÁN DENTRO

Uno de los filósofos más destacados –y a menudo difíciles– de la filosofía contemporánea, Ludwig Wittgenstein, exponía esta alegoría sobre las soluciones que muchas veces buscamos para nuestra vida:

> *Un hombre puede hallarse prisionero en una habitación con una puerta que no está cerrada, sino que se abre hacia dentro; y no saldrá de ella hasta que no se le ocurra tirar de ella en lugar de empujarla.*

Es una explicación muy gráfica de lo que nos sucede muchas veces. Esperamos que cambie la situación desde fuera: que llegue un cambio económico, un mentor, una pareja, un golpe de azar que nos abra esa puerta que nos separa de lo que deseamos.

Pero, como dice el filósofo austriaco, esa puerta se abre hacia dentro. Busca dentro de ti. Tienes todo lo que necesitas para la aventura que deseas iniciar.

REVOLUCIÓNATE

Una frase célebre de Wittgenstein es «Revolucionario será aquel que pueda revolucionarse a sí mismo».

La pregunta aquí sería: ¿Qué puedes hacer, aquí y ahora, para revolucionar quién eres y cómo vives?

223
PEQUEÑAS COSAS

Me gusta poner flores cortadas en casa y plantas en el jardín. Los animales los prefiero en el campo, aunque sueño con tener un gato perezoso cerca.

Me gusta abrir un vino con amigos y degustar un buen queso. Hacer un pastel una tarde y cocinar pasta mientras escucho ópera o descubro nuevas músicas. Ordenar armarios y escuchar el pódcast de gente que me inspira. Curiosear tiendas bonitas y librerías pequeñas. Mirar a la gente y pensar en lo que harán cuando llegan a casa. Peinar las trenzas de mi hija, ponerme los collares de mi madre y pedir una receta a mi tía por teléfono. Planear viajes soñados y jugar a cartas en invierno. Ponerme una mascarilla en el pelo o en la cara y dejar pasar un rato mirando al techo. Escribir cosas cortas y leer novelas de mujeres.

HAZ UNA LISTA DE PLACERES SENCILLOS

En su libro *El primer trago de cerveza y otros pequeños placeres de la vida*, Philippe Delerm mencionaba delicias cotidianas como ir a comprar cruasanes recién hechos o ver el Tour de Francia en el calor del verano.

Como este autor francés, te propongo que elabores tu propia lista de pequeñas cosas que te devuelven la vida. Cada vez que te sientas desanimado, léela como recordatorio de las cosas que te hacen renacer.

224
TU PROPIA RUTA

Tal vez el pasado no salió tal y como esperabas, porque te faltaba experiencia o recursos. Quizá carecías de la fortaleza y la energía requeridas para abordar los proyectos que tenías por delante. Puede que el ambiente no fuera el adecuado. Sin embargo, hoy no es entonces.

Eres adulto y tienes poder de decisión sobre tu existencia. No hay nadie a quien culpar o responsabilizar de lo que te suceda a partir de ahora.

Tu vida sigue una ruta marcada por ti y para ti. Puedes dar la vuelta en cualquier momento, parar a repostar, pensar o mirar el mapa otra vez. Puedes cambiar de dirección, aminorar la marcha o acelerar la velocidad hasta retar a la luz.

No tienes que seguir la misma senda y mucho menos las indicaciones de quien viaja a tu lado. Tuya es la decisión de elegir la compañía o la soledad, observar el paisaje o cerrar los ojos un instante para imaginar nuevos horizontes, sentir la brisa y el calor o pararte a mirar la lluvia caer.

Lo único que necesitas es tu propio ser como vehículo, libre de cargas, sano de motor y fuerza. Te esperan miles de kilómetros apasionantes de autodescubrimiento y entrega.

EN LA AUTOPISTA DE TU VIDA

Siguiendo con la metáfora del coche, imagina que tu existencia es un viaje en coche en el que solo tú decides tu rumbo. ¿Cómo llamarías el destino al que te diriges?

225

ELOGIO DE LA SOMBRA

En su pequeño libro *Elogio de la sombra*, el autor japonés Junichiro Tanizaki nos sorprende hablando de la belleza de lo menos brillante.

En una casa japonesa, la opacidad, lo mate, la penumbra, lo oscuro conforman esa estética extraordinaria que tanto admiramos en su arquitectura, así como en la iluminación de los espacios...

Esta visión estética se puede trasladar a una filosofía de vida y una actitud que me parece muy interesante. Más allá de lo superficial y aparente, el elogio de la sombra supone un guiño a la discreción, al misterio y a la sabiduría encubierta que toda persona posee.

Además, sin sombra no hay luz ni reflejos.

No todo debe ser deslumbrante, luminoso y reluciente. Es mucho más interesante y atractivo brillar desde la sombra, dejar que los demás imaginen aquello que no alcanzan a ver.

EL SECRETO DE SOFÍA LOREN

Al ser preguntada una vez sobre el secreto del *sex-appeal*, la gran actriz italiana dijo: «Consiste un 50 por ciento en lo que tienes, y el otro 50 por ciento en lo que las demás personas creen que tienes».

Esa visión del misterio como atractivo está en sintonía con la obra de Tanizaki. Por lo tanto, en lugar de mostrar abiertamente lo que somos, como hombres o mujeres anuncio, os invito a dejar que los demás imaginen los tesoros que esconde nuestra sombra.

226

SUPOSICIONES

Un relato de autor desconocido cuenta que una mujer esperaba su vuelo en un gran aeropuerto y, como aún faltaban un par de horas para entrar en el avión, fue a comprar un libro y un paquete de galletas.

Tras sentarse en una butaca de la sala VIP, dejó en el asiento de al lado su bolso y las galletas. Al momento, el asiento siguiente fue ocupado por un joven viajero.

La mujer se comió una galleta mientras leía y advirtió, asombrada, que el joven tomaba otra del paquete. Cada vez que ella comía una galleta, el joven hacía lo propio.

Y, por si aquello fuera poco, cuando quedaba solo una galleta, el joven tomó la mitad, dejándole a ella el resto.

A punto de explotar de indignación, la mujer cerró el libro y se dirigió a la puerta de embarque. Cuando por fin ocupó su asiento en el avión y abrió el bolso se dio cuenta, avergonzada, de que su paquete de galletas estaba dentro, aún por abrir.

NO PRESUPONGAS

Esta sencilla historia nos da tres lecciones prácticas para la vida diaria:

1. Antes de enfadarnos con alguien, nos tenemos que asegurar de que las cosas son tal y como imaginamos.
2. Muchas cosas que nos asombran tienen una explicación muy distinta a la que dicta nuestra fantasía.
3. Todo tiempo invertido en crear resentimiento hacia algo o alguien es tiempo malgastado.

227
BALONES FUERA

Es cierto que no todo depende de nosotros, pero la tendencia a echar balones fuera puede hacernos perder el control de nuestra vida.

Pregúntate cuántas veces depositas en circunstancias externas la responsabilidad de lo que te sucede. Te muestro algunos indicadores para que te des cuenta de cuándo lo haces:

- Utilizar expresiones como *a ver si* o el famoso *es que* para justificarnos y trasladar la responsabilidad al exterior.
- Hablar en condicional: la promesa de que haremos algo *cuando* se den determinadas condiciones.
- Esperar que sea un ente o poder ajeno el que resuelva un problema o un conflicto.
- Adjudicar responsabilidades a terceros cuando las cosas no salen como deseamos.

AFIRMACIONES PARA ECHAR *BALONES DENTRO*

En cambio, puedes utilizar estas frases:

- Soy responsable de mi vida y me ocupo de las cosas que dependen de mí.
- Prefiero ponerme en marcha a esperar la ayuda de otros.
- No hay circunstancias más favorables que las que yo creo en mi vida.
- Parafraseando a Henry Ford, tanto si creo que puedo como si creo que no puedo, estoy en lo cierto.

228
WORK IN PROGRESS

Desde la infancia, buscamos el reconocimiento del grupo para reafirmar nuestra valía. Es natural en los niños, ya que forma parte de nuestra integración en la sociedad.

Pero también de adultos seguimos necesitando –en mayor o menor grado– la confirmación de que lo que hemos hecho está bien, la celebración del logro excelente y, así, cada vez más.

En el fondo, en toda nuestra vida sigue latiendo el deseo de ser aceptados. Sin embargo, la única aceptación que verdaderamente necesitas es la tuya propia.

Nadie puede validar tus logros, tu evolución, tu actual estado de las cosas, más que tú mismo.

Sé generoso y amable contigo, a la vez que inconformista y capaz de seguir soñando. Todo ser humano es un *work in progress* que avanza hacia la plenitud.

ELABORA UN MAPA DE PROGRESOS

1. Establece qué áreas de tu vida necesitan mejora y asigna a cada una de ellas una tarjeta u hoja de cuaderno.
2. Cada vez que logres un avance significativo, anótalo en su lugar. Puedes ilustrarlo con una imagen o gráfico para que resulte más visual.
3. Revisa de vez en cuando los distintos progresos en cada sección. Eso te motivará para marcarte nuevos retos.

229
MOMENTOS DORADOS

En el fútbol universitario de Estados Unidos hay un premio especial, el Trofeo Heisman, que se da al deportista que exhibe más excelencia e integridad.

La novelista Shauna Niequist hace al respecto la siguiente reflexión:

> *Los grandes momentos se encuentran en cada hora, cada conversación, cada comida, cada reunión.*
>
> *El ganador del Trofeo Heisman lo sabe. Él sabe que su gran momento no fue cuando le dieron el trofeo. Fueron las mil veces que fue a practicar en vez de ir a la cama. Fueron los kilómetros recorridos en días de lluvia, las comidas saludables cuando una hamburguesa sonaba como el cielo. Que el gran momento se representa y se apoya en una base de momentos que habían llegado antes.*

¿CUÁL ES TU ÍTACA?

En uno de los poemas más célebres de la era moderna, *Viaje a Ítaca*, Constantinos Kavafis hace la siguiente recomendación:

Ten siempre a Ítaca en tu mente.
Llegar allí es tu destino.
Mas no apresures nunca el viaje.

Sin duda, la precipitación estropea la belleza de cualquier proyecto que tengas, que debe apoyarse en los momentos dorados y en ese destino final que ilumina tu ruta.

230
ABRAZA A TU NIÑO INTERIOR

El niño que tienes dentro, y que ha pasado algún que otro momento traumático en su vida, hoy tiene en ti a un gran aliado.

Yo misma he sido testigo de emocionantes cambios en personas que, en algún momento de su proceso personal, han buscado a su niño interior para abrazarlo y acogerlo.

El proceso consiste en identificar al niño que fuiste para reconciliarlo con el adulto que eres hoy. Ubicar el episodio traumático que supuso un obstáculo en tu infancia y que te ha marcado. Una vez encontrado, hay que recuperar el pasado a través de la visualización de ese momento y, en ella, abrazar a tu *yo niño* y ofrecerle de manera explícita la protección de tu *yo adulto*.

A partir de ese momento, ese niño tendrá siempre en ti al mejor de los protectores y nada malo le sucederá.

VUELVE A SER NIÑO POR UN DÍA

Anímate a hacer tu viaje para reencontrarte con tu niño interior, trasládate a la infancia y pregúntate:

- ¿Qué te gustaba hacer?
- ¿Cuál era tu juego o juguete favorito?
- ¿Tenías un miedo determinado?
- ¿Qué clase de futuro imaginabas para ti?

Una vez revivas a tu *yo niño*, podrás abrazarlo, comprenderlo mejor y brindarle la protección del *yo adulto*.

231
CONFIANZA

C*onfianza* es una palabra clave cuando se trata de hablar de bienestar emocional. Es una de las que más me gustan, lo confieso. Este es el motivo por el que he decidido dedicarle una serie de cuatro reflexiones dentro de este libro.

Me gustaría empezar indagando sobre el significado del término: es la garantía que depositamos en algo o alguien.

Si se trata de una persona, implica que podemos compartir con ella cualquier proyecto o situación íntima, sabiendo que rema a nuestro favor.

Si tenemos un proyecto en ciernes, supone la capacidad que poseemos de fiarnos de que este se da en el momento adecuado y de que estamos preparados para ello. Sabemos que las circunstancias externas no dependen de nosotros, pero lo compensamos con nuestra intención, con la confianza –valga la redundancia– en que todo saldrá bien.

PROFECÍA DE AUTOCUMPLIMIENTO

Reciben este nombre las predicciones que hacemos —muchas veces en negativo— sobre lo que esperamos que suceda en una determinada situación. Antes de que vivamos el resultado, ya lo estamos anticipando, lo cual hace que inconscientemente facilitemos que eso ocurra. Por eso se llama profecía de autocumplimiento.

¿Tiendes a elaborar pronósticos negativos o positivos sobre lo que te va a suceder? En el primer caso, te recomiendo cambiar tu forma de predecir o, al menos, adoptar una mirada neutra sobre el futuro inmediato.

232
CONFÍO EN TI

En esta segunda reflexión dedicada a la confianza, profundizaremos un poco más en aquella que depositamos en alguien, ya sea nuestra pareja, un amigo o un colaborador.

Al confiar en alguien, le estamos adjudicando garantías y valor a una persona que, entendemos, es digna de credibilidad. Hacerlo no es condescendencia ni un favor, sino más bien la actitud de un alma agradecida.

Hay algo característico de la confianza, y es que no se puede tener a medias. O confías o no confías en la otra persona.

Pero, nos preguntaremos, ¿qué suele implicar la confianza en alguien?

- Saber qué puedes esperar de esa persona en una situación importante.
- Poder *confiarle* un secreto y tener la seguridad de que no hará un mal uso de esa información.
- No necesitar de muchas palabras para comunicaros. Tu persona *de confianza* enseguida entenderá lo que estás viviendo y sintiendo.

LA PRUEBA DEFINITIVA

En referencia a los diferentes grados de amistad y confianza, el escritor Oscar Wilde situaba esta en primer término: «Cualquiera puede simpatizar con las penas de un amigo; simpatizar con sus éxitos requiere de una naturaleza delicadísima».

¿Cuántas relaciones tienes con esta calidad?

233
CONFÍA EN MÍ

En la tercera reflexión quiero hablar de la confianza que otros depositan en nosotros, ya que puede ser fuente de muchos malentendidos.

A menudo no somos conscientes de las expectativas que tienen los demás sobre nosotros. Es interesante estar atento a ello, ya que lo que esperan quizá sean quimeras imposibles con las que no podamos lidiar. En ese caso lo natural es comunicarlo al otro para evitar un desengaño.

Hay personas que creen que somos adivinos, que sabemos lo que sienten sin que se expresen al respecto, pero no es así. Un ejercicio saludable para medir la confianza del otro es preguntarnos o incluso preguntarle:

- ¿Qué significa para él o ella que seas merecedor de esa confianza?
- ¿Qué espera de vuestro vínculo?
- ¿Te acepta esta persona en tu totalidad, con tus virtudes y defectos?

Responder a estas preguntas te ayudará a comprender el tipo de relación que estáis construyendo.

EL WABI SABI DE LAS RELACIONES

La expresión japonesa *Wabi Sabi* significa *la belleza de la imperfección*, y no se aplica solo a las artes, sino también a los vínculos humanos. Veamos sus tres leyes aplicadas a las relaciones, tal y como las plantea Nobuo Suzuki en su libro *Wabi Sabi para la vida cotidiana*:

1. Nada es perfecto. Aceptar tu propia imperfección te ayuda a aceptar la de los demás y a amarlos como son.
2. Nada está terminado. Al igual que la naturaleza, las personas están en constante cambio. Si hay amor, debemos acompañar y ayudar al otro en su proceso.
3. Nada es para siempre. Hay relaciones que simplemente se terminan, al igual que hay otras que empiezan. Evitemos dramatizar.

234
AUTOCONFIANZA

Completaremos esta serie de reflexiones sobre la confianza tratando la clase más importante para el bienestar personal: la autoconfianza.

Además de confiar en otras personas y de ganarnos su confianza, es indispensable que tengamos fe en nosotros mismos. Podemos creer en nuestras capacidades e incluso darnos cuenta de nuestros logros, pero quizá aun así no confiemos del todo en nosotros mismos.

Esta carencia puede hacernos sentir miedo o incluso síndrome del impostor, la sensación de no merecer la suerte o los méritos que nos atribuyen.

Para reforzar la autoconfianza, observa todo lo que has logrado en tu camino hasta aquí y que quizá nunca celebraste. Ahora es el momento de traerlo al presente y valorarlo. No fue fruto de la casualidad. Fuiste tú quien hizo todo eso, la misma persona que va a seguir haciéndolo más y mejor.

¿CUÁL ES TU NIVEL DE AUTOCONFIANZA?

Para conocerte mejor en ese sentido, estas preguntas te ayudarán a reflexionar:

1. ¿Necesitas que otros validen tus logros o eres capaz de darte cuenta por ti mismo?
2. ¿Sabes aceptar un halago o reconocimiento sin disculparte o sentirte incómodo?
3. Cuando las cosas se tuercen, ¿te sientes capacitado para darle la vuelta a la situación?

Como práctica extra, te propongo que cada vez que tengas dudas o conflictos que te paralicen, te repitas la palabra *confía*. Confía en la vida, confía en que llegarán cosas mejores, confía en que *esto sucede para algo*, confía en que *esto es algo que conviene*, aunque no lo entiendas ahora.

235
LAS LEYES DE STEVENSON

Robert Louis Stevenson, conocido en todo el mundo por novelas como *La isla del tesoro*, consideraba que nunca encontraremos mayor riqueza que nuestra propia felicidad.

Para promoverla, formuló algunas leyes prácticas como estas:

1. *Nadie lo tiene todo*. Cada persona alberga algún dolor que a la vez mezcla con la alegría de vivir. El truco es hacer que la risa supere a las lágrimas.
2. *No dejes que otros establezcan tus normas*. Sé tú mismo.
3. *Haz las cosas que te gusta hacer*, pero no te endeudes en el proceso.
4. *No pidas prestados los problemas de los demás*. Las cosas imaginarias son más difíciles de soportar que las reales.
5. *Ten muchos intereses*. Si no puedes viajar, lee acerca de otros lugares.
6. *Mantente ocupado en algo*. Una persona bien ocupada no tiene tiempo para ser infeliz.

AYUDAR TE AYUDA

Una última ley de Stevenson es «*Haz lo que puedas por aquellos que son menos afortunados que tú*». Y el novelista anglosajón no lo decía solo para alimentar un espíritu cristiano o compasivo. Sabía que ponernos al servicio de los demás nos aporta coraje, sentido y realización.

¿Cuál es tu mejor oportunidad de ayudar y ser útil en este momento?

236
CONTRA LA DESIDIA

Jostein Gaarder, el autor de *El mundo de Sofía*, decía en una entrevista que se consideraba optimista porque había descubierto, según sus palabras, «que los pesimistas son unos vagos».

A mí me gustaría añadir que la desgana llama a la desgana. Cuanto más nos dejamos arrastrar por la desidia, más nos cuesta salir de ella porque, así como los músculos de la constancia y la motivación se ejercitan, también las tendencias negativas se refuerzan con el uso.

Si sientes que has caído en una espiral negativa de algún tipo, pregúntate qué te hace falta para salir de ahí.

Para superar la desidia, te será útil averiguar qué beneficio obtienes a cambio de tu esfuerzo, al igual que el pesimista se libra de luchar por lo que cree que no va a cambiar.

Conoce a tu *saboteador* y desmonta sus argumentos para cambiar el signo de tu vida.

¿CÓMO QUIERES SER RECORDADO?

Esta pregunta es un buen disparador para cambiar una actitud negativa por otra positiva.

1. Imagina que tu vida ha transcurrido ya y que has dejado tu legado en el mundo.
2. ¿Qué recuerdo te gustaría que tuviera de ti la gente que te conoció?
3. ¿Qué cualidades o logros te gustaría que destacasen?

Una vez sepas cómo quieres ser recordado, se trata de obrar en consecuencia para dejar esa huella en el mundo.

237
TODO ES CUESTIÓN DE MESURA

Un viejo dicho reza que la caridad empieza por uno mismo, así que no lo dudes: a la hora de tomar decisiones, antepón tu persona y tu bienestar.

Eso no significa que debas dejar de lado a las personas que te rodean, pero sí respetar también tus necesidades y deseos.

Nos educan para ser generosos, considerados y amables con nuestro entorno; sin embargo, como dijo un médico de la antigüedad: el veneno está en la dosis.

Cuando llevamos nuestro deseo de ser complacientes fuera de los límites de lo razonable, nos olvidamos de nosotros mismos. Ocurre, por ejemplo, a menudo con las madres y las cuidadoras en general, sobre todo mujeres, aunque también hay muchos hombres con ese perfil.

Ser solícito en extremo te puede llevar a sentir que tu vida no tiene sentido, acumular rabia o agotamiento, mientras otras personas se aprovechan de ti sin darse cuenta del perjuicio que te supone.

UN TRUCO PARA LOS DEMASIADO AMABLES

Si eres de las personas que siempre tiene un *sí* por respuesta, cuando te pidan algo mínimamente costoso —en tiempo o dinero— haz lo siguiente:

1. No des una respuesta inmediata. Así evitarás seguir ciegamente tu impulso altruista. Retrasa la contestación, si es por escrito, o comunica a la persona que le dirás algo en 24 horas.
2. Calcula lo que supondrá para ti hacer lo que te están pidiendo. Aunque no sea cuestión de dinero, evalúa qué tiempo y energía deberás invertir.
3. Valora si realmente deseas hacer esa inversión, y si no será un impedimento para otras cosas que tú quieres hacer.

238
¿ESTÁS REALIZADO?

En psicología se cita a menudo a Abraham Maslow y su pirámide de las necesidades humanas.

Según Maslow, en la base están las necesidades fisiológicas, aquello imprescindible para vivir: aire, alimento y agua. En el segundo nivel, las necesidades psicológicas: seguridad, amor y autoestima. Y el nivel superior corresponde a la autorrealización.

Las personas realizadas presentan, según Maslow, estas características:

1. Tienen una percepción clara de la realidad.
2. Se aceptan tal como son.
3. Actúan espontáneamente.
4. Saben centrarse en el problema que les ocupa.
5. Buscan periódicamente la soledad.
6. Son autónomas.
7. Tienen valores éticos.
8. Son sociables por naturaleza.
9. Tienen sentido del humor.
10. Dan rienda suelta a su creatividad.

CHECK LIST PARA REALIZARTE

Analiza cuántas de estas diez características que menciona Maslow cumples. En las que *suspendes*, pregúntate qué puedes hacer para que formen parte de tu camino hacia la realización.

Te invito, asimismo, a que añadas alguna otra característica a la lista.

239
NO MENDIGUES

Sin darnos cuenta, a veces esperamos cosas que no llegan, como el cariño o reconocimiento de alguien, y nos mantenemos a la expectativa, con ojos tristes, a ver si por fin *cae algo.*

¿Te resuena esto?

En principio, nunca deberíamos mendigar afecto o reconocimiento, ya que, si mendigas, solo te llegará lo que le sobra al otro.

Las cosas importantes te son dadas con naturalidad, porque te las mereces. El amor y el afecto son algo con lo que llegas *de serie* al nacer, para después hacerlo crecer de manera generosa. Como adulto que eres, date tú ese cariño verdadero de primera mano, sin rogar a nadie que lo haga.

INDAGA EN LA CAUSA

Muchas personas mendigan amor de adultas porque en su infancia les faltó el amor de su padre o de su madre. Otras buscan el cariño desesperadamente porque tienen un mal autoconcepto de sí mismas y necesitan la validación del otro.

Ve a la causa de tu dependencia emocional y, una vez comprendida, llena tu depósito de amor propio.

240
LA MIRADA DE LOS NIÑOS

Me gusta observar a los niños. Escucho lo que me dicen y estoy atenta a su forma de argumentar sobre los asuntos cotidianos. Me encantan las respuestas que me dan cuando comento un problema doméstico o cuando charlamos sobre cuentos, estrellas, el mar, la lluvia, el hambre en el mundo, el amor o cualquier otro tema que les preocupe.

Sus preguntas son directas. Los *¿por qué?* o los *¿qué pasaría si...?* me descolocan y me hacen sonreír, porque me descubren todo lo que me pierdo por tener una mente más adulta.

Admiro su aptitud para resolver problemas desde la pureza y la imaginación, su capacidad de ser porosos a la información que les llega y de preguntar sin miedo.

Los niños exhiben una curiosidad insaciable y aportan ideas que abren un universo de posibilidades, por descabelladas que sean.

Quisiera poseer siempre su apertura al mundo. Cuando llegue algo nuevo a mí, no defenderme ni tener miedo. Estar atenta a las novedades y dejar volar sin límites mi imaginación.

TRES COSAS QUE NOS ENSEÑAN LOS NIÑOS

El escritor Paulo Coelho afirma que hay tres cosas que un niño siempre puede enseñarle a un adulto:

1. A ponerse contento sin motivo.
2. A estar siempre ocupado con algo.
3. A saber exigir con todas sus fuerzas.

241
LO EFÍMERO

Cuentan que, en el siglo pasado, un turista norteamericano fue a una ciudad de Oriente Medio para visitar a un anciano famoso por su sabiduría.

El forastero se sorprendió al comprobar que el hombre habitaba una humilde choza llena de pilas de libros. No había más mobiliario que una cama, una mesa y un banco.

–Pero... ¿dónde están sus muebles? –se atrevió a preguntar el turista.

–¿Y dónde están los tuyos? –se apresuró a decir el sabio.

–¿Los míos? ¡Yo estoy aquí solo de paso!

–Pues yo también –resolvió el sabio.

El mensaje de esta fábula es diáfano: la vida es efímera, pero muchas personas viven como si el tiempo fuera infinito, desaprovechando la oportunidad de ser felices.

SIENTE MÁS

Cada vez que escuchamos eso de *estamos de paso*, nos damos cuenta de que nuestro camino tiene inicio y final en esta vida que conocemos o creemos conocer. Cuando te vayas de aquí te llevarás poco o nada, además de lo vivido y compartido.

Por todo eso, mi consejo es: evita aferrarte a los logros materiales y experimenta y siente más.

242
LA GRANDEZA DEL *NO SABER*

Si te gusta indagar sobre el autoconocimiento, enhorabuena. Tal vez lleves tiempo sondeando los cielos desde tu atalaya o explorando tu interior en busca de tesoros ocultos.

Quizá no hayas encontrado todavía lo que anhelas. No te desanimes. La espiritualidad no es un objetivo medible, sino una forma de vida. Y la verdadera exploración se hace sin expectativas ni juicios. No se programa ni se calcula.

Sentirás que avanzas cuando lo hagas desde la humildad y la calma, sin sentirte mejor o distinto a los demás al pensar que has alcanzado un estado de consciencia más elevado.

Como decía el maestro Sawaki, «No importa cuántos años lleves sentado en la práctica del zazen. Nunca te convertirás en nada especial».

Deja que tu corazón te guíe en tu viaje desde la grandeza del *no saber.*

TU LISTA DEL *NO SABER*

Si la verdadera sabiduría, como decía Sócrates y los maestros de zen, viene de darse cuenta de todo lo que no se sabe, en este ejercicio te propongo que escribas todo lo que no sabes sobre…

1. Ti mismo
2. La vida
3. El universo
4. Dios (o el nombre que quieras darle).

Puedes llevar un cuaderno del *no saber* como exploración espiritual.

243
EL JUEGO DE VIVIR

Hay un juego que se hizo muy famoso en los años ochenta. Se llamaba *Merp*. Como otros juegos de rol, te invitaba a desempeñar un papel y a tomar decisiones según lo que el maestro iba relatando, a partir de lo que los dados determinaban.

Así, tu destino en el juego dependía de las decisiones que tomabas, pero en base a lo que los dados mostraban en sus caras.

La sensación de vivir tu aventura por bosques y escenarios llenos de imprevisibles acontecimientos era algo divertido, además de una metáfora de la vida misma.

El filósofo Ortega y Gasset decía: «Yo soy yo y mis circunstancias». Las circunstancias las marca el azar, pero cómo te mueves en ellas depende de ti.

Aprovecha tus recursos para avanzar en esta vida que, a ratos, es como un juego en el que aprender, sorprenderse y divertirse compartiendo con los demás.

LA VIDA COMO JUEGO DE ROL

Si no te gustan los escenarios fantásticos, atrévete a imaginar cómo podría ser tu vida si tomaras otras decisiones. Practica el *qué pasaría si...* en situaciones que hasta ahora has vivido como unidireccionales.

244
¿DE QUÉ TIENES HAMBRE?

El cantante brasileño Titãs habla en su canción *Comida* del alimento que va más allá y nos pregunta:

¿De qué tienes hambre?
¿De qué tienes sed?
No solo queremos alimento y beber.
Tenemos hambre de diversión y arte.
[...] De placer que alivie el dolor.

Y yo te pregunto: ¿De qué tienes hambre ahora, además de alimentarte y beber? ¿Cómo sacias esa sed y esa hambre? ¿De qué te nutres y qué necesitas? ¿Qué te alimenta cuando tus necesidades básicas están cubiertas?

FLORES PARA VIVIR

Se atribuye a Confucio este texto: «¿Me preguntas por qué compro arroz y flores? Compro arroz para vivir y flores para tener algo por lo que vivir».

En este ejercicio te pido que investigues cuáles son tus *flores para vivir*, aquello que necesitas hacer o experimentar para nutrir tu alma.

245
TODO PUEDE SUCEDER

El maestro Lee Lozowick, que continuó la tradición india de los baúles –artistas y filósofos itinerantes–, afirmaba que para liberar el alma de las cargas de la rutina necesitamos escapar de lo convencional y practicar la *sabiduría loca.*

En sus palabras:

> *La vida es mucho más amplia que las limitaciones que queramos ponerle, y necesitamos estar en permanente romance con ella. Si no lo hacemos, corremos el riesgo de quedar enterrados bajo nuestras circunstancias personales. Es fácil convertirse en un autómata que se levanta de la cama, trabaja como un buey y dedica un tiempo a las prácticas espirituales, pero todo esto son hábitos mecánicos (...) Para librarte de ellos tienes que encarar la vida con una mentalidad infantil, sentirte siempre un principiante y creer en milagros como: «Cada día puede suceder cualquier cosa».*

INCORPORA ESTE MANTRA

Siguiendo esta inspiración de Lozowick, cada mañana repítete este mantra: «Hoy puede suceder cualquier cosa» y sal al mundo con esta mentalidad abierta e infantil de la que ya hemos hablado en páginas anteriores. Empieza el día de este modo durante al menos tres semanas y comprueba qué cambios observas en tu vida.

246
BANDA SONORA

Cuando paso por un aeropuerto, vivo el ritmo frenético de los pasajeros que vienen y van. Paseo entre la multitud, escuchando con mis cascos la música que lo envuelve todo.

Absorta por la melodía, veo gente aquí y allá que corre de un lugar a otro. Observo las caras y, en especial, sus miradas. A veces me suenan familiares y me recuerdan a otras personas que conocí en el pasado.

En ocasiones, siento incluso que quieren decirme algo, recordarme alguna cuestión pendiente.

La música siempre me conecta con el inconsciente y me acerca a lugares emocionales curiosos. Y más, si me pilla despistada y aturdida en cualquier aeropuerto con cara de sueño.

Es como si fuera parte de una película.

¿Qué te hace vivir y sentir tu música preferida?

VIAJA CON LISTAS TEMÁTICAS

Si tienes una plataforma de distribución de música, puedes hacerte listas para promover un determinado estado de ánimo. Estas son algunas categorías en las que puedes poner piezas que te hagan sentir así:

1. *Para empezar el día.*
2. *Motivación total.*
3. *Descanso y relajación.*
4. *Se acabó el trabajo (por hoy)*
5. *La hora de la melancolía*
6. *Alegría y agradecimiento*
7. *Camino del sueño.*

Crea tus propias etiquetas y llena las carpetas con tus temas favoritos para ese viaje musical.

247
EL REGALO QUE MERECES

Cuando te enfrentes a un reto especialmente difícil de conseguir, imagina el regalo que te vas a hacer cuando llegues a meta.

No se trata de gastar mucho dinero. Tal vez ni siquiera sea algo que deba ser comprado. Quizá se trate de cocinar tu receta predilecta, organizar un encuentro con viejos amigos o regalarte un día libre para pasear por tu lugar favorito y leer bajo los árboles.

Visualizar el premio o la recompensa te dará fuerzas para seguir adelante.

A veces el mejor galardón está, simplemente, en completar lo que te habías propuesto. No hay nada que te detenga ante un deseo profundo. Y, de hecho, no hay mejor presente que el que te haces a ti mismo al cumplir un reto.

El solo hecho de superarte será ya un regalo que te llene de felicidad y orgullo.

LA FÓRMULA DE HELLINGER

Bert Hellinger, el creador de las constelaciones familiares, del que hablamos en otra parte del libro, decía que los seres humanos tenemos dos obligaciones en la vida: *trabajar* y *celebrar*.

No dudo de que trabajas mucho y bien, pero... ¿dedicas el tiempo que mereces a celebrar? En caso negativo, empieza a introducir celebraciones en tu agenda.

248
DESINFOXÍCATE

Te sientes abrumado por el bombardeo de datos y estímulos que recibes a diario? Me pregunto cómo hemos llegado a este punto.

La información constante a ritmo vertiginoso acaba convirtiéndose en lo que Alfons Comella llamó *infoxicación*, porque no podemos digerir todo lo que nos llega por los dispositivos móviles, entre otros medios.

Tenemos tantos distractores en nuestro día a día que es difícil no olvidarse de *a qué venía yo*, como se suele decir.

Dicen que allá donde pones la atención, va tu intención. No obstante, no podemos tener atención de calidad en medio del llamado IFS (*Information Fatigue Syndrome* o síndrome de fatiga por la información). Sus síntomas son confusión, ansiedad y miedo al colapso.

Es necesario hacer una criba para ganar foco en lo que de verdad es importante, ¿no te parece?

DIETA DIGITAL

En Estados Unidos, cada vez más gente está tomando conciencia de la *infoxicación* y, para evitar la IFS, practican esta dieta digital que puedes seguir:

1. No te conectes la primera hora del día. Dedícala a asearte con calma, a hacer ejercicio o a desayunar sin bombardeo de datos (puedes poner música).
2. Establece un horario fijo de conexión y desactiva los datos después de esa hora. Desde la hora de cenar hasta la de acostarte deberías hacer dieta digital y no reconectar hasta una hora después de despertarte.
3. Elige un día a la semana (tal vez el domingo) que sea totalmente *off line*. Disfruta de la sensación de salir a pasear sin móvil o, al menos, llevándolo en modo *no molestar*.

249
UNA VIDA ZEN

Hay muchas visiones sobre el arte de vivir con armonía y plenitud, pero es especialmente lúcida esta del autor japonés Shoyen Shaku:

> *Observa lo que dices y, digas lo que digas, ponlo en práctica. Cuando se te presente una oportunidad, no la dejes escapar. Sin embargo, piénsatelo siempre dos veces antes de actuar.*
>
> *No te lamentes por el pasado. Dirige tu mirada hacia el futuro. Mantén la intrépida disposición de un héroe y el corazón cariñoso de un niño.*
>
> *Al acostarte, duerme como si se tratara de tu último sueño. Al despertarte, sal inmediatamente de la cama como si tirases un par de zapatos viejos.*

CREA TUS PROPIOS RITUALES

Las personas más creativas y eficaces tienen a lo largo de la jornada sus propios ritos, que les ayudan a estructurar el día y a no olvidar las cosas importantes. Siguiendo su ejemplo, te propongo que hagas lo siguiente:

1. Decide cómo quieres empezar las mañanas para no perder energía en este momento radiante de la jornada.
2. Fija algunas pausas a lo largo del día para hacer algo creativo, aunque sea leer un capítulo de un libro. Establece cuáles son tus oasis.
3. Crea tu propio ritual para acostarte libre de estrés y de preocupaciones.

250
EFECTO MARIPOSA

Un viejo proverbio dice: «El débil aleteo de una mariposa puede causar un huracán a miles de millas de distancia», y ha dado lugar a lo que conocemos como *efecto mariposa.*

Cada uno de nuestros actos, por irrelevante que parezca, acaba teniendo consecuencias por la concatenación de causas y efectos que se despliegan de él.

Todo está mucho más relacionado de lo que creemos. Aun pareciéndonos nimios, los micromovimientos que se producen en nuestro entorno no caen en saco roto, y los que nosotros hacemos, tampoco.

Aun así, saber que cada acción tiene consecuencias porque todo está interconectado no debe resultarnos amenazador. Al contrario: la magia del *efecto mariposa* nos dice que todo lo que hacemos, por pequeño que parezca, es valioso y trascendente.

EL MILAGRO DE LO PEQUEÑO

Jean Giono cuenta en el clásico de la literatura de desarrollo personal *El hombre que plantaba árboles* la aventura de un humilde pastor que, al quedar viudo, decide convertir un valle desértico en un vergel con la única ayuda de un bastón con el que va agujereando el suelo para plantar bellotas.

Este relato conmovedor demuestra el valor supremo de las pequeñas acciones que, practicadas con constancia y amor, acaban obrando milagros.

¿Cuál es la bellota que tú deseas plantar en tu vida y en la de los demás?

251
DALE AL *NEXT*

Decía un texto de la brasileña Martha Medeiros: «Muere lentamente quien pasa los días quejándose de su mala suerte o de la lluvia incesante».

Sin duda, quien vive instalado en las lamentaciones consume gran parte de su energía mental en ello. Abonarse a la queja, además de ser una actitud poco constructiva, tiene una repercusión fatal en nuestro estado anímico.

Es cierto que en ocasiones sentimos que nada es justo. Incluso podemos creer que el mundo va en nuestra contra, pero se trata solo de una opinión subjetiva, porque no vemos el mundo, solo vemos *nuestro mundo.*

Al mirar las cosas solo desde nuestro punto de vista, no podemos apreciar lo complicada que es también la vida de los demás. Perdemos la posibilidad de relativizar las cosas y darle al *next* de nuestro cerebro, pasando automáticamente a un estadio en el que seremos más empáticos, considerados y menos víctimas.

CARGA CONTRA LA SILLA

La psicoterapia moderna utiliza a veces una silla vacía para que el paciente se descargue y le diga todo lo que siente a una determinada persona, o incluso al mundo.

En lugar de destilar quejas a lo largo de toda la jornada, como un pernicioso veneno, si tienes mucha rabia acumulada te recomiendo lo siguiente:

1. Sitúate frente a una silla vacía e imagina que allí se encuentra el objeto o persona de tus quejas.
2. Por espacio de diez minutos, como máximo, ves soltando todo lo que tienes dentro y que tanto te indigna.
3. Terminada la sesión, deja las quejas allí para poder reemprender tu vida sin esa pesada mochila.

252
EL CIELO NO PUEDE ESPERAR

Cuando yo era niña, estrenaron la película *El cielo puede esperar*, dirigida e interpretada por Warren Beatty. En ella encarna a un jugador de fútbol americano al que, al sufrir un accidente, un ángel le sustrae el alma antes de que se certifique su muerte.

Para reparar el error del ángel, el jugador podrá reencarnarse en distintas personas para volver al mundo.

El título de esta película me hace pensar en una canción de C. Tangana que dice: «Antes de morir quiero el cielo. El ciento por ciento, por cierto».

¿Te gustaría disfrutar del cielo ya en la tierra, y no en un hipotético después?

Me gusta la idea de no dejar el disfrute para más tarde y creer que lo merecemos en esta vida, que somos ya merecedores de la gloria. Eres digno de aquello para lo que has sido llamado: el cielo de la vida.

El cielo puede esperar, como le sucede a Warren Beaty en su aventura, pero tú no.

¿QUÉ ES PARA TI EL CIELO DE LA VIDA?

Puedes responder a esta pregunta en diferentes apartados, ya que no hay una sola fuente de placeres celestiales:

- ¿Qué plato te hace sentir como los dioses del Olimpo?
- ¿Qué lugar te infunde una serenidad celestial?
- ¿Qué actividad te procura un placer indescriptible?

Toma nota de tus respuestas para poner cada semana —y si es posible cada día— un poco de cielo en tu vida.

253
PLATA Y ORO

Casi todo el mundo recuerda a un abuelo o abuela que fue un referente especial en su vida. Esta persona quizá mostraba una paciencia o atención que no encontrábamos en nuestros padres. Y, a la vez que compartía con nosotros su sabiduría, nos animaba a desplegar nuestra creatividad.

Gabriel García Márquez recordaba a su abuelo, con quien convivió hasta los ocho años en el pueblo que le inspiraría Macondo, de este modo: «Ha sido la figura más importante de mi vida. Desde entonces no me ha pasado nada interesante».

Si hemos tenido un abuelo o abuela de esa importancia, es un buen ejercicio recordar conversaciones que tuvimos o algún consejo que nos dio.

Como reza un aforismo de autor desconocido: «Un abuelo es una persona con plata en el pelo y oro en el corazón».

LA INSPIRACIÓN DE LOS MAYORES

Si hace demasiado tiempo que tus abuelos partieron o bien no pudiste disfrutar de un referente de este tipo, te aconsejo que prestes atención a las personas mayores con las que te cruzas día a día:

- Dales conversación y, si esta persona te resuena, pídele que te cuente alguna gran aventura que haya vivido.
- Pídele su opinión sobre algo que te preocupe actualmente. Su larga experiencia y la proximidad de la muerte hace de las personas excelentes consejeros.

254
ESCAPAR DE LAS REDES

En la era de los *social media*, estamos tan expuestos al mundo que corremos el riesgo de caer en las *redes* de las redes, quedarnos atrapados haciendo *scrolling* sin tener siquiera la intención.

Esos momentos de *piloto automático* te alejan de tu vida, ya que las redes sociales te muestran otras realidades que te atrapan, pero que no son la tuya.

Tu existencia es única, quizá singular, rara, a ratos complicada o, a tu parecer, incompleta, pero es la tuya.

Lo que a otro le sirve y lo que muestra al mundo no tiene nada que ver contigo.

En lugar de envidiar la supuesta suerte de otros y compararte con ellos, sé curioso y auténtico. Crea tu día a día desde la aceptación de tu grandeza. A fin de cuentas, por mucho que compartieras y mostraras tu vida, los demás no podrían vivirla.

¿No es eso maravilloso?

NO HAY NADIE COMO TÚ

Para este ejercicio, te pediré que enumeres cuatro o cinco particularidades que hacen de ti la persona que eres. En esa lista puedes incluir algún hábito singular, rituales hechos a medida que forman parte de tu vida o incluso alguna capacidad curiosa de la que eres consciente.

¡Celebra lo que hay en ti de único y especial!

255
SOLUCIONES PROVISIONALES

Si en algún momento adviertes que estás optando por la alternativa más cómoda, porque no estás preparado para la verdadera solución, ponle la etiqueta de *provisional* y esfuérzate en hallar la definitiva.

Sé honesto contigo mismo y no te conformes con lo que, aquí y ahora, es solo un parche que habrá que remendar tarde o temprano.

No hay nada malo en adoptar una solución provisional, siempre que no sirva de excusa para el conformismo.

Sería tan peligroso como, tras pinchar la rueda del coche, poner la de repuesto y olvidarnos del asunto. Si no llevamos la rueda para su reparación definitiva, la próxima vez que pinchemos nos quedaremos tirados en la carretera.

Asume cuándo una solución es temporal y decide, desde ya, cuál será el siguiente paso para arreglar esa situación que no te deja vivir en plenitud.

EJEMPLOS DE SOLUCIONES PROVISIONALES

1. Una mesa que cojea puede compensarse, para tener la cena en paz, con un poco de cartón o un pliego de periódicos, pero tendrá que ser calzada más pronto que tarde para que no siga bailando.
2. Un imprevisto económico puede resolverse con la tarjeta de crédito, pero eso no puede convertirse en norma si queremos vivir con serenidad.
3. Podemos camuflar un malentendido o situación incómoda durante cierto tiempo, sobre todo si no tenemos confianza con la otra persona, pero si se repite, tendremos que afrontarlo de forma definitiva.

256
EL DON DE LA QUIETUD

Chuang Zhou, el filósofo más importante del taoísmo después de Lao-Tsé, contaba la siguiente historia:

Un hombre tenía miedo de la sombra de su cuerpo y de la huella de sus pasos. Para liberarse de ello, decidió huir. Pero, cuantos más pasos daba, más huellas dejaba. Por rápido que corriera, su sombra no lo dejaba. Persistiendo a pesar de todo en creer que la adelantaría, corrió tanto y tanto que acabó muriendo.

¡Qué insensato! Si se hubiera sentado en un lugar cubierto, su cuerpo no habría proyectado ninguna sombra; si hubiera estado quieto, sus pies no habrían producido huellas. Solo habría tenido que estar tranquilo y todos sus males habrían desaparecido.

Esta fábula nos enseña que muchos de los problemas que padecemos se solucionan simplemente deteniéndonos.

DIGITOPUNTURA CONTRA EL ESTRÉS

También llamada *acupresión*, esta técnica antiestrés tiene la ventaja de que puedes aplicártela tú mismo en cualquier momento y lugar. Una de las más sencillas de poner en práctica en momentos de ansiedad:

1. Presiona con el pulgar el centro de la muñeca, entre los tendones.
2. Mantén la presión unos 15 segundos.
3. Luego realiza este mismo ejercicio en la otra mano.

257
DESPIDE AL JUEZ INTERIOR

El pensamiento racional guía la mayor parte de nuestros actos y, por lo tanto, nuestra vida. Todo pasa por este filtro que nos lleva a analizar los pros y contras muy rápido.

Las conclusiones pueden ser acertadas o no.

Estas cavilaciones varían según nuestro estado de ánimo puntual y llevan la carga de lo que hemos experimentado en el pasado. Por lo tanto, son totalmente subjetivas.

¿Te gustaría liberarte, aunque sea a ratos, de ese juez interior que no para de dictar sentencia?

Para ello solo necesitas recordarte que *no eres tus pensamientos*, como vimos en la reflexión dedicada a la *mente de mono.*

En vez de creer a tus pensamientos y opiniones, como leyes a obedecer, obsérvalos como algo externo a ti.

Te recomiendo, además, que observes tu capacidad de pensar.

LO ÚNICO QUE FALTA EN TU VIDA ERES TÚ

La frase es de la doctora Jenny Moix, de quien hemos hablado un par de veces en este libro, y nos invita a hacernos varias preguntas para quitar capas a la cebolla y llegar al corazón del ser:

- ¿Qué serías sin las opiniones y juicios de los demás?
- ¿Y qué serías sin tus propias opiniones y juicios?
- ¿Quién hay, en esencia, más allá de tu mente racional?

258
SER LUMINOSO

Hay personas de corazón radiante que nos hacen sentir bien con su sola presencia.

Tienen esa cualidad quienes son capaces de iluminar y guiar no solo su senda, sino también la de los demás. Me atraen esas personas llenas de generosidad innata, ya que la luz les nace de dentro.

Quiero pensar que todos la tenemos y que desplegamos ese poder cuando nos conectamos desde el corazón. En la película *Avatar* se define como «una red de energía que fluye a través de todos los seres vivos (...) toda la energía es solo un préstamo que algún día hay que devolver».

¿Te atreves a brillar –en tu vida y en la de los demás– con toda tu luz?

¿CÓMO ENCONTRAR A UN GURÚ?

La maestra budista Pat Enkyo decía que para elegir a una persona que nos aporte su luz y nos contagie de ella, antes debemos hacernos tres preguntas:

- ¿Puedo tomar riesgos delante de este/a maestro/a?
- ¿Puedo ser ignorante delante de este/a maestro/a?
- ¿Puedo decir *no lo sé* a este/a maestro/a?

Si contestas afirmativamente a las tres preguntas, probablemente es un buen gurú para ti.

259
IR HACIENDO

De pequeña, cuando no tenía claro si empezar alguna actividad, en casa me decían: «Tú ponte y ve haciendo».

Ahora, de mayor, me sigue pareciendo un buen consejo. En caso de duda, *vamos haciendo, y luego ya vemos*. Lo importante es no quedarse paralizados por las dudas.

Hazlo. Hagámoslo. Sin miedo a equivocarnos. Con la alegría de intentarlo y aprender. Lo importante es probar y ver sensaciones.

A ver qué pasa. No te quedes con las ganas.

Nadie nace sabiendo en qué quedará esto o aquello. En mi caso, he practicado deportes varios como la escalada o el *running*, actividades distintas como el coro o la cerámica, y he conocido a gente estupenda en encuentros increíbles.

Todo esto ha hecho de mí alguien un poco más inquieto y feliz. Por eso, agradezco que me dijeran aquello de *ponte a ello y vas viendo*.

KEEP ON TRUCKIN'!

Esta expresión anglosajona viene de la época hippie, cuando muchos jóvenes hacían autostop y eran recogidos por camioneros, como reflejó Jack Kerouac en su novela *On the road*.

El sentido de la frase —*truck* significa camión— es que no dejes de subirte a las oportunidades que te brinda la vida y que te llevan, literal o metafóricamente, a otro lugar.

De lo que se trata es de seguir experimentando y aprendiendo.

260
RITUALES PARA EL ALMA

Sobre la importancia de los ritos, un relato oriental cuenta que un hombre estaba poniendo flores en la tumba de un familiar, cuando vio llegar a otro visitante del cementerio.

Al llegar a una tumba cercana, vio que depositaba con gran reverencia un plato de arroz.

Sin poderse contener, el primero le preguntó:

–Disculpe mi pregunta, buen hombre, pero ¿de verdad cree usted que el difunto vendrá a comerse el arroz?

–Sí –respondió el otro–, vendrá cuando el suyo venga a oler sus flores.

Esta pequeña historia demuestra que siempre debemos respetar los rituales y costumbres de los demás. Aunque no los comprendamos, para la otra persona tienen todo el sentido del mundo.

TRES CONSEJOS DEL *FENG SHUI* PARA ATRAER LA FORTUNA

Más allá de los ritos funerarios, la cultura ancestral china tiene, a través del *feng shui*, indicaciones muy precisas para atraer la suerte desde nuestro hogar. Veamos tres básicas:

1. *Mantén limpia y despejada la casa.* El desorden promueve el caos y entorpece las energías de la prosperidad.
2. *Evita fugas de agua.* Y no solo porque se verá reflejado en la factura, sino porque el *feng shui* lo relaciona con la pérdida de otros recursos.
3. *Ventila los espacios cada mañana.* Al abrir las ventanas, se da la bienvenida a las buenas energías y a la abundancia.

261
SI NO TENGO AMOR, DE NADA ME SIRVE

Seguro que has escuchado en alguna boda la carta de san Pablo a los Corintios que dice:

Si no tengo amor, de nada me sirve hablar todos los idiomas del mundo, y hasta el idioma de los ángeles. Si no tengo amor, soy como un pedazo de metal ruidoso; soy como una campana desafinada.

Puede que hayamos prestado poca atención a este pasaje, pero la primera frase es, a mi modo de ver, una lúcida verdad sobre el arte de vivir.

¿Podrías entender tu mundo sin amor?

El amor es para vivirlo, sentirlo, darlo, hacerlo, entenderlo, aplicarlo en cada acto, en cada conversación, en cada mirada y, ante todo y sobre todo, ¡serlo! Porque el amor, de todo y para todo sirve.

SIETE CLAVES PARA MANTENER LA LLAMA DEL AMOR

Así como se dice que es más fácil llegar a la fama que mantenerse en ella, también el amor necesita de un esfuerzo para que no mengüe. Veamos algunas claves prácticas que sintetizan temas que hemos ido visitando:

1. Amar lo que el otro es, no lo que debería ser.
2. Comunicarnos más y mejor.
3. Poner atención a las pequeñas cosas.
4. Desear la felicidad del otro.
5. Mostrar reconocimiento a la pareja por sus logros.
6. Buscar la igualdad y la reciprocidad.
7. Aceptar, entender y avanzar juntos.

262
TODO ES CUESTIÓN DE TIEMPO

En ocasiones, nos atascamos en un conflicto emocional que nos provoca un sentimiento de impotencia, ya que somos incapaces de saber cómo afrontarlo.

¿Te has parado a pensar que tal vez ese asunto ha llegado antes de que puedas gestionarlo?

Si en alguna ocasión ves que la situación te supera, no desesperes. Solo necesitas un poco más de tiempo para lograrlo. No debe ser motivo de frustración; simplemente, *todavía* no es el momento.

Pasado un tiempo, lo verás todo mucho más claro y te alegrará el alma deshacer ese nudo. De hecho, se habrá desenredado de manera fácil y sin esfuerzo.

Este es el momento adecuado, ni antes ni después.

Como dice la canción *Timing*, de Kevin Johansen, «el tiempo oportuno es la clave del éxito».

¿CÓMO PUEDO SABER SI ESTE ES EL MOMENTO OPORTUNO?

Te doy algunas pistas:

1. Las dificultades que veías en el pasado ya no están ahí o se ven mucho más pequeñas.
2. No tienes miedo a fracasar, o ese miedo es menor que las ganas de intentarlo.
3. Encuentras recursos nuevos para tu propósito: otras personas, ideas y estrategias que te ayudan en tu cometido.
4. Te sientes lleno de energía, como si te hubieras cargado de ganas e ilusión.

263
LA VIDA ES UN VIAJE SIN META

Hemos hablado de Eckhart Tolle en páginas anteriores, pero en esta me gustaría profundizar un poco más en este guía espiritual nacido en Alemania.

La vida es un viaje lleno de devenires, dice. Y la llegada al destino es un momento puntual, breve y efímero que te llevará a la búsqueda del siguiente objetivo.

En ese sentido, la vida es un viaje sin meta. Un descubrimiento lleva al siguiente.

Si te focalizas demasiado en un determinado objetivo o resultado, te perderás casi la totalidad de tu vida.

Si tu tendencia mental es no estar presente, no podrás apreciar ese destino. En palabras de Tolle:

> *Cuando te haces amigo del momento presente te sientes como en casa donde quiera que estés. Si no te sientes cómodo en el ahora, te sentirás incómodo dondequiera que vayas.*

EL RESULTADO NO NOS PERTENECE

Este es un lema terapéutico que el autor de *El poder del ahora* reformula así: «El fruto ya se verá cuando corresponda». No obsesionarte con las metas te permitirá:

- Disfrutar de cada experiencia por sí misma.
- Desarrollar tus capacidades sin la presión de si te llevan al éxito o al fracaso.
- Suprimir la ansiedad de la espera.
- Crear un espacio para la sorpresa y la celebración cuando el resultado llegue.

264
LA FELICIDAD PARA QUIEN LA TRABAJA

La tierra es para quien la trabaja fue un lema de la revolución mexicana liderada por Zapata.

¿Se podría aplicar esa misma lógica a la felicidad? Parece ser que sí. El doctor Gonzalo Hervás se expresaba al respecto con estas palabras:

> *La felicidad se trabaja, no se puede esperar sentado en casa. Por ejemplo, aquellas personas que realizan deporte regularmente son felices cuando lo hacen porque el cerebro segrega serotonina y oxitocina y genera una sensación que te hace feliz. En resumen, hay que buscar lo que nos hace felices.*

¿Cómo puedes trabajar tú por tu felicidad?

CÓMO GENERAR OXITOCINA

Además de practicar deporte, como menciona el doctor Hervás, hay otras maneras igual de naturales de generar oxitocina:

- Conversar con personas afines
- Reír
- Abrazar
- Practicar sexo
- Meditar
- Acariciar una mascota
- Ser generoso con los demás

265
AIRE

Así como hemos hablado del agua y la luz, ahora quiero hablarte del aire, otro elemento indispensable para vivir.

Cuando se habla de los signos de aire en el zodiaco, se refiere su carácter soñador y lunático, que les cuesta tocar de pies en el suelo y tienen espíritu seductor.

Independientemente de nuestro signo, todos somos aire de una u otra forma. Somos expansión, fuerza, capacidad de movimiento y de influencia. Tenemos el don de reforzar y empujar a otros, así como de soplar lejos todo lo malo.

Ser aire te permite elevarte o servir en silencio.

Imagínatelo. Eres eso y mucho más porque eres parte de la naturaleza.

EL AIRE ES VIDA

Así como el *feng shui* considera que el aire atrae la prosperidad, el refranero español dice que «donde entra el aire y el sol, no entra el doctor».

La salud es una razón más para airear las habitaciones en las que pasamos más tiempo.

266
EL PELIGRO DE REFUGIARSE

Es importante reconocer cuándo una determinada ocupación o hábito tiene como fin evitar cosas que no queremos ver de frente. Refugiarte en actividades que suplen una carencia es una trampa que irá a más si no tomas las riendas.

Algunos ejemplos comunes:

- Quedarte a trabajar más de la cuenta en la oficina, sin ser imprescindible que lo hagas, en lugar de afrontar las necesidades de tu vida familiar o personal.
- Alejarte de tus amigos, porque no te sientes cómodo o no sabes cómo comunicarte en este punto de tu vida, y quedarte en casa.
- Buscar relaciones fuera de tu vínculo de pareja, en vez de tratar de solucionar los problemas que os alejan.
- Dedicar horas en un juego o en las redes sociales, como evasión del mundo que hay al otro lado de la pantalla.

En fin, entretenerte y dispersarte en vez de poner foco en lo que debe ser atendido.

SALIR DEL REFUGIO

Todo aquello que haces para evadirte puedes identificarlo cuando te das cuenta de que te aleja de una verdad que molesta. Para desenmascararlo y salir del refugio, puedes preguntarte:

¿Qué estoy tratando de ocultar o evitar con esta actividad que hago de forma inconsciente o repetitiva?

267
¿CÓMO ES DIOS?

En una de las anécdotas más bellas para entender la creatividad en los niños, sir Ken Robinson, de quien hablamos anteriormente en este libro, explicaba lo que sigue:

> *Escuché una gran historia hace poco, me encanta contarla, sobre una niña en clase de dibujo. Ella tenía seis años y estaba en la parte de atrás, dibujando, y la profesora contó que esta niña casi nunca prestaba atención, pero que en la clase de dibujo sí.*
>
> *La profesora estaba fascinada y se acercó a ella para preguntarle:*
>
> *–¿Qué estás dibujando?*
>
> *Y la niña contestó:*
>
> *–Estoy dibujando a Dios.*
>
> *La profesora dijo:*
>
> *–¡Pero nadie sabe cómo es Dios!*
>
> *Entonces la niña concluyó:*
>
> *–Lo van a saber en un minuto.*

DIBUJO Y *MINDFULNESS*

Para conocer tu inconsciente o llevar tu creatividad por nuevos caminos, te propongo estos tres ejercicios:

1. Improvisa un dibujo con la mano *mala*. Si eres diestro, hazlo con la mano izquierda.
2. Dibuja lo primero que te venga a la mente con los ojos cerrados (o apaga la luz de la habitación).
3. Trata de dibujar un concepto abstracto. Por ejemplo: Dios, eternidad, impaciencia, anhelo...

268
LO QUE ILUMINA TU VIDA

Es curioso cómo quedan atrás las sombras cuando miras a la luz de frente. Quedan atrás en el tiempo y en el espacio, justo donde comienzan tus pasos, que avanzan hacia algo más claro y radiante.

Cuánto más te orientes hacia lo que ilumina tu vida, menos *chance* le darás a esa sombra que desluce tu existir.

Atrévete a caminar hacia el sol, así como a dejar que brille la luz dentro de ti.

William Bridges decía en su ensayo *Dirigiendo el cambio*:

> *En tu interior hay capacidades por explotar, intereses y virtudes que debes descubrir (...) ¿Qué es lo que, en este punto preciso de tu vida, está esperando pacientemente detrás del telón para salir a la luz?*

TUS ZONAS DE LUZ

Parafraseando el ensayo de William Bridges en el sentido inverso, te propongo que hagas un mapa con los aspectos más luminosos de tu vida. Eso incluye:

- Tus talentos más útiles para los demás.
- Las cualidades que despliegas cuando estás de buen humor.
- Actividades y situaciones en las que *alumbras* tus mejores ideas.

Ser consciente de ello te ayudará a pasar más tiempo en tus zonas de luz que en las de sombra.

269
BENEFICIOS DE CONOCERTE

En su clásico *El arte de la guerra*, el estratega chino Sun Tzu decía:

Si conoces al enemigo y te conoces a ti mismo, no debes temer el resultado de cien batallas. Si te conoces a ti mismo, pero no al enemigo, por cada victoria obtenida también sufrirás una derrota. Si no sabes nada ni del enemigo ni de ti mismo, sucumbirás en todas las batallas.

Esto es aplicable a cualquier batalla que libres en la vida cotidiana. Todo empieza por el autoconocimiento que te ayuda a saber dónde estás y qué es lo que puedes dar en cada situación.

Desde ese conocimiento podrás crecer y expandirte para avanzar y sacar lo mejor de ti.

Desarrollar la consciencia te capacita para superar cualquier imprevisto, entender lo que te sucede o cuidar de tu salud de manera óptima. También te ayuda a entender a los demás y pedir lo que necesitas amablemente, además de mitigar la inquietud ante lo desconocido.

Como decía Sun Tzu, si te conoces bien a ti mismo, también te adaptarás al entorno de una manera más armoniosa.

TRES PREGUNTAS DE AUTOCONOCIMIENTO

- ¿Cuál es tu prioridad en este momento?
- ¿Qué es lo que te da más miedo en esta época de tu vida?
- ¿Cuál es tu mejor herramienta, aquí y ahora, para superar ese miedo?

270
TUS ÓRDENES SON DESEOS

Me gusta invertir la frase *tus deseos son órdenes* por *tus órdenes son deseos*. Me hace acordarme de lo que decía Epicteto: «Subordiné mi impulso a la divinidad. Quiere que consiga algo: yo quiero. No quiere: no quiero».

Hay una concepción muy taoísta del mundo en esta reflexión. Cuando, en lugar de nadar contra corriente, fluimos con las fuerzas de la vida, la fortuna se pone a nuestro favor.

¿Y si deseáramos las órdenes del universo?

¿Y si le mostráramos que acatamos lo que nos propone como algo que deseamos de verdad y estuviéramos a disposición de lo que llegue?

Si lo haces, la calidad de tu vida e incluso los resultados que obtienes mejorarán totalmente.

PARA DISFRUTAR DEL TRABAJO

Con esta misma filosofía, alguien dijo que si no encuentras un trabajo que te guste, hagas que te guste el trabajo que tienes. Para ello:

- En lugar de quejarte, céntrate en los aspectos positivos de tu trabajo.
- Trata de establecer relaciones amistosas con tus compañeros.
- Márcate pequeños retos como pruebas de superación.
- Busca el sentido y utilidad para los demás en todo lo que haces y lo que acontece en tu vida.

271
LA HORA MÍSTICA

Decía el religioso norteamericano Thomas Merton:

> *Tiene que existir una hora al día en la que el hombre que habla enmudezca. Tiene que existir una hora en la que el hombre de las decisiones deje sus decisiones aparte para aprender algo nuevo: distinguir el sol de la luna, el mar de la tierra firme y el cielo nocturno de la curvatura de una colina.*

Este monje trapense ponía énfasis en la importancia de encontrar un oasis de contemplación, de hecho, para cualquier persona.

Y nos da la receta para hacerlo en nuestra vida diaria:

> *Para mantenernos en comunión con lo que nos rodea, todo lo que debemos hacer es simplemente sentarnos un rato y no hacer nada. Sin embargo, para un hombre que se ha dejado arrastrar completamente por la actividad, nada resulta tan difícil como sentarse y estar quieto, no haciendo nada en absoluto. El solo hecho de descansar es el acto más valiente y difícil que él pueda hacer.*

DESCANSA CON LA TÉCNICA POMODORO

Estas pausas tan necesarias para el reposo del espíritu pueden realizarse incluso a lo largo de la jornada de trabajo. La denominada *técnica pomodoro*, que recibe este nombre por los cronómetros de cocina con forma de tomate, funciona de la siguiente manera:

1. Distribuye el tiempo de trabajo en periodos seguidos (sin distracciones) de 25 minutos.
2. Realiza una pausa de 5 minutos cada 25 minutos de trabajo.
3. Cada cuatro *pomodoros* puedes premiarte con una pausa larga de 15 minutos.

272
LA LIBERTAD NO ES GRATIS

Es curioso cuánto anhelamos la libertad. Y también es curioso que los ingleses llamen *free* a ser libre, un término que también significa *gratis.*

Sabemos que la libertad no siempre es dada gratis. Para alguien que tiene un trabajo fijo en una empresa, por ejemplo, y que se lanza a la aventura de ser *free lance*, o autónomo, su libertad se paga –al menos al principio– con inestabilidad económica y más horas de trabajo.

Es solo un ejemplo, ya que la libertad significa algo diferente para cada persona y se materializa de formas muy distintas.

Desde un punto de vista psicológico, la libertad es la no dependencia de las emociones, así como el no sometimiento a cualquier creencia. A partir de aquí, cada cual puede vivir su libertad como la interprete.

¿Qué es lo que a ti te da libertad?

LOS CUATRO INGREDIENTES DE PLATÓN

El filósofo griego la definía así:

La libertad consiste en ser dueño de la propia vida, en no depender de nadie en ninguna ocasión, en subordinar la vida a la propia voluntad solamente y en dar poca importancia a las riquezas.

¿Cuáles de estos cuatro ingredientes tienes en la receta vital de tu libertad?

273
LA GENERACIÓN INSTANTÁNEA

Lo cantaba mi querida Christina Rosenvinge: *«Hago ¡chas! y aparezco a tu lado»*.

En esta era digital tan vertiginosa, retamos al tiempo y al espacio tratando que todo sea instantáneo. Con un clic compramos cualquier cosa o establecemos contacto con cualquier persona del planeta.

El tiempo y el espacio parecen no existir en la pantalla.

Nos envenenamos de falsa eficiencia, creyendo que tenemos miles de amigos o que sabemos lo que les gusta a los demás. Luchamos por acortar tiempos y distancias, como si todo bien estuviera en lo instantáneo.

Sobre esto, el protagonista de una película de Woody Allen se reía así de la cultura de la velocidad y la prisa:

> *Hice un curso de lectura rápida y fui capaz de leerme* Guerra y paz *en veinte minutos. Creo que decía algo de Rusia.*

COSAS VALIOSAS QUE REQUIEREN SU TIEMPO

- Leer un libro con placer, extrayendo de sus páginas todo su jugo.
- Construir una bella amistad o una relación amorosa.
- Preparar un plato delicioso, como los que hacen las abuelas.
- Criar a un hijo y acompañarlo en todas sus etapas.
- Vivir.

274
SEGUIR JUGANDO

Según John Byers, zoólogo de la Universidad de Idaho y especialista en el juego de los animales y los humanos, las actividades lúdicas nos ayudan a esculpir el cerebro, algo que sigue siendo importante en la adultez. En sus palabras:

> *Al jugar imaginamos y experimentamos situaciones totalmente distintas y aprendemos de ellas. Podemos crear unas posibilidades que antes no existían. Establecemos nuevas conexiones cognitivas en nuestra vida cotidiana, aprendemos valiosas lecciones y habilidades sin poner nuestra vida en peligro.*

Todos recordamos los juegos favoritos que nos absorbían en la infancia, pero ¿has encontrado la manera de seguir jugando en tu vida actual?

ORGANIZA UNA SESIÓN DE JUEGOS

A diferencia de los niños, los adultos raramente quedan para jugar, a no ser que practiquen el golf o algún otro deporte.

Más allá de las típicas citas para comer o cenar, ¿qué tal si reúnes a unos cuantos amigos alrededor de una mesa para jugar?

Podéis rememorar las partidas de Monopoly o atreveros con juegos más proactivos que nos desafían a representar distintos roles.

275
LO QUE SEA PARA MÍ

Quisiera compartir contigo un texto de autor desconocido que encontré y que me parece que resume muy bien lo que pienso:

Que lo que no sea para mí, siga su camino.
Que lo que sea para mí, se muestre.
Que lo que sea para mí, llegue.
De manera perfecta y en armonía para todos.
Gracias. Gracias, gracias.

Según mi filosofía de vida, es importante dejar ir aquello que ya no forma parte de nuestra vida, así como estar atentos a las nuevas personas y oportunidades que se presentan.

EL FRASCO DE LA GRATITUD

Además de soltar lo que no nos pertenece aquí y ahora y de acoger lo que llega a nuestro día a día, este ejercicio te ayudará a apreciar lo que ya tienes:

1. Busca un frasco o bote vacío y ponlo en un lugar visible de tu casa.
2. Cada vez que te sientas agradecido por algo de tu vida, escríbelo en una tira de papel y ponlo dentro.
3. Cuando te sientas desanimado o veas el vaso medio vacío, acude al frasco de la gratitud y lee los motivos que contiene para estar agradecido.

276
SOY DE MIS HIJOS

Nuestros hijos no son tanto nuestros como nosotros de ellos. Siempre que me preguntan *¿Son tus hijos?*, respondo *Más bien yo soy de ellos* y sonrío.

Porque así lo siento, que soy suya, su referente y dadora de amor infinito, y soy consciente de que mi labor es acompañarlos, guiar a personas bonitas en su desarrollo emocional. Por ellos debo y quiero estar bien, abierta y completa para dedicarles parte de mi vida con alegría.

Muchos padres se preguntan con ansiedad qué más pueden hacer por la felicidad de sus hijos. La respuesta la tienen en ellos mismos. Los niños también se preocupan por nuestro bienestar, así que no hay nada que necesiten más que vernos como personas felices y realizadas.

AMAR ES DIVERTIRSE JUNTOS

Contra el modelo rígido de la autoridad sin risas, la etóloga Jane Goodall decía: «Una cosa que aprendí de observar a los chimpancés con sus pequeños es que tener un hijo debería ser algo divertido».

A través del humor y la ligereza, ayudamos a los hijos —aunque no solo a ellos— a sobrellevar mucho mejor los problemas y la gravedad del mundo.

277
SOLTAR LASTRE

Para avanzar con agilidad en cualquier aspecto de tu vida, vas a tener que dejar mucho equipaje pesado aquí y ahora.

Los lastres solo te van a quitar energía y capacidad de decisión. Esto es aplicable a las relaciones personales, a nuevas andaduras profesionales o a tu propio desarrollo como ser humano.

Lao-Tsé decía que solo puede ganar el mundo quien es capaz de dejarlo ir.

Yo hace tiempo que descubrí que el *agua pasada* no mueve ningún molino y que el motor de mi vida debe ir sin el peso que supone un obstáculo suplementario.

Aferrarme al pasado es reafirmar que la vida pesa. Soltarlo es bailar al son y ritmo de una música siempre nueva.

CUATRO PASOS PARA SOLTAR LASTRE

1. Examina si hay algún ancla —consciente o inconsciente— que frena tu marcha hacia el futuro.
2. ¿Está justificado que sigas cargando con esa mochila?
3. Si la respuesta es *sí*, resuelve ya, con los recursos que tengas ahora, esa cuenta pendiente.
4. Si la respuesta es *no*, déjalo ir de una vez.

278
EL HIJO DEL VECINO

Una historia tradicional cuenta que un campesino perdió su hacha y enseguida sospechó del hijo de su vecino.

Furioso, se dedicó a espiar la forma de caminar del chico, y le pareció que lo hacía sigilosamente como un ladrón. Luego estudió su expresión, igual que la de un ladrón; también en su forma de hablar reconoció la jerga que utilizan los ladrones.

Todos sus gestos le revelaban que era culpable del robo.

Mientras pensaba en todo esto, el campesino encontró su hacha en el bosque, en el lugar donde la había olvidado.

Cuando volvió a ver al hijo del vecino, le pareció que todos sus movimientos y palabras destilaban honestidad.

ASÍ ES, SI ASÍ OS PARECE

Esta es una traducción del título de Shakespeare *As you like it*. Si las cosas son para nosotros tal y como las vemos —o tal y como somos—, para una existencia más positiva hemos de empezar limpiando nuestra mirada de prejuicios e ideas preconcebidas, como las que tiene el campesino del cuento.

279
PEINE DE LOS VIENTOS

Al igual que no concibo la vida sin música, me cuesta entenderla sin las artes plásticas. Me conmueven desde lo visual o incluso desde el tacto, en el caso de la escultura.

Acariciar el Peine de los vientos un día de lluvia en Donosti, y descubrir a través de una de esas púas un Cantábrico vivo me llena de energía y me permite ver y sentir la fuerza de la naturaleza.

Según el propio Chillida, esta escultura encarna la conexión del ser humano consigo mismo y con el cosmos, con la naturaleza.

Cuando me encuentro allí, aprecio el espacio que me rodea, el color, el tacto, la temperatura, el volumen de la escultura... Intento fundirlos con el sonido del mar para enlazarlo con los latidos de mi corazón o el vaivén de mi respiración.

Gracias arte, gracias naturaleza.

MUSEOTERAPIA

Aunque vivas lejos de Donosti, seguro que cerca de ti hay un museo o escultura al aire libre para poder conectar con la belleza y el sentido de las obras de arte. Te aconsejo que dejes tus preocupaciones atrás y te sumerjas en lo que transmite cada pieza sobre la vida, la naturaleza y el significado de ser humano.

280
SIEMPRE ESTOY EMPEZANDO

Cuando te lanzas a una nueva experiencia o te espera un encuentro precioso, muchas veces te sentirás nervioso, tal vez incluso el alma te tiemble de emoción.

Antes de entrar por primera vez en esa cama, o de descubrir cuánto hay de nuevo en ti el día de hoy, despliega en tu mente toda tu capacidad de sorpresa.

Suelta el freno de mano y deja que lo que vas a vivir te inunde y enseñe todo lo que tiene que ofrecerte. Porque nadie ni nada merece ser vivido a medias y porque tú te mereces un presente lleno de descubrimientos.

Se cuenta que una vez preguntaron a Buda qué era la vida, al fin y al cabo, y su respuesta fue: «Siempre estoy empezando».

CUATRO OBSTÁCULOS PARA LA SORPRESA

1. Ir con la expectativa de que las cosas sean de determinado modo.
2. Juzgar o analizar todo lo que percibes y vives.
3. Tener la cabeza en el pasado o en el futuro.
4. Cerrar los sentidos a lo que está sucediendo.

281
DE CINE

A veces, el mejor remedio para un mal día es elegir una película positiva, o al menos entretenida, que nos cambie el estado de ánimo.

Si tenemos un cine a mano, viviremos una experiencia inmersiva que nos abstraerá de nuestras preocupaciones mundanas. Si por nuestra ubicación u horario no nos resulta posible, una sesión de cine terapéutico en casa puede servir.

En palabras del psiquiatra Enrique Rojas Marcos:

> *Una buena película actúa como un Valium, porque es relajante, rebaja la tensión psicológica y hace olvidar los problemas. Es decir, distrae ensoñando. Por otro lado, las películas actúan sobre el subconsciente, un océano que se esconde en el fondo de la personalidad y que dirige nuestra conducta sin que lo sepamos.*

TU BOTIQUÍN DE PELÍCULAS

Según los gustos y sensibilidad de cada cual, podemos hacernos nuestra propia lista de películas a las que recurrir para levantar el ánimo. Entre los clásicos de Hollywood, uno de los títulos más terapéuticos es *Qué bello es vivir*. Dirigida por Frank Capra. El desesperado protagonista que encarna James Stewart descubre, con la ayuda de un ángel, cómo habría sido la vida de sus seres queridos y amigos sin su existencia.

282
CONGENIAR

Hay personas con las que conectamos de manera rápida. Son aquellas que a su vez también congenian con nosotros, relaciones que duran en el tiempo de manera armoniosa.

Un signo de que hemos encontrado un vínculo de esta calidad es que podemos tratarnos de manera familiar, como si no hiciera falta explicar nada.

Son personas que nos parecen generosas y amables, al igual que nosotros les parecemos a ellas. Todo fluye y es fácil porque no hay dependencia mutua.

Existe una magia especial entre quienes congenian, ya que se sienten siempre cerca, aunque vivan lejos, y pueden pasar mucho tiempo sin verse, años incluso, y tener la impresión de que se encontraron ayer.

Tal vez sea porque entienden la vida de la misma manera y comparten los mismos valores. Respetan el espacio del otro, hay admiración mutua y les gusta pasar tiempo juntos. Tan simple como eso.

Si algo se mantiene en el tiempo es porque se vibra en la misma frecuencia.

EL ARTE DE ESCRIBIR CARTAS

No hace tanto, unas cuantas décadas atrás, los amigos que vivían lejos se escribían cartas de forma periódica. Estas viajaban por el mundo y era una gran ilusión encontrar en el buzón un sobre lleno de confidencias y amistad.

Hoy las cartas han sido sustituidas por los menos románticos correos electrónicos, sin embargo puede ser un bonito medio para compartir por escrito lo que vamos viviendo.

¿Qué tal si pactas con tu mejor amigo mantener correspondencia periódica que luego podáis conservar como un tesoro?

283
LA SABIDURÍA DE SÉNECA

Séneca es uno de los pensadores que nos enseña a vivir más y mejor con menos. Como buen representante del estoicismo, nos invita a retar las comodidades y bienes materiales, así como a cultivar la virtud.

Estuve en el lugar donde este filósofo cordobés fue desterrado en Córcega. Una torre romana desde donde se divisa el mar. Allí Séneca vivió y escribió varios libros.

Mientras subía por la torre, me acordaba de la importancia de su filosofía, de obras tan bellas como *De la brevedad de la vida*, de la que comparto un fragmento sobre el valor del tiempo:

> *La vida que se nos dio no es breve, nosotros hacemos que lo sea; ya que no somos pobres, sino pródigos del tiempo; sucediendo lo que a las grandes y reales riquezas, que si llegan a manos de dueños poco cuerdos, se disipan en un instante; y al contrario, las cortas y limitadas, entrando en poder de próvidos administradores, crecen con el uso. Así nuestra edad tiene mucha latitud para los que usaren bien de ella.*

¿POR QUÉ ME RESULTA DIFÍCIL?

Dos milenios nos separan de este pensador, pero sus visiones y consejos son absolutamente actuales, como este sobre las dificultades que encontramos en la vida:

No nos atrevemos a muchas cosas porque son difíciles, pero son difíciles porque no nos atrevemos a hacerlas.

284
EL REGALO DE LA ABUNDANCIA

Hay ocasiones en las que damos algo que después se nos devuelve multiplicado. Es el regalo de la abundancia entregada desde el amor y la consideración.

Y lo más bello y misterioso de esta alquimia es que muchas veces el retorno llega desde una fuente distinta, no de aquella circunstancia o persona a quien hemos favorecido. El universo reparte juego y premia a los jugadores generosos.

Como dice Alejandro Jodorowsky: «Lo que das, te lo das. Lo que no das, te lo quitas».

Sé generoso, también con lo que le pides a la vida. Expresa al mundo lo que necesitas, así será más fácil que llegue a ti. Eso sí, llegará de formas inesperadas y sorprendentes.

CONJUGA EN POSITIVO

Cuando quieras motivarte con pensamientos empoderadores, evita formular deseos con negaciones, ya que según aseguran los expertos en PNL (Programación Neurolingüística), la mente inconsciente solo entiende las afirmaciones. Por lo tanto, en lugar de repetirte *no cometeré más veces este error*, por ejemplo, deberías decir *a partir de ahora voy a...*

285

UNA FIESTA PARA LA GAVIOTA

Chuang Zhou, un destacado pensador del taoísmo del que ya hemos hablado, solía contar esta historia:

Una gaviota llegó a un barrio de la capital de Lu, donde nunca habían visto un ave marina. Entusiasmado, el marqués de Lu quiso darle la bienvenida con una fiesta en el templo. Dispuso para la gaviota la mejor música, carnes y licores. Pero el ave se mostraba aturdida y triste, y no llegó a comer ni beber nada.

Tres días después murió.

El marqués de Lu había agasajado a la gaviota como a él le habría gustado ser agasajado, no como al ave le habría apetecido.

La moral de este relato es que los demás no tienen por qué regirse por nuestras preferencias y prioridades. Si queremos beneficiarlos, es necesario ponernos en su lugar y entender lo que pueden necesitar en cada momento sin dar nada por hecho.

NADIE ESTÁ EN EL LUGAR DE NADIE

Trasladado a nuestra vida cotidiana, un error que cometemos a menudo es pensar que el otro debería reaccionar como nosotros lo haríamos. Entonces se pronuncia la fatídica frase: *Yo en su lugar...*

Hay que partir de la base de que nadie está en el lugar de nadie, y que la fiesta del marqués es muy distinta de la que desearía la gaviota.

286

LITERATURA QUE CURA

Recuerdo, de niña, curiosear las bibliotecas de los *mayores* para intentar saber lo que leían. También pedía prestados libros a mis padres, sobre todo a mi madre.

Los de Oriana Fallaci solo me los dejaron leer cuando fui algo más adulta. Más allá de lo que relataba esta increíble periodista y corresponsal de guerra, me atraía la idea de la narrativa epistolar. Especialmente la de *Un hombre*.

Era una escritura a la que no estaba acostumbrada y me parecía fascinante. Su forma de dirigirse a sus protagonistas, a los que hablaba de manera sabia, conociendo sus *sentires* hasta hacerlos cómplices con el lector, me parecía y me sigue pareciendo todo un arte.

Desde entonces, en ocasiones escribo de manera íntima solo para mí, o incluso escribo secretamente a alguien con quien necesito conciliar un asunto pendiente. Me resulta muy reconfortante.

TRES SEMANAS DE ESCRITURA TERAPÉUTICA

En su libro *Escribir en 21 días*, la pionera de los talleres de escritura en español Silvia Adela Kohan propone el siguiente desafío:

- Escribe cada día en tu cuaderno durante 7 minutos exactos. Pon la alarma o el cronómetro para marcar el fin de la sesión.
- Agotado el tiempo, para de escribir de inmediato, aunque tengas ganas de seguir.
- Al completar los veintiún días, lee seguido todo lo que has escrito.

El resultado será revelador, ya que te darás cuenta de qué tema domina en este punto tu vida.

287
LA CASA DEL ALBAÑIL

Cuando queda poco para llegar al final de un proyecto, puede que te relajes o que creas incluso que ya lo has logrado.

Justo en ese momento es cuando debes poner más atención para que tu andadura llegue a buen puerto. No solo para culminarlo, sino también para hacerlo de manera excelente. Con la misma ilusión e ímpetu con la que empezaste.

Sobre esto, hay un cuento de un albañil al que, tras una vida de edificar cientos de casas, le llega el momento de la jubilación. No obstante, el dueño de la constructora le pide que haga una última casa como favor personal.

De mala gana, el albañil construye esa última obra de forma precipitada y sin el cariño habitual, con lo cual concluye una casa llena de taras. Al terminarla, el dueño le entrega las llaves y le dice que es un regalo para él, como premio por tantos años de trabajo.

Entonces, el albañil se da cuenta, lleno de tristeza, de que vivirá en la peor casa que ha construido en su vida.

TRES CLAVES DE LA EXCELENCIA

Esta historia nos da tres claves para realizar cualquier cosa con un espíritu de excelencia:

1. Imagina que lo que haces es para la persona que más quieres en el mundo.
2. Tómate el trabajo como un juego estimulante, como una competición para superarte a ti mismo.
3. Si lo que estás haciendo fuera tu legado al mundo, ¿qué impresión te gustaría dejar?

288
CONTAGIO EMOCIONAL

El experto en comunicación Ferran Ramon-Cortés nos advierte de que entre las personas con las que nos relacionamos se produce un contagio emocional. Por lo tanto, nuestro estado de ánimo tiene mucho que ver con la energía de quienes nos rodean, y a la inversa.

El autor reflexiona de este modo:

> *Tomar conciencia del contagio emocional puede dar un giro de ciento ochenta grados a nuestras relaciones y a nuestra vida. En primer lugar, porque podremos hasta cierto punto protegernos de los contagios nocivos de los otros, evitándolos o tomando distancia. Pero, sobre todo, porque tendremos la oportunidad de dejar de contagiar accidentalmente emociones negativas, y elegir de forma consciente y deliberada lo que queremos contagiar.*

¿QUÉ EMOCIÓN VAS A CONTAGIAR?

En Japón, es usual pedir permiso antes de contar un problema o algún suceso desagradable, por miedo a perturbar la paz mental del otro. Sin llegar a ese nivel de cortesía y delicadeza, antes de *descargar* nuestra emoción sobre otro, podemos hacernos tres preguntas:

1. ¿Qué clase de emoción le llegará a través de mis palabras?
2. ¿Es realmente útil o necesario que lo haga?
3. ¿Me aportará esta persona una visión diferente a la que tengo o solo quiero quejarme?

289
PRUDENCIA

Como dice Baltasar Gracián en su libro *El arte de la prudencia*: «Actúa siempre como si te estuvieran observando». Yo añadiría: actúa siempre observándote a ti mismo.

Me parece valioso tener la prudencia de cuidar tus formas y tus actos en cada instante.

A quienes trabajamos de cara al público nos sucede, y más aún cuando estamos con un micrófono muchas horas delante de una pantalla. Sabemos que hay siempre alguien al otro lado.

Quizá la única forma de llevarlo con naturalidad es tener presente que eres parte de un entorno: que debes cuidar de manera generosa e inteligente.

También en nuestra vida privada, al actuar con conciencia de lo que hacemos, nos sentiremos en armonía con nuestros valores y principios.

MÍRATE DESDE FUERA

Los actores de teatro se miran en filmaciones tras los ensayos o representaciones para pulir aspectos de su trabajo. Tú puedes hacer lo mismo desde tu mente, cuando quieras revisar una escena de tu vida, aplicando un ejercicio de visualización:

1. Pon atención a lo que hiciste y dijiste en esa situación.
2. ¿Hay algo que habrías expresado o hecho de forma diferente?
3. ¿De qué otra manera podrías haber afrontado *la escena* para ser más prudente, comedido y considerado?
4. Toma notas para cuando en el teatro de tu vida se presente una situación parecida.

290
ENTRE LAS OLAS

Las mareas van y vienen. El océano puede ser bravo, pero después llega la calma.

Es bueno agradecer también todos los acontecimientos que nos hicieron desfallecer y quedarnos, cual Mafalda revuelta por una ola, en la orilla de la playa. Sin saber qué ha pasado y cómo esa ola nos llevó hasta allí.

Desorientados, miraremos al mar inmenso, abatidos y aún con el susto en el cuerpo.

Agradezco todas esas embestidas de la vida que me demostraron que puedo ponerme de pie, respirar, quitarme la arena del bañador para ir más ligera y volver a meter los pies en el agua poco a poco, guiñando un ojo al socorrista.

LA MONTAÑA RUSA DE LA VIDA

Entender que ni lo bueno ni lo malo permanece supone un bálsamo para la vida, que es como una montaña rusa con sus subidas y bajadas. Todo lo que podemos hacer es *Enjoy the ride* —disfrutar del viaje—, como cantaba Marlango.

Cada vez que te sientas sacudido por una ola, pregúntate: *¿Es esto provisional o ha llegado para quedarse?* Si es provisional, no desesperes y aprende de esta experiencia pasajera.

291

LA PRÁCTICA DE LA CONCENTRACIÓN

Se cuenta que una vez preguntaron a un maestro de meditación cómo, pese a tener tantas ocupaciones, lograba mantenerse concentrado. Su respuesta fue:

—Cuando estoy de pie, simplemente estoy de pie. Y cuando camino, entonces camino. Cuando estoy sentado, pues estoy sentado. Cuando como, solo como. Y cuando hablo, entonces hablo.

Uno de los discípulos que lo escuchaban le respondió:

—Pero eso también lo hacemos nosotros... Tiene que haber algo más.

—¡No lo hacéis! —replicó el maestro—. Cuando estáis sentados, ya os estáis poniendo de pie. Y cuando estáis de pie, ya empezáis a caminar. Y cuando camináis, entonces ya estáis pensando en la meta.

¿ERES CAPAZ DE HACER UNA SOLA COSA?

Los estudiantes de zen aprovechan cualquier actividad para practicar la atención plena. Puedes hacer como ellos, poniendo tus cinco sentidos...

- Al cocinar con el espíritu de una meditación.
- Al caminar por la calle, observando tu peso y el trabajo de cada uno de tus músculos.
- Al leer totalmente concentrado estas líneas.
- Al escuchar lo que alguien te está contando, sin interferencia mental de ningún tipo.

292
SIN LÍMITES

En la década de 1960, Maxwell Maltz se hizo famoso con su manual *Psicocibernética*, donde este cirujano plástico explicaba cómo curar las cicatrices internas, en lugar de las externas.

Una de sus máximas era: «Puede que vivamos en un mundo imperfecto, pero las fronteras no están selladas ni todas las puertas cerradas». Es decir, que las capacidades del ser humano van mucho más allá de sus creencias.

Maltz relacionaba la baja autoestima con la falta de objetivos:

> *La gente que dice que la vida no vale la pena está diciendo en realidad que no tiene metas personales que valgan la pena. Pon un objetivo en tu vida que sea digno de luchar por él. Mejor aún, implícate en un proyecto. Siempre tendrás algo ante ti por lo que esforzarte y tener esperanzas.*

LA VENTA MÁS IMPORTANTE DE TU VIDA

Según Maltz, es venderte tú a ti mismo. Y eso implica:

- Ser consciente del valor que tienes.
- Encontrar el sol que brilla dentro de ti y ofrecerlo al mundo.
- Hacerte amigo de ti mismo.
- Entender que no eres una obra acabada, sino un ser que siempre avanza.
- Cultivar una imagen amable de ti, es decir, digno de ser amado.

293
SIMPLEMENTE, PREGUNTA

De repente, algo que ha sucedido te roba la tranquilidad y no puedes dejar de pensar en ello. Le das vueltas a lo que crees que se ha malinterpretado o que simplemente no entiendes con respecto a una relación, a una amistad o a una pareja. Y te haces preguntas como estas:

¿Se habrá ofendido? ¿Será que no quiere saber nada de mí? ¿Piensa que no merece la pena responder a mi mensaje? ¿Prefiere que no le escriba? ¿Estará demasiado ocupado y le molesto? ¿Será mejor si le llamo? ¿Hay algo que le ha molestado? ¿Esperaba algo distinto de mí?

Y así hasta el infinito...

Si tantas dudas tienes y el asunto te quita el sueño, el remedio es fácil: ¡pregunta! Con amor, palabras precisas y en el momento adecuado. Acércate a la persona y demuéstrale que te importa mostrando tu deseo de aclarar el asunto.

Te sorprendería las veces que la otra parte también está atascada y no sabe cómo explicarte lo que le sucede. Puede ser por timidez o por no saber expresar lo que necesita.

Así que pregunta las veces que haga falta hasta entenderlo. Sentarás las bases de una comunicación equilibrada y satisfactoria para ambas partes.

PREGUNTAR ES LA LLAVE DEL PROGRESO

Un proverbio chino dice: «El que hace una pregunta parece tonto por cinco minutos, el que no la hace es tonto toda su vida». Sin duda, las personas que van ganando sabiduría son aquellas que se atreven a hacer muchas preguntas, aunque parezcan absurdas.

¿Te atreves a preguntar más para avanzar?

294

CORRE MÁS EL ÚLTIMO CORREDOR QUE EL PRIMER ESPECTADOR

Recuerdo la decepción que sentí al no poder acabar la maratón de Nueva York en el tiempo para el que yo había entrenado. Era solo una marca, pero llevaba cuatro meses preparándome y la lesión que arrastraba hacía tiempo me la jugó en los últimos diez kilómetros.

Llegué a meta muy dolorida y frustrada, sin ser consciente de lo que había logrado. No era el tiempo ni la distancia. Eran muchas horas de entrenamiento y un reto personal y emocional, que, en mi caso, estaba ligado a mi padre y a las carreras populares que corrí junto a él durante años.

Muchas cosas se unían en aquella llegada a Central Park. La medalla conmemorativa en mi pecho, un poncho metalizado que te ponen para protegerte del frío de noviembre y el abrazo de mi comadre Elena, que me acompañó todo el recorrido.

Entonces, alguien me dijo: *Corre más el último corredor que el primer espectador*. Nunca he olvidado esa frase. Ya no me importa aquella marca. Me queda lo vivido y logrado en ese momento.

Hubo más carreras después y habrá otros retos. A todos les pido que me permitan disfrutarlo y vivirlo con alegría, ese es el verdadero triunfo.

TERMINAR MERECE PREMIO

El solo hecho de acabar algo que te hayas propuesto, con independencia del resultado, es digno de celebración. Piensa, si no, en cuántas personas no acaban lo que empiezan o en quienes ni lo comienzan.

En tu próximo proyecto márcate esta meta: terminar lo empezado. Y dedícate una pequeña fiesta por ello.

295
LAS TRES FALTAS

Confucio, uno de los grandes maestros de China, decía que los ministros de un príncipe virtuoso deben evitar tres faltas:

1. La *petulancia*, que es hablar cuando nadie te ha pedido tu opinión.
2. La *timidez*, consistente en no atreverte a expresar tu opinión cuando se te invita a hacerlo.
3. La *imprudencia* al hablar sin haber observado antes el estado de ánimo del otro.

Aunque no tengamos que reunirnos con ningún príncipe o princesa, estas claves siguen vigentes y son totalmente aplicables a cualquier interacción.

TRES REMEDIOS PARA LAS TRES FALTAS

1. ¿Te descubres a veces dando tu opinión cuando no te la han pedido? Guárdala para ti mismo, escríbela o pregunta al otro si está interesado en tu parecer.
2. ¿Eres tímido para expresarte en los momentos y situaciones en las que deberías hacerlo? Date cuenta de que es tan natural que tú te abras como lo hacen los otros. Abandona la pasividad y la discreción excesiva cuando te corresponda ser protagonista.
3. ¿Acostumbras a *soltar* lo primero que te viene en mente sin medir el efecto que tendrán tus palabras? Examina primero quién tienes delante y cómo se siente en ese momento.

296
GANANCIAS Y PÉRDIDAS

Quizá ahora te duela el alma por una ruptura amorosa o bien llores el adiós a un ser querido. La vida está llena de ganancias y pérdidas que hemos de saber encajar.

El duelo es necesario para integrar una ausencia y después poder avanzar con dicha y volver a sonreír.

Como dice Leonard Cohen en uno de sus poemas: «Recordarás el bien que me hiciste, el bien que te hice yo. Y de pie en algún lugar dominante, como una ventana o un risco, conocerás el pleno gozo».

¡Qué bella manera de describir cómo nos sentimos al completar un duelo de forma natural y saludable! Las emociones amargas dan paso a los recuerdos placenteros y a la gratitud por haber vivido todo eso.

Ahora que lo has comprendido e integrado, se trata de seguir viviendo.

RESPETA TU *TEMPO*

La duración de un duelo varía de una persona a otra. Hay quien aparentemente lo asimila y encaja todo con gran rapidez y quien precisa de más tiempo para hacerse a la nueva situación.

La clave de todo duelo es no acelerarlo para liberarte de él antes ni tampoco prolongarlo a través de la victimización.

Respetar tu *tempo* y seguir con tu vida armonizarán cualquier experiencia por la que estés pasando, más allá de su impacto emocional.

297
TODO CAMBIA

Una de las canciones que más me gustan de Mercedes Sosa es *Todo cambia*. Me sorprendo tarareándola muchas veces.

Cambia lo superficial.
Cambia también lo profundo.
Cambia el modo de pensar.
Cambia todo en este mundo.

Me gusta pensar que el mundo puede cambiar. Que a cada giro del planeta Tierra alrededor del Sol tenemos una nueva oportunidad para ser parte de ese cambio, de ese giro. Que de la luz pasamos a la sombra y, de ese modo, la mirada también cambia. Que nos movemos de un lado a otro para cambiar también de perspectiva.

Asimismo, las personas a nuestro alrededor evolucionan y nos regalan metamorfosis increíbles. Incluso en nosotros mismos, al observarlas desde el corazón.

La naturaleza nos muestra a cada microsegundo que somos capaces de mutar y adaptarnos.

Todo cambia. Ya lo decía la Sosa.

CAMBIOS INTERNOS, CAMBIOS EXTERNOS

Como vasos comunicantes, al cambiar interiormente también se mueve nuestro entorno. En el capítulo de las relaciones, eso se traduce en más entradas y salidas, ya que...

- A algunas personas no les gustará el cambio que se ha obrado en ti.
- Otras se adaptarán a tu nuevo yo, quizá porque también están cambiando.
- Nuevas personas llegarán a tu vida, ya que tu cambio genera nuevas afinidades.

298
LA SERIE FIBONACCI

Hay una sucesión de números que permite dibujar la llamada espiral áurea. Desde un punto de vista matemático, empieza con los números 0 y 1, y a partir de aquí cada número que sigue es la suma de los dos anteriores: 0-1-1-2-3-5-8-13-21...

Al aplicar estas medidas a un gráfico, veremos que la figura se expande como una caracola o una galaxia.

Cuando contemplo una de estas espirales áureas, siento que también yo me expando, que todos los seres humanos lo hacen como la serie Fibonacci, que parece expresar el secreto de la vida y de la belleza del universo.

La proporción áurea es la única que me reconcilia con los números. Porque la entiendo y me emociona, cual helecho fértil que soy.

Crear y seguir creando, expandirme con el mar y el viento, como una caracola. Tal vez esa sea nuestra misión primordial como seres humanos.

DESARROLLO ÁUREO

Si aplicamos la serie Fibonacci a nuestro crecimiento personal, siguiendo la lógica de que cada nuevo número es la suma de los dos anteriores, puedes preguntarte:

- ¿Cuáles han sido las últimas dos experiencias transcendentes que has vivido?
- ¿De qué manera la suma de estas dos experiencias te ha llevado adonde estás ahora?

Puedes seguir proyectando tu propia serie Fibonacci hacia el futuro, viendo cómo los hitos y experiencias pasadas nos facilitan cada vez una comprensión más amplia.

299
UNA NUEVA PERSPECTIVA

Aseguraba Kobe Bryant que el amor es un viaje en el que tendrás altibajos, decepciones, alegrías y, sobre todo, aprendizajes. Me parece una excelente definición.

Muchas veces, sin embargo, estas enseñanzas necesitan la perspectiva del tiempo para poderlas comprender.

Cuando te alejas de un lugar, de una persona, de un puesto de trabajo, de una situación, y la ves en la distancia, solo entonces empiezas a conocerla de verdad. Comprendes por fin lo que significaba para ti y, además, entiendes quién eras en aquel momento y lo que valorabas.

Ahora puedes ver algunas cosas de una forma muy diferente y apreciar otras que antes no veías.

TUS DESCUBRIMIENTOS A *POSTERIORI*

Elabora una lista de revelaciones sobre personas, lugares y situaciones que solo has entendido tiempo después. Agradece la lección aprendida, aunque haya viajado en el tiempo y no te haya llegado hasta ahora.

300
LA DISCUSIÓN

Una vieja fábula oriental cuenta que dos hermanos, viendo que se aproximaba una bandada de gansos salvajes, se dispusieron a preparar sus arcos.

–Si abatimos uno de esos gansos –dijo, entusiasmado, uno de ellos–, lo cocinaremos bien adobado.

–Nada de eso –le corrigió el otro–, eso es adecuado para cocinar los gansos cazados en tierra, pero los abatidos mientras vuelan hay que asarlos.

Para dirimir la discusión, fueron a consultar al más anciano de la aldea.

–Sugiero cortar el ganso por la mitad –aconsejó este–, así cada uno podrá cocinarlo a su gusto.

Satisfechos con esta solución, los hermanos volvieron al campo con sus arcos, pero los gansos ya habían volado lejos.

PON PRIMERO LO PRIMERO

Esta fábula nos enseña que las decisiones siguen un orden de prioridades. Así como los cazadores deberían haber decidido cómo cocinar la pieza después de cobrarla, en cualquier proyecto que emprendas, pregúntate: *¿Qué es lo que debo hacer ahora?* El resto de las decisiones ya encontrarán su tiempo y lugar.

301
TE PREFIERO

Muchas relaciones –de pareja, entre amigos o incluso familiares– pueden llevarnos a sufrir por la necesidad de reconocimiento externo, de aceptación por parte del otro, como hemos visto ya en este libro.

La falsa creencia de que el *amor verdadero* está relacionado con una entrega incondicional nos puede hacer perder nuestro eje emocional.

Al respecto, hay una frase del psicólogo Walter Riso que nos invita a reflexionar sobre el tipo de relaciones que establecemos. En lugar de hacerlo desde el apego a la persona amada, si optamos por la libertad podemos decir: *No te necesito, te prefiero.*

La libre elección mutua da a su vez plenitud para crecer y avanzar sanamente en la vida, sin depender de nadie.

TRANSFORMA LAS FRASES DE DEPENDENCIA

Así como el *te prefiero* abre un espacio de relación desde la libertad, hay frases y tópicos de la cultura popular que tienen el efecto contrario.

Veamos cómo transformar dos de ellas a modo de ejemplo:

- *Sin ti no soy nada / Sin ti me moriría.* Carga en el otro la responsabilidad de tener una vida con sentido o, incluso, de la propia existencia. Mejor decir: *Contigo soy todo / Contigo tengo aún más ganas de vivir.*
- *Eres mi media naranja.* La frase viene de Platón, pero transmite la idea de que sin el otro no estamos completos. Mejor decir: *Somos dos naranjas enteras y complementarias.*

302
EL EFECTO PIGMALIÓN

Si quieres empoderar a quien tienes a tu lado, si deseas educar y fortalecer a alguien que lo necesita, alimenta su alma recordándole las cosas que hace bien, en lugar de criticarle o señalar sus debilidades.

Es lo que se conoce en psicología como *efecto Pigmalión*: las expectativas que depositamos sobre los otros influyen de manera crucial en su rendimiento.

Cuando tratas a alguien como si no tuviera valor, se comportará contigo como si efectivamente fuera así, mientras que si alabas sus fortalezas, la persona se sentirá reconocida y tratará de demostrar que está a la altura de tu mirada.

Si optas por esto último, el efecto Pigmalión positivo, lograrás llenar al otro de motivación y espíritu de superación, protegiéndolo del desánimo y reforzando su autoestima.

Resumiendo: si quieres empoderar a alguien, comunícale todo lo bueno que tiene y hace.

EL EFECTO PIGMALIÓN EN EL TRABAJO

Aplicado al mundo laboral, esta ley se suele enunciar así:

> *Trátame como un empleado de tercera y me comportaré como un empleado de tercera; trátame como un empleado de primera y me comportaré como un empleado de primera.*

Para aplicar el efecto Pigmalión positivo, podemos recordarles a las personas que trabajan para nosotros —desde el tendero a la asesora bancaria— todo lo que nos gusta de ellas y mostrarles nuestra gratitud por su labor.

303
LA LOCURA ES MARAVILLA

Sabios como Erasmo de Rotterdam ya sugerían que hay que aplicar cierta dosis de locura a la vida, ya que sin ella no puede darse una completa felicidad.

A mí siempre me costó entenderlo, porque relacionaba el concepto de locura con algo negativo. Sin embargo, con el tiempo he encontrado la manera de darle una vuelta a esta visión. Me atraía saber lo que escondían los recovecos del sin sentido, de lo no planeado y de lo desconocido e imprevisible.

Sobre eso, el poeta William Blake decía: «La locura es maravilla sin término, intrincadas raíces enredan sus caminos. ¡Cuántos han caído allí!».

LA LOCURA LO CURA

Guillermo Borja, un singular y controvertido terapeuta mexicano cercano a la Gestalt, contaba en su libro *La locura lo cura* cómo rehabilitó a los psicóticos de un penal reconociendo y encontrando una utilidad para la *locura* de cada uno.

Aplicado a tu propia vida:

- ¿De qué *locura* que te caracteriza te sientes más orgulloso?
- ¿Cómo puedes compartir esa *locura* para ayudar a los demás a vivir de forma más ligera y saludable?

304
¿SUEÑO O REALIDAD?

En uno de los textos más sugerentes de la China clásica, el filósofo Chuang Zhou formulaba el siguiente dilema:

Una noche Chuang Zhou soñó que era una mariposa: una mariposa que revoloteaba, que iba de un lugar a otro, contenta consigo misma, ignorante por completo de ser Zhou. Despertose a deshora y vio, asombrado, que era Zhou. Mas, ¿Zhou había soñado que era una mariposa? ¿O era una mariposa la que estaba ahora soñando que era Zhou? Entre Zhou y la mariposa había sin duda una diferencia. A esto llaman «mutación de las cosas».

¿Quién no ha pensado alguna vez que todo lo que vivimos podría ser un sueño? ¿Y si lo que sucede al cerrar los ojos fuera la realidad?

TU DIARIO DE SUEÑOS

Más allá de las dudas, nuestro mundo onírico tiene importantes mensajes que darnos, ya que nace directamente de nuestro subconsciente. Para recordarlo mejor y no perdernos sus enseñanzas...

1. Ten en la mesita de noche un cuaderno y un bolígrafo a mano.
2. Nada más despertarte, antes de que se pierdan los últimos retazos del sueño, apunta lo que recuerdas.
3. Lee tu diario de sueños cada cierto tiempo para ver qué temas o visiones son recurrentes.

305
VIDA ANTES DE LA MUERTE

Saber que vamos a morir es un buen revulsivo para hacer aquello que nos apasiona, sin más tiempo que perder. Le damos valor a la vida, justamente, porque sabemos que es efímera.

En este sentido, Antonio Gala nos recordaba que «En tanto que haya muerte, habrá esperanza».

Esta reflexión está en sintonía con un cuento de Anthony de Mello, un jesuita nacido en la India que fue un gran divulgador del orientalismo y la espiritualidad.

Cuenta que un grupo de alumnos planteaban a su maestro preguntas sobre la vida más allá de la muerte. El sabio se limitaba a sonreír sin dar ninguna respuesta.

Cuando le preguntaron por qué se había mostrado tan evasivo, él replicó:

–¿No habéis observado que los que no saben qué hacer con esta vida son precisamente los que más desean otra vida que dure eternamente?

–Pero ¿hay vida después de la muerte o no la hay? –insistió un alumno.

–¿Hay vida antes de la muerte? ¡Esta es la verdadera cuestión! –respondió el maestro.

¿QUÉ TE DA VIDA?

Imagina que te has ido ya del mundo terrenal y que, desde el más allá, puedes revisar los mejores momentos de tu existencia.

- ¿Qué fue lo que te hizo sentir más vivo?
- ¿Cómo y con quién lo viviste?
- ¿De qué manera podrías haber vivido más momentos así?

Completado el ejercicio, viene la buena noticia: sigues aquí, ¡puedes hacer todo eso que te da vida antes de la muerte!

306
AUTOAMOR

Observo cada emoción que me embarga como un nuevo camino a descubrir, sin emitir juicios negativos. Intento ser amable conmigo misma, ya que muchas veces pienso que soy un error andante y me echo la culpa de todo.

En caso de duda, me aplico el *autoamor*, el concepto que también da título al libro publicado por mi querida Laura Chica.

Esta psicóloga, *coach* y especialista en desarrollo del talento lo definía así en una entrevista a la prensa:

> *El autoamor es el amor desde lo más profundo de uno mismo, al margen del entorno y de las circunstancias, y se encuentra en el corazón.* Autoamor *es cuidar lo que eres, proteger lo que eres, respetar los propios sentimientos, hacer cosas que te hacen sentir bien y dejar de hacer lo que te hace sentir mal.*

CÓMO DESARROLLAR EL AUTOAMOR

Laura Chica propone que sigamos un proceso de cinco pasos:

1. *Poner luz*. Para darte cuenta de cómo te juzgas, de lo que rechazas de ti mismo, cuando no te amas ni crees en ti.
2. *Observar*. Presta atención a tu comportamiento, ya que muchas de las cosas las haces en piloto automático, de forma inconsciente.
3. *Comprender*. Sin enjuiciarte, acepta que eres producto de tus experiencias y aprendizajes.
4. *Abrazar*. De manera simbólica, abraza todo lo que eres, con lo que te gusta y lo que no te gusta de ti.
5. *Amar*. En la fase final del proceso, estás ya preparado para amarte por quien eres. Estás ya en el autoamor.

307
UN EJERCICIO CONCEPTUAL

Cuando te encuentres en un laberinto mental por cualquier cuestión que te preocupe, te propongo que hagas el siguiente experimento:

1. Elige una imagen para meditar sobre ella de forma libre. Puedes obtenerla al azar abriendo un diccionario o elegir la primera idea que te pase por la cabeza.
2. ¿Qué emociones te provoca, aquí y ahora, esa imagen?
3. ¿Por qué esa imagen suscita en ti esta reacción emocional?
4. ¿Qué tiene que ver el conflicto que te inquieta con esa imagen?
5. ¿Puedes extraer de esa imagen nuevos caminos o soluciones para abordar lo que te está preocupando?

Esta clase de ejercicio creativo lo puedes realizar tanto en solitario como en pareja o en grupo y seguro que te aportará nuevas perspectivas sobre el asunto.

LLUVIA DE IDEAS COMPARTIDA

Hay un ejercicio de *brainstorming* para realizar entre dos o más personas que puede ayudarte a descubrir nuevas perspectivas para abordar cualquier cuestión:

1. En una hoja de papel, escribe las primeras palabras que se te ocurren en relación con el problema.
2. Pasa el papel a la persona de tu lado, quien, tras leerlo, en silencio añadirá sus propias ideas y conceptos.
3. Repetid el proceso, cambiando de turno varias veces, hasta que se llene el papel o se agoten las aportaciones.
4. Leed juntos ahora todas las notas y debatid sobre qué idea parece más útil.

308
DAR Y RECIBIR

Un relato tradicional zen cuenta que un hombre muy adinerado no soportaba gastar ni una moneda, con lo cual vivía una vida de constantes privaciones.

Al darse cuenta de ello, un maestro le mostró su puño cerrado y le comentó:

–Imagina que mi mano estuviera así siempre, desde que nací hasta el día de mi muerte. ¿Cómo llamarías a esto?

–Una deformación.

Acto seguido, el maestro le mostró su mano abierta y prosiguió:

–Supón ahora que esta mano estuviera así siempre, sin cambio alguno. ¿Cómo lo llamarías?

–Sería también una deformación.

–Entonces, ahora ya sabes todo lo que necesitas para llevar una vida feliz y equilibrada.

PRACTICA LA VÍA DE EN MEDIO

Este concepto descubierto por Siddhartha Gautama, antes incluso de haberse convertido en Buda, tiene muchas aplicaciones en la vida cotidiana. Veamos algunos ejemplos:

- Tras una temporada de ahorro, puedes darte un pequeño capricho para premiarte por tu esfuerzo.
- Si tienes trato con una persona algo *intensa* pero valiosa, no se trata de seguir su ritmo ni tampoco de evitarla. La vía del medio sería dosificar los encuentros, siguiendo la máxima anglosajona «*He/She is ok in small doses*».
- Busca el equilibrio entre el trabajo y el ocio, de manera que no seas demasiado ocioso ni un trabajópata.

309
PUEDES HACERLO

Recuerdo que un día, jugando con mis hijos, no acertaba a encajar una pieza del mecanismo de un juguete. Entonces, les dije *no puedo* con voz tímida y mostrando desasosiego por no conseguir dar con la solución.

En ese momento, mi hija mediana, siempre tan sabia, me respondió:

–Mamá, sí puedes, pero no sabes cómo.

Esa era una frase que yo le había repetido infinidad de veces y que ella, en ese momento, recuperaba para evitar mi frustración.

Estoy convencida de que es cierto. Que no sepas ahora cómo hacer aquello a lo que te enfrentas no significa que no puedas. Simplemente, no has encontrado aún la manera. Piénsalo.

CUANDO EL *NO PUEDO* VIENE DE FUERA

En su discurso más conocido, el presidente Barack Obama reflexionaba así sobre la imposibilidad que viene del entorno o de la sociedad:

> *Los cínicos nos han dicho toda la vida que no podemos hacer lo que deseamos. Nos piden que nos ajustemos a la realidad, que no nos abracemos a falsas esperanzas. Pero no hay nada falso sobre la esperanza. Cuando nos enfrentamos a retos aparentemente imposibles, cuando nos advierten que no estamos preparados para hacer esto o aquello, cuando nos dicen que ni siquiera merece la pena intentarlo porque no lo lograremos, entonces es cuando debemos responder: sí, podemos.*

310
RESIGNIFICA TU PASADO

Te invito a hacer un viaje al pasado con un propósito concreto: encontrar aquellos acontecimientos que te bloquearon en su día, pero que hoy pueden tener una lectura muy distinta.

Al encontrarte con ellos, debes *resignificarlos* para entender lo que sucedió.

Ese *tú* era distinto a tu *yo* de ahora, que es más consciente y empoderado.

En un ejercicio de visualización, tu *yo* de ahora puede conversar con quien eras entonces, comprendiendo por qué lo viviste de ese modo y cómo lo harías hoy con todo lo que has aprendido en el camino.

Este ejercicio de búsqueda interior te permitirá interpretar los *fósiles* de tu pasado y luego donarlos al museo del recuerdo para que no pesen en tu día a día.

¿QUÉ HABRÍA PASADO SI...?

Todos hemos tenido alguna vez la fantasía de saber *qué habría pasado si...* hubiéramos actuado de otra forma en una u otra ocasión. La novela de Matt Haig *La biblioteca de medianoche* juega con esa idea. La protagonista tiene la posibilidad de experimentar todas sus vidas no vividas y comprobar qué habría sucedido.

Te propongo un ejercicio con esta misma idea:

1. Completa tres frases sobre tu pasado que empiecen por *¿Qué habría pasado si yo...?*
2. Usa tu imaginación para contestar a esas tres preguntas.
3. Da un paso adelante y plantea ahora una sola pregunta que vaya del presente al futuro: *¿Qué pasaría si...?*
4. Respóndela y plantéate la posibilidad de llevarlo a la práctica.

311
TÓMATELO CON FILOSOFÍA

Esto es lo que propuso Lou Marinoff, un profesor de Montreal que, a finales del siglo pasado, sorprendió con el libro *Más Platón, menos Prozac.*

Creador del asesoramiento filosófico como terapia, su tesis es que en muchas ocasiones se pueden evitar los fármacos y los largos tratamientos psicoanalíticos con ayuda de la filosofía.

Los grandes pensadores, desde la antigüedad, abordan muchos de los temas que nos angustian hoy. En sus palabras:

> *La única manera de obtener una solución real y duradera para un problema personal es abordarlo, resolverlo, aprender de él y aplicar lo que se aprenda en el futuro.*

Para ello nos resultará muy útil leer obras divulgativas sobre filosofía y, por qué no, hablar, filosofar con personas afines sobre ello.

En mi caso, yo he tenido la suerte de tratar con José Carlos Ruiz y David Pastor Vico, dos autores y divulgadores de la filosofía, andaluces los dos y profesores de esta materia, que me han ayudado mucho.

¿CUÁL ES TU FILOSOFÍA DE VIDA?

El objetivo último del asesoramiento filosófico es llegar a comprender cuál es nuestra filosofía de vida y cómo podemos corregirla cuando nos perjudica. Dice Lou Marinoff:

> *Comprender nuestra propia filosofía puede ayudarnos a evitar, resolver o abordar muchos problemas. Nuestra filosofía también puede ser el origen de los problemas que padecemos, de modo que debemos evaluar las ideas que sostenemos para modelar un punto de vista que obre a nuestro favor, no en contra. Usted es capaz de cambiar sus creencias para resolver un problema.*

312
LA VERDADERA BELLEZA

Si me visto y luzco prendas de una firma de deporte en concreto, ¿me hace eso ser mejor atleta? ¿Más sana? ¿Más deportista?

Si conduzco un coche lujoso, ¿me convierte eso en una persona importante o en un gran conductor?

Si escucho a músicos inspiradores, ¿me hace eso una persona más especial?

Si me pongo un reloj valioso, ¿mi tiempo también valdrá más?

Siempre se ha dicho que la mona se puede vestir de seda, pero mona se queda. Pero lo cierto es que no somos lo que llevamos puesto ni lo que compramos ni lo que queremos emular o imitar.

Somos lo que somos. Y no son las cosas bellas, sino nuestros hechos y actitudes los que embellecen nuestra vida.

CLAVES DEL MAGNETISMO PERSONAL

Más allá de lo que lleves puesto, incluso cuando solo vistas tu propia piel, estas son algunas características de las personas con magnetismo natural, por si quieres emularlas:

1. No tratan de impresionar a los demás a través de su ropa, ni tampoco presumen de sus logros. Su atractivo viene de su autenticidad y transparencia.
2. Nunca hablan de más. Por eso, cuando abren la boca todo el mundo las escucha.
3. Hacen sentir cómodos a los demás, porque no se ponen por encima ni por debajo. Simplemente inspiran confianza.

313
ALEGRARSE POR LOS DEMÁS

En otra reflexión de este libro vimos cómo Oscar Wilde consideraba que la amistad más valiosa es la de aquellos que se alegran por nuestros éxitos.

Esa es una virtud que tiene que ver con la generosidad del ser humano. Pero, además de que alegrándonos por ellos, nos granjeamos la estima de los otros, está ese gran beneficio en ello: gracias al contagio emocional, del que ya os he hablado, la felicidad del prójimo acaba siendo también tuya, con lo que te llena de energía.

Por este motivo, celebrar los éxitos de las personas que te rodean sienta muy bien y te contagia de cosas buenas. ¿Te apetece participar de esta felicidad ajena para llenarte el alma de ella y hacerla tuya?

¿ABUNDANCIA O CARENCIA?

Cada vez que sentimos envidia, rabia o celos, cultivamos energía de carencia. Ponemos el foco en aquello que nos falta. En cambio, cuando experimentamos sentimientos de alegría por otro, generosidad o altruismo, proyectamos en nosotros la idea de que el universo tiene suficiente para todos, también para nosotros. Cultivamos energía de abundancia.

¿Con qué clase de energía eliges conectar?

314
PARA RECARGAR EL ALMA

Cuando te sientas abatido, puedes calentar a un lado del campo, bailar fuera de la pista, descansar en una esquina de la verbena, caminar un rato por el arcén.

Apartarte un tiempo del conflicto o de lo que te pesa en un momento determinado, te ayudará a volver a la acción lleno de vitalidad.

Tras esta *parada técnica*, podrás situarte física, mental y emocionalmente donde debes estar, cuando lo creas conveniente y de la manera que elijas afrontarlo.

Mirar desde el patio de butacas la obra de tu propia vida, como un actor exigente que trata de mejorar lo que sucede en el escenario, es la mejor manera de introducir los cambios necesarios en ella.

Hazte un rato a un lado cuando la vida te supere, pero solo para regresar con más fuerza, habiendo escrito un nuevo guion para ser protagonista de tu vida y bailar bajo los focos a tu ritmo y con alegría.

UNAS VACACIONES DE UN MINUTO

Si te encuentras en tu lugar de trabajo, en una reunión familiar o en cualquier otro sitio del que no puedes evadirte fácilmente, puedes hacer este ejercicio para recargar las pilas:

1. Retírate un minuto a un espacio donde puedas estar solo, aunque sea un rincón de la oficina, o incluso el baño.
2. Cierra los ojos durante ese tiempo y trasládate mentalmente a tu lugar favorito del mundo (o a uno de ellos).
3. Visualiza cómo caminas lentamente por ese lugar o, simplemente, respiras delante de ese paisaje.
4. Cuando regreses a la actividad, siente que llevas contigo parte de esa belleza y placidez.

315
LO NORMAL ES EXTRAORDINARIO

Phil Bosmans, un escritor y religioso belga, se hizo famoso en su país durante los años setenta con un libro que se traduciría como *Querido humano, te quiero* y que vendió dos millones de ejemplares en Alemania.

Este texto es una celebración de las cosas que a menudo consideramos *normales*, pero que son sin duda extraordinarias:

Redescubre las cosas normales,
el canto sencillo de la amistad, las flores para un enfermo,
una puerta abierta, una mesa acogedora,
un apretón de manos, una sonrisa,
el silencio de una iglesia, el dibujo de un niño,
una flor que se abre, un pájaro que canta,
una hilera de álamos, un riachuelo, una montaña...
La vida se vuelve una fiesta cuando sabes disfrutar
de las cosas normales de cada día.

¿QUÉ ECHARÍAS DE MENOS?

Imagina que tienes que pasar una larga temporada en un hospital. ¿Qué cosas de tu día a día echarías de menos? Haz una lista con todas ellas porque son tus *normales extraordinarias*.

316
ELIJO VIVIR

Asumo que los sinsabores son parte de la existencia, se alternan con lo agradable igual que la noche y el día. Nada de esto me causará desesperanza si amo la vida.

Quiero vivir, recibir lo que me llega y, cuanto más disfrute y alegría traiga, tanto mejor.

Eso no significa que niegue los otros tonos de la existencia. Friedrich Nietzsche dijo: «El sufrimiento y el fracaso son la clave de la felicidad y son parte de la vida».

Por eso, incluso sabiendo que habrá momentos en los que tendré que sufrir, yo elijo vivir.

El mismo Nietzsche dijo que «lo que no nos mata, nos hace más fuertes», y puedes utilizar esa nueva fortaleza para vivir con más plenitud e intensidad.

PROYECTA LA FELICIDAD

Cuando pases por un momento de dificultad, puedes compensarlo proyectándote al estado contrario al que estás viviendo. Algunos ejemplos:

- Si por tu situación actual no puedes viajar, aprovecha para leer e informarte sobre los lugares que visitarás en el futuro.
- Si ahora no tienes pareja, es momento de analizar qué quieres en ese sentido y qué mejoras aplicarás cuando vuelvas a estar con alguien.
- Si tu salud te limita ahora mismo, mientras trabajas por recobrarla decide cómo querrás vivir cuando estés en mejores condiciones.

317
ESCUCHAR COMO UN AMIGO

En una conversación que tuve con mi admirado Ángel Martín sobre su libro *Por si las voces vuelven*, este actor, comunicador y guionista mencionó una frase que había leído en un libro. Era algo así: *Nadie debería saber lo que va a decir hasta que termina de escuchar.*

Me decía que esta reflexión había sido un importante aprendizaje para él.

Me encantó escuchárselo decir, porque es cierto que, muchas veces, mientras nuestro interlocutor habla estamos pensando en la réplica que le daremos en vez de poner atención en sus palabras y en la emoción que las acompaña, es decir, en lo que quiere compartir verdaderamente.

Decía Ed Cunningham que «los amigos son esa gente poco común que nos pregunta cómo estamos y se espera a escuchar la respuesta».

¿CÓMO ESTÁS?

Esta pregunta muchas veces se lanza como una fórmula vacía, un saludo neutro para el que no se espera respuesta concreta. Como mucho un *Ya ves...* o *Voy tirando* que no nos paramos a escuchar.

Para este ejercicio, te propongo que la próxima vez preguntes *¿cómo estás, de verdad?*, afines el oído y la mirada con total presencia, y te des tiempo para oír hasta el final lo que te cuentan.

318
DISTINTAS SENDAS

Un relato glosado por el autor de origen indio Idries Shah cuenta que un discípulo de Nasrudín le planteó la siguiente cuestión:

–Tú eres un gran místico. Sin duda sabrás por qué los hombres siguen sendas diferentes a lo largo de su vida, en vez de seguir un único camino.

–Eso es muy sencillo –contestó el sabio–. Si todo el mundo siguiera la misma senda, todos acabaríamos en el mismo lugar. El mundo perdería entonces el equilibrio, se inclinaría y nos caeríamos al océano.

Esta fábula sufí transmite la importancia de que cada persona elija su propio sendero, sin hacer caso de los caminos que hayan sido válidos para otros.

SERENDIPIAS

Aunque la geometría nos dice que la línea recta es la distancia más corta entre dos puntos, eso no significa que sea el camino más interesante, de hecho, a veces un rodeo nos lleva al verdadero tesoro.

Las serendipias, los descubrimientos valiosos que se hacen mientras se buscaba otra cosa —el descubrimiento de América es el ejemplo más típico—, son la prueba de que a veces hay que perderse para encontrar algo aún mejor.

¿Te atreverías a desviarte del camino recto para descubrir algo inesperado?

319

EL RUMBO DE TU VIDA

En la película *Los puentes de Madison*, una de mis favoritas, se relata una historia de amor contenida y, a su vez, llena de pasión que pasa por diferentes estadios.

Inspiradora y conmovedora al mismo tiempo, con una Streep y un Eastwood sublimes en sus papeles.

Me parece que incita a una deliciosa reflexión sobre las preguntas que nos hacemos al encontrar a alguien que nos fascina y hasta qué punto estamos dispuestos a cambiar el rumbo de nuestra vida.

Sí es una gran verdad que nunca volveremos a ser los mismos tras una historia amorosa.

Una de las frases más optimistas y conmovedoras de esta película es: «El corazón humano tiene una forma de volver a hacerse grande incluso después de que se haya roto en un millón de pedazos».

SIGUE TU INSPIRACIÓN

El autor de la novela en la que se basa la película, Robert James Waller, escribió el primer manuscrito en solo once días. Se inspiró mientras fotografiaba los puentes que cruzan el Misisipi en el condado de Madison.

Este es un ejemplo de que debemos seguir nuestras grandes inspiraciones. Cuando una idea aparezca con fuerza en tu cabeza, reclamando tu atención, merece la pena que le dediques toda tu energía a cristalizarla.

320
TU ROL EN LA OBRA

La vida es a veces como una ópera, una obra de teatro o una película en la que interpretamos un determinado rol o papel.

Para tomar conciencia de ello, te puede resultar terapéutico apuntarte a un curso de teatro o participar directamente en un montaje *amateur*. Estar en el escenario te permitirá adoptar diferentes actitudes y personajes, comprobando cómo te sientes en cada uno.

Porque cuando asumimos un papel en el teatro, por ejemplo, salimos de lo que somos habitualmente, lo cual nos relaja de muchas tensiones. Al mismo tiempo, también transmitimos lo que llevamos dentro con mayor libertad, con la excusa de interpretar un papel ajeno a nosotros.

Es un proceso divertido, pero si crees que no es lo tuyo, al menos quédate con una pequeña enseñanza: podemos cambiar el rol o personaje que interpretamos en nuestra vida, darle matices al papel o incluso, por qué no, romper el guion y escribir el nuestro propio.

EL MÉTODO STANISLAVSKY

El célebre maestro ruso proponía, como fundamento de su sistema, que los actores *experimentaran* el personaje, en lugar de *interpretarlo*. Es decir, si encarnas el papel de un avaro, no se trata de imitar sus movimientos y actitudes, sino de sentir la avaricia dentro de ti, y actuar desde ese nuevo yo.

El método Stanislavsky te puede ser útil en la vida diaria para adoptar un nuevo rol que sea más conveniente para el reto que estás afrontando. Lo has de vivir desde dentro hacia fuera. ¿Qué papel te gustaría tener en el actual momento de tu existencia?

321
BAILAR CON LA VIDA

Puedes sacarle más partido a la vida si bailas con ella, dejándole que te lleve de la cintura sin oponer resistencia.

Me gusta comparar la existencia con la danza, y se me ocurren varios paralelismos entre las claves para ser un buen bailarín y la vida:

- *Controla tu posición.* La actitud corporal es lo que da majestuosidad a quien danza. Lo mismo sucede con lo que vives: todo depende de la postura que tomes ante las circunstancias.
- *Siente la música de la vida.* Solo si te dejas llevar por ella podrás fluir con los distintos ritmos y matices que te ofrece.
- *Trata de entender a tu pareja de baile.* Así os deslizaréis mejor por los escenarios del mundo. Acompaña y déjate llevar sin perder el paso.

LOS CINCO RITMOS

Entre las distintas escuelas de danza terapéutica o experiencial está la de Gabrielle Roth y sus cinco ritmos, que decía: «La energía se mueve en ondas. Las ondas se mueven en patrones. Los patrones se mueven en ritmos. Un ser humano es eso: energía, ondas, patrones y ritmos... un baile».

En las sesiones de esta disciplina, que está al alcance de cualquier persona, se trabajan estos aspectos:

- *Enraizamiento.* Ante todo, ser consciente de tu propio cuerpo.
- *Atención.* ¿Cómo sientes tu cuerpo? ¿De qué manera percibes el entorno?
- *Movimiento.* Expresa todo lo que eres, incluidas tus emociones y pensamientos.
- *Respiración.* Forma parte de tu movimiento, es el aliento de la vida.

322
EL CONCIERTO DE LA VACA

Un cuento de Oriente relata que un célebre músico decidió experimentar algo nuevo tocando una pieza clásica ante una vaca.

El animal siguió pastando, sin levantar una sola vez la cabeza para atender al concierto.

No es que la vaca no oiga mi música, es que mi música no le interesa, pensó el músico que, acto seguido, utilizó un instrumento de viento para imitar el zumbido de las moscas y luego el mugido de los terneros.

La vaca empezó a prestar gran atención al concierto, y se acercó incluso al instrumentista, balanceando la cola, para poder escucharlo mejor.

El músico entendió entonces que el nuevo repertorio le había interesado porque, este sí, tenía un significado para la vaca.

¿A QUIÉN LE INTERESA ESTO?

Esta es una pregunta que deberíamos hacernos antes de soltar un largo discurso a alguien. Para medir si es adecuado lo que quieres explicar a quien tienes delante, pregúntate:

1. ¿Esta persona comprende y tiene afinidad por el tema que quiero exponer?
2. ¿Dispone del tiempo necesario para lo que quiero contar?
3. ¿Viene libre de expectativas o nos hemos encontrado para hablar de otra cosa?
4. ¿Le resultará útil y valioso lo que quiero contarle?

323
TODO LO QUE ERES

Eres mucho más de lo que imaginas. Más incluso de lo que has aspirado nunca a ser. El maestro espiritual Amit Ray dice al respecto:

> *No estás solo en las luchas de la vida. Todo el cosmos está contigo. Evoluciona a través de la forma en que enfrentas y superas los desafíos de la vida. Usa todo a tu favor.*

Cuando te das cuenta de eso, te conviertes en esperanza para otros, no solo para ti. Puedes tender la mano a los demás, animar a quienes tienen dificultades en el camino, transmitir calma a quien tiene necesidad de ella.

Date la oportunidad de ser inspiración para otros y para ti mismo. Ofrece todo el amor que tienes, eres y mereces.

TRES CLAVES PARA EMPODERARTE

1. *Elimina las excusas y justificaciones.* Frases como *Es que soy así*, *Es la vida* o *Qué le vamos a hacer* te desempoderan y te llevan a un papel de víctima.
2. *Date cuenta de tu influencia en los demás.* Todo lo que haces y dices tiene su repercusión en tu entorno. Si prestas atención al *feedback*, tomarás conciencia de tu poder.
3. *Busca buenos compañeros de cordada.* Así como una expedición a una alta montaña fracasará si hay montañeros pesimistas o temerosos, busca un buen equipo para alcanzar tu cima personal.

324
PURA ENERGÍA

Decía Leonard Bernstein, tras haber visto actuar a Maria Callas, que ella era *pura electricidad.*

No es de extrañar. Su manera de cantar llegaba más allá porque la diva nacida en Nueva York tenía el don de hacer vibrar con su talento. Sobre el secreto de su arte, una vez confesó:

> *Yo pertenezco a los dadores. Quiero dar un poco de felicidad, incluso si no he tenido mucha para mí (...) Si alguien salió de una ópera sintiéndose más feliz y en paz, ya logré mi propósito.*

Las personas como Maria Callas tienen esa generosidad y logran hacer felices a los demás porque saben convertir la emoción en puente y punto de encuentro.

Quizá no llegues a todos, como la gran soprano, pero tienes la oportunidad de conectar con muchas personas y darles un buen chute de vida.

Cada día tenemos la oportunidad de dar el do de pecho para animar la existencia de los demás.

¿CUÁL ES TU CANCIÓN PARA EL MUNDO?

El premio Nobel indio Rabindranath Tagore decía que «El bosque sería muy triste si solo cantaran los pájaros que mejor lo hacen». A partir de esta idea te sugiero que te preguntes:

- ¿Cuál es la *canción* que puedes entregar en tu vida cotidiana para alegrar la vida de los demás?
- ¿Con qué medios y talentos cuentas para ello?
- ¿Quién necesita más, en este momento, tu aportación a la vida?

325
DIVINAS TONTERÍAS

En un documental sobre René Magritte, se cuenta que una vez invitó a su casa a un experto en arte. Hacía frío y el salón estaba calentado por un hogar de leña.

El pintor surrealista preguntó a su invitado si podría poner un leño al fuego. Justo cuando se giraba para hacerlo, Magritte le dio una patada en el trasero.

Desconcertado, el visitante se giró hacia el anfitrión, que siguió charlando con gran seriedad, como si nada hubiera sucedido. Pensando, quizá, que se había tratado de una alucinación, el otro volvió a la conversación sin más.

Sin llegar a estos extremos, quizá te guste a veces hacer alguna tontería para demostrarte que no te tomas la vida tan en serio.

Esas tonterías, a veces, son tus mejores momentos de conexión contigo mismo y puede que contagien a otros de ligereza o, al menos, de un divertido sentimiento de sorpresa.

UN POCO DE LIGEREZA

Se cuenta que, en un aeropuerto de Alabama, cuando un pasajero se disponía a embarcar su maleta, el empleado de la aerolínea le hizo una pregunta rutinaria:

—¿Alguien ha puesto algo sin su conocimiento en su equipaje?

A lo que el pasajero contestó:

—Si hubiera sido sin mi conocimiento, ¿cómo podría saberlo?

Esto provocó la risa del empleado.

Es un pequeño ejemplo de cómo un tono ligero, pero respetuoso, puede hacer más agradables y divertidas las tareas y conversaciones áridas.

326
LECCIONES DEL *KINDERGARTEN*

En 1986, Robert Fulghum tuvo un enorme éxito con *Todo lo que realmente necesito saber lo aprendí en el parvulario*, un libro encantador en el que este autor norteamericano recupera las enseñanzas del jardín de infancia para el buen vivir de los adultos:

1. Compártelo todo.
2. Juega limpio.
3. No pegues a los demás.
4. Devuelve las cosas donde las encontraste.
5. Limpia lo que hayas ensuciado.
6. No cojas lo que no es tuyo.
7. Di que lo sientes cuando hayas hecho daño a alguien.
8. Lávate las manos antes de comer.

Sobre el valor de recuperar estas sencillas lecciones –con un nuevo sentido– en la edad adulta, Fulghum señala: «Que seas inteligente no significa que no seas estúpido».

CON TU MIRADA DE AHORA

Como ejercicio para esta reflexión, te propongo que leas cada una de las ocho reglas de parvulario y las interpretes para tu día a día. A excepción de la octava, que es literal —aunque muy útil en época de pandemia—, todas las otras tienen un sentido más amplio en la madurez. ¿Cómo se traduce cada regla a tu vida actual?

327
TU PROPIA *MATRIX*

Uno de los momentos icónicos de la película *Matrix* es la elección que tiene que hacer el protagonista entre la píldora roja y la azul. La primera permite conocer una verdad que puede hacer tambalear su mundo, la segunda lo mantiene en la ignorancia.

¿Cuál de las dos elegirías si pudieras decidir?

¿Optarías por la verdad, por incómoda que fuera, o preferirías no saber?

Me parece interesante esta reflexión, porque muchas veces en nuestras vidas podemos elegir entre esas dos posibilidades.

A veces la vida nos manda señales que equivalen a la píldora roja, para que nos atrevamos a indagar en la verdad sobre nosotros mismos o nuestro entorno. Podemos asumir el reto o tomar la azul y pasar de largo por el aprendizaje.

CUANDO ES MEJOR NO SABER

Hay situaciones concretas, sin embargo, en las que no tiene ninguna utilidad querer saber, como...

- Lo que otras personas puedan haber dicho u opinado sobre ti.
- Los rumores sobre terceros acerca de asuntos que no te incumben.
- Informaciones negativas, en general, que no tienen una utilidad clara.

328
TU AUTOBIOGRAFÍA

En esta reflexión te propongo un juego de imaginación. Si leyeras un ejemplar único de tu autobiografía, escrita con toda clase de detalles, ¿qué te faltaría por escribir?

Quizá sea un buen momento para redactar ese capítulo que se refiere a lo que aún, a día de hoy, no has vivido y darle una nueva dirección y sentido a la obra de tu vida.

Puedes diseñar el siguiente capítulo y algunos más, si te atreves. Llena las páginas del relato de tu vida con historias que merezcan la pena ser contadas.

Una vez completado el ejercicio, piensa en los cambios concretos que deberías introducir en tu rutina para que tu futuro tome el rumbo que dicta tu imaginación.

Todos los grandes logros tienen su germen en la fantasía, por lo tanto, ¡atrévete a repensar tu vida!

CUENTA TU VIDA EN SIETE PALABRAS

Silvia Adela Kohan, a quien nos referimos en un ejercicio anterior, recomienda en su manual *Escribe tu vida* utilizar la autobiografía como herramienta para conocerte mejor y clarificar cómo te gustaría vivir.

Si no te sientes aún preparado para escribir un texto largo, este ejercicio preliminar de la autora te puede servir:

1. Resume tu vida en siete palabras. Tómate unos minutos para elegirlas bien.
2. ¿Qué mensaje vital puedes deducir de cada término?
3. Por último, ¿qué tienen en común todas estas palabras? Quizá te ayuden a encontrar el argumento principal de tu historia.

329
TÚ

La ortografía es importante, y sus reglas me sirven como excusa para recordarte algo.

Date cuenta de que la palabra *tú* va con tilde para darle la singularidad que merece todo sujeto, que es único e irrepetible.

Tú eres la clave de todo. De ti parte todo y todo vuelve a ti, como un universo que se expande y se comprime en una larga respiración.

Tú haces que el significado de la vida tenga el acento, la tilde y la importancia que merece.

Tú eres tu fuerza.

¿Cuál es la persona más importante de tu vida? ¿Quién ostenta el poder, la magia, la capacidad de transformación? ¿Cuál es el sujeto de tus grandes aventuras?

Tú.

CUANDO EL LIBRO TE HABLA A TI

No son muchos los libros que utilizan la segunda persona de singular para dirigirse al lector, y uno de ellos es el *Diario de invierno* de Paul Auster, en el que encontramos pasajes como este:

> *Piensas que nunca te va a pasar, imposible que te suceda a ti, que eres la única persona del mundo a quien jamás ocurrirán esas cosas, y entonces, una por una, empiezan a pasarte todas, igual que le suceden a cualquier otro.*

¿Cómo continuarías este hilo de pensamiento?

330
CREATIVIDAD PURA

En la década de 1960, cuando la psicología transpersonal y el orientalismo eran casi desconocidos en España, existió un divulgador pionero: Antonio Blay Fontcuberta.

Autor de obras monumentales como *La personalidad creadora*, esta es su visión de nuestra esencia:

> *El ser humano, en efecto, es naturalmente creador, del mismo modo que lo es en grado sumo la Vida de la cual él es una elevada expresión. La creatividad, pues, no la hemos de ver exclusivamente en aquellos grandes artistas cuyas obras admira la humanidad a través de los siglos, ni tampoco en esos hombres geniales en el terreno de los descubrimientos científicos, de las realizaciones tecnológicas o de las innovaciones comerciales. La capacidad creadora se manifiesta en toda acción que el hombre ejecuta con la plenitud de todo su ser, con la sinceridad, espontaneidad y totalidad de un alma despierta y sencilla.*

¿Eres consciente de tu poder creativo? ¿Qué relevancia le das en tu vida diaria?

UN CONSEJO DE ANTONIO BLAY

Decía este psicólogo nacido en Barcelona: «Voy a intentar llevarme bien conmigo; los demás también saldrán ganando».

Y ahora te pregunto: ¿De qué manera puedes llevarte bien contigo para mejorar tu vida y la de los demás?

331
LÁGRIMAS EN LA LLUVIA

Hay una película en especial que me hizo amar el cine: *Blade Runner*. En ella hay una secuencia inolvidable: el replicante Roy Batty, magistralmente interpretado por Rutger Hauer, tiene un monólogo final sublime.

Al parecer, este parlamento tan emotivo no estaba de este modo en el guion adaptado a partir de la novela *¿Sueñan los androides con ovejas eléctricas?*, de Philip K. Dick.

Fue el propio Hauer quien, la noche antes del rodaje, reescribió ese monólogo en el guion para tener una despedida del personaje como a él le parecía que merecía, antes de morir.

Te aconsejo que revises esta película. Es una de las secuencias más bellas de la historia del cine, sumada a la música del gran Vangelis. Los efectos de luz y la lluvia hacen el resto.

Al igual que eliges cómo quieres vivir, me gusta pensar que podemos elegir cómo despedirnos de este mundo, como el personaje de *Blade Runner.*

LA DESPEDIDA DE ROY BATTY

Antes de su final, mientras cae sobre él una lluvia torrencial, el replicante le dice lo que sigue al protagonista:

> *Yo he visto cosas que vosotros no creeríais. Atacar naves en llamas más allá de Orión. He visto rayos-C brillar en la oscuridad cerca de la Puerta de Tannhäuser. Todos esos momentos se perderán en el tiempo, como lágrimas en la lluvia. Es hora de morir.*

332
HO'OPONOPONO

Cuando tengas la impresión de que no has obrado del todo bien, que quizá has hecho daño a alguien sin darte cuenta o que has estropeado algo, tienes a tu alcance una forma de remediarlo.

Es importante hacerlo, porque cuando no hacemos bien las cosas, nosotros también nos sentimos mal.

Hay una técnica sanadora preciosa de origen hawaiano que se denomina Ho'oponopono. Esta palabra tan larga y compleja se traduce en el idioma local como *higiene mental* y tiene como base un mantra u oración que se ha popularizado en los últimos tiempos:

Gracias, perdón, lo siento, te amo.

Aunque no seamos del todo conscientes de cuál es el conflicto, al repetir estas palabras cada vez que sintamos que hay un desequilibrio en nuestra vida, según la sabiduría del Ho'oponopono, devolvemos la armonía a nuestro ser.

Te invito a que indagues en torno a este ritual sanador que acerca corazones y alivia el alma cuando nos sentimos tristes por nuestra actitud.

LA CULPA PARALIZA

Decía el filósofo y orientalista Alan Watts que «Una manera de no hacer nada acerca de una situación es sentirse culpable», ya que la mayoría de las personas no toman medidas prácticas para devolver el equilibrio a su alma.

La sabiduría ancestral hawaiana nos propone este punto de partida para sanar: *Gracias, perdón, lo siento, te amo.*

Este mantra, junto a la decisión de no repetir viejos errores, ayuda a disolver la culpa.

333
VIAJAR DESDE EL SILLÓN

Corren tantas imágenes de lugares exóticos y paraísos vacacionales por las redes, que las personas que se quedan en casa pueden sentir que se están perdiendo algo.

Contra esta idea, George Sand, que además de pareja de Chopin, era una extraordinaria escritora y viajera, confesaba al respecto:

> *Mis viajes más bellos, los más dulces, los he hecho al calor del hogar, con los codos reposando en los brazos desgastados del sillón de mi abuela. ¿Por qué viajar si no se está obligado a ello? (...) No se trata tanto de viajar como de partir; ¿quién de nosotros no tiene algún dolor que distraer o algún yugo que sacudir?*

Partir es aquí una palabra interesante, porque implica abandonar un lugar –físico o mental– para dirigirnos a otro.

¿Adónde necesita viajar tu alma en este momento?

VIAJAR CON LA IMAGINACIÓN

Cuenta la leyenda que Jules Verne, siendo un niño, se fugó de su casa e intentó enrolarse como grumete en un barco que zarparía hacia la India. Sin embargo, su padre lo encontró a tiempo, frustrando el viaje.
A partir de entonces, Jules decidió que viajaría con la imaginación. Quizá nació aquí el maestro de las novelas de aventuras.

Mientras llega tu próximo viaje, te aconsejo que ejercites tu imaginación para trasladarte a lugares y momentos que enriquezcan tu rutina.

334
MALABARISTA DE LA VIDA

Has intentado alguna vez hacer malabarismos con bolas en el aire? Si tu respuesta es negativa, te diré que seguramente lo has hecho muchas veces en tu vida, aunque sea de otra forma.

¿No te has sentido a veces un verdadero equilibrista, tratando de conciliar tantas cosas en tu jornada?

Somos malabaristas de la vida, manteniendo viva la llama de muchos aspectos de nuestro día a día. Me encanta mirarlo así, aunque a veces necesitamos rebajar la carga que asumimos.

¿Cuántas bolas puedes manejar al mismo tiempo? ¿Te gustaría quitar alguna y observar mejor lo que baila en el aire?

Más allá de tu capacidad para gestionar tantas cosas, busca un equilibrio que te aporte la serenidad que necesitas.

NO EXISTE EL *MULTITASKING*

Observaciones llevadas a cabo en laboratorio han demostrado que los seres humanos, por lo general, no simultanean tareas, sino que cambian de una a otra con tanta velocidad que pueden pensar que las hacen al mismo tiempo.

Ya que salir y entrar constantemente de una actividad supone un desgaste energético, es esencial concentrar nuestra atención en labores importantes y, aunque queramos hacer muchas cosas, proceder por orden: una después de otra.

335
EL VALOR DE LA INTEGRIDAD

La integridad es uno de los aspectos que más me resuenan cuando pienso en la selección de valores que son fundamentales para mí. Es curioso todo lo que engloba el concepto de integridad. Muchas personas definen la integridad como la capacidad de proceder *correctamente* respecto a lo que nos rodea, a nuestro entorno personal, siempre en coherencia con lo que somos. Pero ¿qué es *correctamente?*

Para responder, yo diría que es actuar con lealtad hacia nosotros mismos y nuestros principios. Solo así podemos ser íntegros en nuestra totalidad. Me parece un valor esencial a trabajar, porque engloba la posibilidad de ahondar en ideas como la coherencia y el respeto hacia nuestras prioridades y las ajenas.

EL GRADO MÁS ALTO DE INTEGRIDAD

Según Stephen Covey, autor que hemos mencionado anteriormente, «uno de los modos más importantes de poner de manifiesto la integridad consiste en ser leales con quienes no están presentes».

Si no practicas aún este grado de integridad, prueba a incorporarlo a tu día a día. Te sentirás mucho mejor, en coherencia contigo mismo y los demás.

336
AIREAR LAS IDEAS

Se atribuye a Leonardo da Vinci la siguiente reflexión, que de hecho es un consejo práctico:

De vez en cuando sal a dar un paseo y relajarte un poco.
Seguro que cuando vuelvas a tu trabajo, tu juicio será más preciso, pues cuando permanecemos constantemente en la tarea perdemos perspectiva. Cuando tomas un poco de distancia, el trabajo parece menor y podemos ver más fácilmente si hay una falta de armonía o proporción.

Ciertamente, cuando nos sentimos bloqueados ante cualquier cuestión o problema, muchas veces lo que necesitamos es perspectiva. Alejarnos del asunto por unas horas, incluso por un día entero, puede ser mano de santo.

CONVIÉRTETE EN UN FILÓSOFO ANDANTE

Aristóteles fue el fundador de la escuela de los peripatéticos, que acostumbraban a filosofar en el curso de largos paseos. Además de ayudarte a airear las ideas, caminar tiene otros beneficios:

1. Para el cuerpo es uno de los deportes más saludables que existen.
2. Ayuda a conciliar el sueño.
3. Mejora la circulación sanguínea (también la de la cabeza, quizá por eso acuden mejores ideas).
4. Reduce el estrés y la ansiedad.
5. Eleva nuestro humor y nos da nuevas perspectivas.

337
CUERPO Y EMOCIONES

La ciencia ha demostrado ampliamente cómo nuestras emociones repercuten en nuestro cuerpo, y a la inversa. Por este motivo, cuanto más nos conocemos y aprendemos a gestionarlas mejor será nuestra salud y calidad de vida, así como la de las personas que nos rodean.

Sin embargo, no todo el mundo tiene facilidad para leer sus emociones. El doctor Bessel van der Kork explica en su clásico *El cuerpo lleva la cuenta* que muchas personas padecen alexitimia, que es la incapacidad de poner palabras a sus sentimientos. Pero, nuevamente, conectar con el cuerpo es la solución. En palabras de este autor: «las personas con alexitimia pueden mejorar si aprenden a reconocer la relación entre sus sensaciones físicas y sus emociones (...) Cuando tenemos una conexión cómoda con nuestras sensaciones interiores (...) sentimos que tenemos el control de nuestro cuerpo, de nuestros sentimientos y de nuestro yo».

Ojalá esto sea la base de la sociedad para conocernos y relacionarnos mejor. Sueño con ello.

TOMA CONTACTO CON TU CUERPO

Para hacerte amigo de tu vehículo para la vida, este ejercicio que propone Anna Sólyom en *Reconecta con tu cuerpo* te servirá para tener más conciencia de cómo te sientes:

1. Frótate las manos y, cuando las notes calientes, toca suavemente con ellas tu cara, tu cabeza, tu cuello, tus hombros, tus codos, tus antebrazos y tus manos entre sí.
2. Luego recorre con ellas tu tronco, tu espalda, tus caderas, tus glúteos, la parte de arriba de tus muslos.
3. Baja a continuación por ambas piernas, primero una luego la otra, contactando con tus muslos, rodillas, gemelos y pantorrilla, con los tobillos, con el pie, la planta del pie y sus dedos...
4. Durante esta toma de contacto con tu cuerpo, con una respiración lenta y serena, deja que el cuerpo te hable. ¿Qué te está diciendo?

338
UN JEFE IGUALITARIO

Denis Waitely, un orador motivacional de Estados Unidos, reflexiona así sobre el uso que hacemos de nuestro recurso más valioso:

El tiempo es un jefe que ofrece igualdad. Cada ser humano tiene exactamente el mismo número de horas y minutos cada día. Las personas ricas no pueden comprar más horas. Los científicos no pueden inventar nuevos minutos. Y no puedes guardar tiempo para gastarlo otro día. Aun así, el tiempo es increíblemente justo y misericordioso. No importa cuánto tiempo has perdido en el pasado, todavía tienes un mañana completo.

¿Cómo calificarías el uso que haces de tu tiempo? ¿Das valor a cada hora, minuto y segundo?

ALGO DE LO QUE SENTIRTE ORGULLOSO

En la gestión del tiempo libre tienes dos opciones: matar las horas con cualquier cosa o hacer algo de lo que luego puedas sentirte orgulloso. Cuando uno tiene una conversación nutritiva o lee sesenta páginas de un buen libro, por ejemplo, le queda la impresión de haber aprendido, de haber aprovechado el tiempo, todo lo contrario que cuando nos entregamos a actividades sin sustancia.

¿Con cuál de estas dos opciones decides llenar tu tiempo libre?

339
VIVIR CON LA AUSENCIA

Hay ausencias con las que convivimos hasta que nos acostumbramos a ellas. En el caso de nuestras madres, el dolor de su marcha es tan grande que, al menos en mi caso, lo encubrí durante demasiado tiempo.

Creo que no sané hasta el día que empecé a honrar su figura, su amor, su increíble capacidad de hacer cosas y su alegría incombustible.

Fue a partir de ese día cuando pude convivir con ella en su ausencia. El dolor se fue y la abundancia se multiplicó en todos los sentidos, porque al integrar al ser amado, aunque ya no esté, vuelven a nosotros los momentos vividos, las palabras compartidas, tantas emociones que nos han convertido en quienes somos.

De este modo, la ausencia se convierte en una presencia amorosa y constante.

UNA CAJA DE MEMORIA

Este es uno de los ejercicios que recomiendan los especialistas en duelo para integrar una ausencia y honrar al ser querido:

1. Elige una caja en la que guardar algunos objetos personales de la persona que ya no está.
2. Puedes incluir en ella fotografías y escritos de esta persona.
3. Si no estás preparado aún para sumergirte en estos recuerdos, mantenlos en la caja hasta que tu corazón te pida abrirla para revisar cada cosa con amor y una sana melancolía.

340
LAS MEJORES COSAS DE LA VIDA YA SON TUYAS

Dale Carnegie, a quien recurrimos al principio de este libro, insistía mucho en que el secreto de la riqueza está en apreciar lo que tienes. Lo explica así, de manera lúcida e inequívoca:

> *Si la gente que se preocupa por sus problemas pensara en las riquezas que poseen, dejarían de preocuparse.*
>
> *¿Venderías tus dos ojos por un millón de dólares... o tus dos piernas... o tus manos... o tus oídos?*
>
> *Aprecia lo que tienes, y te darás cuenta de que no lo venderías por todo el oro del mundo. Las mejores cosas de la vida ya son tuyas, si puedes apreciarte a ti mismo.*

Tal como reza el título de la novela de Raphaëlle Giordano, *Tu segunda vida empieza cuando descubres que solo tienes una*. ¿Y si empiezas a vivir esa nueva existencia desde la abundancia y la gratitud?

HAZ INVENTARIO

¿Qué tal si haces un inventario de todas las cosas que tienes y que no venderías por nada? Tendrás más de un motivo para sentirte rico y agradecido. Te propongo que hagas este ejercicio cada vez que te sientas desanimado.

341
AYUDARNOS NOS FORTALECE

Una de las fábulas más bellas y motivadoras que existen es la que sigue:

«Un país fue invadido por el ejército enemigo, que avanzaba causando gran mortandad. Cuando un cojo explicó a un ciego lo que estaba sucediendo, el ciego cargó al cojo en sus espaldas y pudieron huir juntos».

Aprovechando lo mejor que tenía cada uno lograron salvarse.

Todos somos como estos dos personajes, ya que tenemos la capacidad de darnos ayuda mutua. Ciertamente, a veces las prisas y la tensión diarias nos alejan de cooperar para crear el mundo que deseamos.

La clave para remediarlo es la serenidad. Cuanto más tranquilos estamos, mejor actuamos y más espacio damos a nuestra alma para expandirse y hacer el bien.

Somos seres amables por naturaleza. Solo se trata de priorizar lo verdaderamente importante para crear ese entorno de dicha que depende de nosotros.

DESCUBRE NUEVAS SINERGIAS

Como los protagonistas de la fábula, contempla a las personas más cercanas y plantéate en cada caso lo que sigue:

1. ¿De qué manera podríais colaborar para que salgáis los dos ganando?
2. ¿Qué puedes aportar a la otra persona?
3. ¿Qué te puede aportar ella o él a ti? ¿Qué fortaleza tiene que a ti te falta?

342
DEJA CAER LA CORAZA

Como en la novela de *El caballero de la armadura oxidada*, de Robert Fisher, la coraza que has creado durante años se desmorona cuando permites que la emoción te embargue. Lejos de avergonzarte de ello, te animo a que celebres cada pieza de hierro que cae y des paso a tu ligereza.

Quiero verte el alma, sentir el latir de tu corazón si pongo mi mano en tu pecho. Quiero mirarte a los ojos y notar que confías en mí, saber que a veces tienes miedo y escuchar tu carcajada abierta cuando te diviertes.

Para caminar a mi lado, te necesito ligero para ayudarme a que también yo me despoje de mi propia coraza para saltar hasta las estrellas por la noche.

DEL MIEDO AL AMOR

Dice Robert Fisher en su novela, «Cuando hemos elegido vivir en el miedo en lugar de en el amor, reforzamos constantemente la armadura con angustias, aburrimiento y sospecha».

¿Percibes tu realidad desde el miedo o desde el amor?

A medida que viajes del primero al segundo, te irás desprendiendo de partes de tu coraza.

343
RECARGA TU MOTIVACIÓN

No debería haber nada capaz de amargarte la existencia, nada que pueda apagar tu luz ni tu entusiasmo.

A veces hay apagones, cierto, pero tienes en tu corazón una poderosa linterna para seguir iluminando tu camino. Si se cierra una puerta y hay que renunciar al plan A, ten el plan B bien armado.

En mi caso, mi secreto para recargar las pilas de la motivación es respirar hondo, buscar la calma, ordenar las ideas, ponerme unas zapatillas de deporte y salir a correr con una *playlist* de canciones estimulantes de los ochenta. Y, por supuesto, buenos amigos a mano y una lista de nuevos logros y retos por cumplir.

Tú puedes elegir tu propia fórmula, quizá un lugar en el mapa al que escapar. O cualquier otro recurso que te suba la energía para afrontar el chaparrón.

DOS INSPIRACIONES DE MURAKAMI

En su libro *De qué hablo cuando hablo de correr*, el más famoso escritor japonés de la actualidad y gran aficionado al *running* nos hace dos reflexiones muy útiles:

1. «En la autopista de la vida no es posible circular siempre por el carril de adelantamiento». Hay momentos en los que basta con seguir en marcha y está contraindicado correr o arriesgar.
2. «Tengo la impresión de que, caminando de manzana en manzana, podría llegar hasta el infinito». Un pensamiento muy *kaizen* sobre el poder que tiene cada paso que damos en la misma dirección.

344
ELEVA EL NIVEL

Muchas personas ya conoceréis a Tony Robbins por sus libros o por sus cursos, otras quizá lo hayáis descubierto en el documental de Netflix *No soy tu gurú*, donde asistimos a un encuentro con este gigante del *coaching*.

Una de sus consignas es: «Si haces lo que siempre has hecho, obtendrás lo que siempre has obtenido».

Para salir de esa trampa, su consejo es elevar el nivel:

> *Cuando desees sinceramente hacer un cambio, lo primero que tienes que hacer es elevar tu nivel de exigencia. Cuando la gente me pregunta qué cambió mi vida hace ocho años, les digo que lo más importante fue cambiar lo que exigía de mí mismo. Escribí todas las cosas que no aceptaría más en mi vida, todas las cosas que ya no toleraría, y todas las cosas a las que yo aspiraba.*

PERMITIDO MIRAR ATRÁS

Tony Robbins cuenta que, al desplazarse en su helicóptero de una ciudad a otra, pasó casualmente por un edificio en el que había trabajado de conserje una década atrás. Recordó entonces que en aquella época vivía atenazado por el miedo y la mentalidad de carencia. Me parece un ejercicio interesante que puedes aplicar tú también:

¿Cómo te ves cuando miras atrás?

¿Qué carencias y limitaciones tenías que ahora has superado?

Y, más importante todavía, ¿cómo te ves cuando miras hacia adelante?

345

LO QUE NO QUIERES SER

Cuando oigo decir que *todo es para bien*, pienso que en algunas ocasiones lo bueno es haber pasado por la experiencia de lo que no quieres ser.

Fuiste eso, pero ahora ya no.

En ocasiones, haber sido lo que no deseamos nos hace ser conscientes de ello para no serlo nunca más. Este es un ejercicio que hay que repetir tantas veces como haga falta en la vida.

Bienvenido al mundo de los pequeños sabios que sonríen cuando despiertan al mundo sencillo de la aceptación y la consciencia.

Quizá en el pasado fuiste algo de lo que no te sientes orgulloso, pero ahora que ya sabes lo que no quieres ser, el camino que no quieres tomar nunca más, ahí empieza la autopista hacia lo que sí quieres ser.

TUS MEJORES INVERSIONES

1. ¿Qué es lo que más detestas de tu *yo* del pasado? Pues no lo olvides y haz justamente lo contrario.
2. ¿Qué papel no te gusta haber adoptado? Elige un papel totalmente distinto.
3. ¿Qué es lo que lamentas haber hecho? No lo hagas nunca más, has pasado ya al otro lado.

346
CUESTIÓN DE ACTITUD

Mi querido Victor Küppers siempre nos recuerda la importancia de la actitud que ponemos en todo lo que hacemos en la vida. De hecho, este conferenciante y escritor tiene una fórmula para medir el valor de una persona:

$$V = (C + H) \times A$$

La fórmula puede explicarse así: el valor es igual a la suma del conocimiento y las habilidades, multiplicada por la actitud.

Como él dice, una buena actitud es lo que multiplica nuestro valor.

¿Cuál es tu actitud ante la vida?

Tu forma de ser es lo que te abre posibilidades y hace de ti una persona sin límites. Más allá de tus conocimientos y habilidades, la actitud te ayudará a ser una persona querida y apreciada.

EL EFECTO BOMBILLA

Küppers afirma que «las personas somos como bombillas, porque todos transmitimos sensaciones y captamos las sensaciones que transmiten los demás. Sin embargo, aunque todos transmitimos, no todos transmitimos lo mismo».

Mientras que hay personas que emiten un poderoso resplandor, otras parecen ir fundidas por la vida. ¿Qué es lo que diferencia unas de otras?

La actitud.

¿Tu actitud es brillar o aceptas ser una bombilla fundida?

347
UN MISTERIOSO MONTAÑERO

Nadie sabe quién es Harold V. Melchert, pero una reflexión que se le atribuye es inmensamente popular en el mundo del montañismo, especialmente en los países anglosajones. Dice así:

Vive cada día tu vida como si fueras a escalar una montaña. Una mirada ocasional hacia la cumbre mantiene la mente objetiva, pero muchas escenas hermosas son para verlas desde cada nuevo punto de vista. Sube lentamente, de manera constante, disfrutando de cada momento a cada paso; y la vista de la cumbre servirá como el mejor clímax para el viaje.

Me parece una buena alegoría sobre el camino de la vida. Mirar la cumbre que te has propuesto te dará ánimo para seguir en el camino y que no decaigan las fuerzas.

Este mismo autor misterioso afirma: «Lo único que no puedes reciclar es el tiempo perdido».

SUBIR Y BAJAR LA MONTAÑA

El psicólogo Joan Garriga, autor de libros como *Bailando juntos* o *Decir sí a la vida*, compara la existencia con una expedición a la montaña:

1. En la primera parte de nuestra vida subimos hacia la cima. Es el momento de ganar cosas: logros, experiencia, amigos, amores, posesiones, dinero, méritos...
2. Una vez en la cima, en el ecuador de la existencia, vemos el mundo y decimos: *aquí estoy y esto es lo que he logrado*.
3. A partir de aquí hay que bajar la montaña. En esta fase no se trata ya de adquirir, de cargar con más cosas, sino de saber liberarse de ellas para caminar más ligero. Vamos soltando todo lo que no necesitamos hasta que, al final de la bajada, nos desprendemos de la propia vida.

348
NEGOCIA CON TU MENTE

No pretendas entenderlo todo. No permitas que lo racional acapare todo tu espacio existencial. Negocia con tu mente. Está bien que seas amigo de tu proceder más mental y lógico, pero a veces conviene dejarlo ir para aprender otras formas de moverte por la vida.

Para escapar del pensamiento vertical –en oposición al lateral de los creativos–, deberás observarte y ser consciente del papel que está desempeñando este pensamiento en tu toma de decisiones, observar tu mente. ¿Eres consciente de ello?

Como dice Jay Shetty en su libro *Piensa como un monje*:

> *Visualizar la mente como un ente separado nos ayuda a trabajar en nuestra relación con ella. Podemos pensar en nuestra interacción con la mente cómo hacer un amigo o negociar la paz con un enemigo.*

PON TUS RELACIONES EN TU SITIO

Al separarnos de la mente, observamos procesos que de hecho no tienen nada de racional ni de conveniente, sobre todo en lo que respecta a las relaciones que establecemos. En uno de los pasajes más brillantes de su libro, Jay Shetty afirma:

> *Lo que sucede muchas veces es que ignoramos a los que nos apoyan, apoyamos a los que nos ignoran. Amamos a los que nos lastiman y lastimamos a los que nos aman.*

Te sugiero que medites sobre esta reflexión para asegurarte de que no incurres en uno de estos cuatro errores.

349
A TU MANERA

Llegados a este punto, ya sabes que eres único e irrepetible. Cuando te hicieron, se rompió el molde. Solo tú puedes hacer las cosas *a tu manera*. Nadie más las podría hacer igual.

Recordemos el tema icónico de Frank Sinatra, fruto de una adaptación de Paul Anka de una canción francesa anterior. Traducido, viene a decir:

¿Qué es un hombre, aquello que tiene?
Si no es él mismo, entonces no tiene nada.
Debe decir las cosas que realmente siente
y no las palabras de alguien que se arrodilla.
Mi historia muestra que encajé los golpes,
y lo hice a mi manera.

También tú haces y dices las cosas a tu manera, tienes tu propio camino, tu propia visión del mundo. Tienes una autenticidad que no se puede adquirir en ningún sitio. Viene de fábrica.

PEQUEÑO TEST DEL CAMINO

1. Si volvieras a nacer, ¿qué cosas volverías a hacer exactamente igual?
2. ¿Qué errores no volverías a cometer?
3. ¿Qué te atreverías a hacer que no hiciste en su momento?
4. ¿Cómo definirías, en pocas palabras, tu manera de vivir?

350
RECUPERAR LA ESPERANZA

Jordan Peterson, autor de *12 reglas para vivir*, habla, entre otras muchas cosas, de la importancia de mantener la mirada en ese anhelo que va más allá de un primitivo instinto de supervivencia. En sus palabras:

> *Una gran parte de la felicidad está compuesta de esperanza, por muy profundo que fuera el submundo en el que dicha esperanza se fraguó.*

Sin embargo, si queremos materializarla, la esperanza no debe ser un mero deseo de que cambien las tornas. Hay que acompañarla de acción comprometida y de verdad, como precisa el mismo Peterson:

> *El enfoque más audaz posible de la vida y diría que el enfoque más significativo es decir la verdad y dejar que pase lo que pase. Es una aventura.*

ESPERANZA Y AUTOCUIDADO

Cuando las cosas se ponen difíciles, es el momento en el que hay que cultivar más la esperanza, lo cual pasa por no abandonar el autocuidado, que es lo primero que pierden quienes tiran la toalla. Eso implica...

1. No relajar el aseo y tu aspecto físico.
2. Hacer ejercicio para tonificar el cuerpo y la mente.
3. Alimentarte de forma saludable, sin tirar de comida rápida.
4. Seguir frecuentando las buenas relaciones, aunque te sientas tentado a aislarte.
5. Emprender nuevos proyectos, por muy negro que lo veas ahora.

351
MIRAR HACIA DENTRO

Siempre que te sientas perdido, mira hacia dentro para aprender, para entender qué te está sucediendo y despertar la consciencia. Recuerda que lo de fuera es solo un reflejo de ti. Así de increíble es tu grandeza.

Para recobrar la paz y encontrar las respuestas que necesitas, el viaje es desde dentro hacia fuera. Descubrirás que todo lo que miras tiene tu esencia. Por lo tanto, cualquier cambio que quieras encontrar en el mundo tendrás que aplicarlo primero dentro de ti mismo.

Darte cuenta de esto marcará un antes y un después en tu vida.

Ya lo decía Carl Jung: «Aquel que mira fuera, sueña. Quien mira en el interior, despierta».

UN POCO DE INTROSPECCIÓN

El médico y psicólogo Wilhelm Wundt recomendaba a sus pacientes, ya a finales del siglo XIX, que analizaran sus pensamientos a través de la introspección. La técnica es sencilla:

1. Date una pausa de al menos diez minutos para parar y examinar qué te pasa por dentro.
2. Analiza qué suceso o idea está en el origen de lo que estás sintiendo.
3. Ser consciente de ello te ayudará a detener la mayoría de tus pensamientos mecánicos, con lo que aclararás tu mente.

352
UN CURSO DE MILAGROS

Gozo y me pierdo en los párrafos de *Un curso de milagros*, una experiencia a la que muchas personas dedican un año de forma disciplinada, ya que es un libro extenso y complejo, a la vez que transformador.

Yo disfruto interpretando de manera distinta alguno de sus pasajes cada vez que los releo. Me gustaría compartir contigo este pequeño fragmento:

> *Has concebido una diminuta brecha entre las ilusiones y la verdad para que sea un lugar donde reside tu seguridad y donde lo que has hecho mantiene celosamente oculto a tu ser.*

¿No es apasionante cuando un texto te da una bofetada de amor y te ayuda a ver la realidad de otro modo?

UNA ALTERNATIVA PARA PRINCIPIANTES

Si has intentado alguna vez empezar a leer *Un curso de milagros* y te resulta demasiado difícil, tienes una alternativa que muchos entendidos consideran una lectura preliminar mucho más sencilla. Se trata de *La desaparición del universo*, de Gary R. Renard, donde se resumen de manera amena muchos puntos del mencionado libro.

353
SOBRIEDAD

Una de las virtudes que más persigo es la sobriedad, ya que, como decía José Alberto Mujica, denominado «el presidente más pobre del mundo» y a quien me encanta escuchar...

Inventamos una montaña de consumo superfluo, y hay que tirar y vivir comprando y tirando. Y lo que estamos gastando es tiempo de vida, porque cuando yo compro algo, o tú, no lo compras con plata, lo compras con el tiempo de vida que tuviste que gastar para tener esa plata. Pero con esta diferencia: la única cosa que no se puede comprar es la vida. La vida se gasta. Y es miserable gastar la vida para perder libertad.

Yo añadiría también que no solo gastamos tiempo en lo material, sino también en experiencias y relaciones.

Así que vuelvo al concepto elemental para mí en todo esto: la sobriedad que lleva a la sencillez y a la vida en libertad.

MINIMALISMO RADICAL

Si alguna vez vas a Creta, en una colina cerca de la capital encontrarás la tumba de Nikos Kazantzakis, el autor de *Alexis Zorbas*. Sobre una humilde lápida se lee:

No espero nada,
no temo nada,
soy libre.

La expectativa de que las cosas sean de determinado modo, y el temor a que sucedan cosas desagradables son otras fuentes de desgaste mental que nos hacen perder el tiempo.

¿Hasta qué punto estás libre de ambas?

354
KIKUBARI

Hay una frase que he ido diciendo a mis hijos a medida que crecen: *No estamos solos en el mundo.*

Poco a poco son conscientes de que forman parte de una gran familia con sus hermanos y sus distintas circunstancias.

Es hermoso ver cómo comienzan a conjugar su vida en plural y hacen sus aportaciones al núcleo familiar. En casa, siempre intentamos poner atención a lo que el otro necesita. Unas veces sale mejor que otras, pero siempre lo intentamos.

Creo que se parece a lo que en Japón denominan *kikubari*: la capacidad de tener en cuenta a las personas que te rodean, estando atentos a sus distintas sensibilidades.

SABER LEER EL AIRE

Un aspecto fascinante de las relaciones japonesas es lo que se conoce como *kuki yomenai*, que se traduce literalmente como *saber leer el aire*. Se refiere a comprender lo que quiere decir el otro, aunque no pronuncie una sola palabra. ¿Cómo se consigue esto?

- Prestando atención a la postura del cuerpo. El lenguaje no verbal también comunica el estado de ánimo. Unos hombros caídos, por ejemplo, indican desánimo.
- La expresión de la cara es, sin duda, una gran fuente de información que nos da pistas sobre lo que pasa por dentro.
- Observando otras señales, como un repentino silencio de alguien que normalmente es hablador. Todo eso te ayudará a *leer el aire.*

355
EMOCIONES QUE DESPIERTAN

A lo largo de la vida, el corazón se te quebrará más de una vez a causa de emociones que ni imaginabas. Experimentarás entonces también la grandeza de sentir, incluso por eventos poco agradables o afortunados.

Te sentirás abatido por desencuentros o malentendidos, o por tus propias dudas y miedos.

No eres de piedra. ¡Ni pretendas serlo!

Aprende de todo lo que estás sintiendo, cualquiera que sea tu dolor. ¡Bendita emoción, que te hace saber que estás vivo! Sobre esto, el gran Jim Morrison decía:

> *El dolor tiene el propósito de despertarnos (...) Nuestra fuerza se siente en la experiencia del dolor. Todo depende de cómo lo llevamos. Eso es lo que importa. El dolor es un sentimiento, y tus sentimientos son una parte de ti. Tu propia realidad. Si te avergüenzas de ellos y los escondes, estás dejando que la sociedad destruya tu realidad. Debes defender tu derecho a sentir dolor.*

DOLOR Y CREATIVIDAD

Dado que las emociones relacionadas con la tristeza y el dolor nos permiten profundizar en nuestro interior, te aconsejo que aproveches estos momentos para canalizar tu creatividad a través del medio que te sea más natural: escribir, dibujar, cantar...

Trata de plasmar lo que estás viviendo y conviértelo en tu obra de arte.

356
NEXO

Hay algo que me encanta hacer: juntar a personas que conozco y que creo que se van a llevar bien. Crear vínculos que lleven a proyectos conjuntos y que pueden derivar en una buena amistad o acompañamiento.

Con este fin reúno en casa a personas que creo que pueden aportarse mutuamente y si, además, tenemos algo que celebrar, todavía mejor.

Quizá no se vuelvan a ver, pero ese evento dejará huella al compartir otras percepciones, otras maneras de entender el mundo. Merece la pena poner todo el cariño y atención en esta clase de encuentros para que sean dignos de ser recordados.

NETWORKING

Los principales autores de libros sobre el éxito coinciden en que el *networking* es un ingrediente principal de cualquier logro. Para aplicarlo a tu vida cotidiana:

- Trata de *hacer red* con personas que comparten contenidos de valor.
- Abre la puerta a nuevas incorporaciones en tu círculo de amigos. Nunca se sabe quién puede aportarte aquello que necesitarás en tu próximo proyecto.
- Practica la generosidad con criterio. El flujo de dar y recibir forma parte de la rueda del éxito.

357
FLORECER

Siembro bien para que florezca en mí la mejor versión de lo que puedo dar. Cuido mi tierra y mi alimentación, el ambiente en el que crezco y las circunstancias que hacen que me convierta en una flor bella.

Cuido de mí para ser algo que merezca la pena, por mí y por los demás.

Recordemos el fragmento de *El principito* en el que charla con el zorro, que le dice:

> *Eres responsable de tu rosa (...) Eres responsable para siempre de lo que has domesticado.*

¿Cuál es la rosa que cuidas en tu vida y qué flores esperas que dé?

CUIDA DE TU JARDÍN INTERIOR

Si ves tu interior como un jardín en el que crece lo que has plantado —el zorro diría *domesticado*—, puedes embellecerlo al cultivar...

- Buenas lecturas, que nutran tu alma y enriquezcan tu conversación.
- Películas y documentales sobre temas que abran tu perspectiva sobre la vida.
- Conversaciones que vayan más allá de lo rutinario.
- Exposiciones o conferencias que aporten nuevas miradas sobre el mundo.
- Baños de naturaleza para recuperar tu conexión más íntima con lo que eres.

358
NUNCA EL TIEMPO ES PERDIDO

Empleamos buena parte del tiempo de nuestra vida en tratar de entender el mundo, lo que incluye tanto a los demás como a nosotros mismos.

Somos curiosos por naturaleza y, si se trata de emociones, aún más, porque al explorarlas el corazón late más rápido y nos sentimos más vivos.

Ya lo decía Manolo García: «Nunca el tiempo es perdido, es solo un recodo más en nuestra ilusión, ávida de cariño».

Cuando vivimos a flor de piel, el tiempo se mueve tan despacio que a veces sentimos que se detiene en un instante de eternidad.

Nunca el tiempo es perdido cuando nos dedicamos a conocer las profundidades del corazón.

CHRONOS Y KAIRÓS

Los antiguos griegos distinguían entre dos clases de tiempo:

- *Chronos*. Se refiere al tiempo lineal, el que podemos medir de forma precisa con un reloj.
- *Kairós*. Es el tiempo de calidad que no se puede medir. Dependiendo de la experiencia, se comprime o se estira, y un minuto puede contener una vida entera. En la teología cristiana a veces se le llama *el tiempo de Dios*.

¿Qué clase de momentos o actividades te permiten vivir ese tiempo divino?

359

EL AIRE QUE RESPIRAS

Cuando quieras volver a ti, quédate en el *aquí y ahora*, respira. Y no solo para anclarte en el presente o relajarte, sino también para llenarte de vida.

¿Sabías que, según estudios recientes, la esperanza de vida depende más de la capacidad pulmonar que de los genes, la alimentación o el ejercicio?

Una persona que respira bien, expandiendo sus pulmones, tiene muchas más posibilidades de tener una vida longeva y saludable.

Con todo, la mayoría de los seres humanos respiramos mal, de manera acelerada y sin consciencia de ello. Y esto el cerebro lo lee y lo interpreta como: *Me ahogo. No me llega el aire.*

La buena noticia es que a respirar se aprende.

Cuando nos acostumbramos a hacerlo de manera adecuada, poniendo la atención en ello, nuestro cuerpo se oxigena y podemos pensar, sentir y vivir mejor.

BOX BREATHING

Esta técnica de respiración, que se utiliza entre otras cosas para dominar la ansiedad, evita que hiperventiles, algo que a veces hacemos de forma inconsciente y que puede llevar a un ataque de pánico.

Llamada también 4-4-4, es una técnica muy sencilla:

1. Inspira, lenta y suavemente, durante 4 segundos.
2. Contén la respiración 4 segundos.
3. Suelta el aire, lenta y suavemente, durante 4 segundos.

Al repetir este proceso diez o doce veces sentirás cómo la tensión afloja y te sentirás mucho mejor.

360
CIELO E INFIERNO

Omar Khayyam, un matemático, astrónomo y poeta persa, tiene inspiraciones breves y reveladoras como esta:

Más allá de la Tierra, más allá del infinito,
intentaba ver el cielo y el infierno.
Y una voz solemne me dijo:
«El cielo y el infierno están en ti».

Esta visión de un autor que vivió hace un milenio coincide con la de muchos teólogos modernos, que consideran el cielo y el infierno de las sagradas escrituras no como lugares reales, sino como estados interiores.

Si, como dice Khayyam, el cielo y el infierno están dentro de cada uno, tenemos libre albedrío para elegir en cuál de ambos mundos mentales queremos habitar.

¿QUÉ TE LLEVA AL CIELO Y AL INFIERNO?

Examina cómo cambia tu panorama mental según diferentes acciones y actitudes. Por ejemplo, cuando te enzarzas en una discusión que no lleva a ningún sitio, porque ninguna de las partes se va a mover de su posición, ¿cómo te sientes *durante* y *después?*

Si te sientes irritado y luego exhausto, puedes evitar ese infierno no entrando en lo que lo provoca.

Pon atención, también, a lo que te hace sentir calma y placidez, de modo que puedas entrar a menudo en ese paraíso mental.

361
REALIDAD Y PROGRESO

En su biografía –fantástica, por cierto–, Michelle Obama se pregunta, haciendo balance al final de su carrera junto a su marido, en qué momento cambió su vida. Cuáles fueron los instantes clave en los que su vida dio un giro.

En *Mi historia* repasa mentalmente su juventud con Barack, el día de su primer beso, sus inicios en la política...

Al leer sus vivencias, te das cuenta de que el destino es fruto de muchas pequeñas decisiones que nos han llevado adonde estamos ahora, desde la imaginación a los hechos.

Michelle Obama lo explica así: «Sabía que era posible vivir en dos planos a la vez, tener los pies plantados en la realidad, pero con la mirada puesta en el progreso».

HAZLO REALIDAD

Decía Jules Verne que «todo lo que una persona puede imaginar, otros pueden hacerlo realidad».

Si asumimos que quien imagina y quien hace es una misma persona —tú—, pregúntate:

1. ¿Cuál es tu principal sueño ahora mismo? ¿Qué es lo que estimula más tu imaginación?
2. ¿Qué debes empezar a hacer para convertirlo en realidad?

Ponte a ello cuanto antes y el progreso llegará.

362
COMO UN ESTANQUE EN CALMA

Cuando buscas respuestas, cuando aspiras a la verdad, debes esperar en calma para, desde ella, encontrar lo que anhelas. Una actitud inquieta, en cambio, te llevará a la precipitación, con lo que solo lograrás confundirte más.

Solo puedes ver el fondo del estanque si sus aguas están en calma. Cuando dejas de removerlas, se vuelven cristalinas y transparentes. Así funciona también la mente.

El pacifista indio Prem Rawat lo explica así en su libro *Escúchate*:

> *Acalla la mente, acalla los sentidos y acalla también el cuerpo. Luego, cuando todo esté en calma, no hagas nada. En ese estado la verdad se te revelará.*

UNA BREVE MEDITACIÓN

Dice Prem Rawat:

> *Mira a tu alrededor, mira dentro de ti.*
> *Deja que brote tu sonrisa, tu risa, tu agradecimiento.*
> *La plenitud es una realidad, no un sueño.*

Sentado en un lugar tranquilo puedes repetirte estas palabras cada vez que te sientas nervioso, triste o alterado, y llevarlo a la práctica:

1. Mira a tu alrededor, poniendo atención en la belleza que te rodea.
2. Mira a continuación dentro de ti. Date cuenta de todo lo bello que contienes.
3. Sonríe y siéntete agradecido por estar vivo.
4. Descubre que la plenitud es algo que ya tienes.

363
EL AUTOBÚS SALE CADA DÍA

Al ser preguntado sobre si uno puede siempre cambiar su vida, mi admirado Morgan Freeman dio una respuesta que me gusta por su sencillez y claridad: «El autobús sale cada día».

Es una bonita forma de decir que podemos tomar ese autobús y aprovechar la oportunidad que se presenta ante nosotros diariamente. Solo hay que prepararse y aguardar en la parada. Estar atento a cuando llega.

Esta es una imagen que, si has visto *Ghost World*, interpretada por Thora Birch y una jovencísima Scarlett Johansson, no habrás pasado por alto.

En la película hay un anciano que espera el autobús en una parada que ha sido anulada. Nadie sabe qué hace ahí y algunos se ríen de él, pero el autobús que espera acaba pasando.

¿PERDER EL TREN?

Del autobús pasamos al ferrocarril, ya que existe el *síndrome de perder el tren* cuando creemos que una situación es irreversible.

A quienes creen que es demasiado tarde para empezar de nuevo o encontrar nuevas soluciones, les recomiendo que piensen en los *late bloomers*. Son aquellas personas que *florecen tarde*, pero con gran belleza, como Kimani Maruge, el escolar más viejo del mundo. Con ochenta y cuatro años decidió que quería aprender a leer y escribir, con lo que cursó la primaria en una clase llena de niños.

Mientras sigamos vivos, siempre habrá un autobús o un tren que pueda llevarnos a otra parte. ¿Cuál estás esperando tú?

364
EL CAMINO MENOS TRANSITADO

Uno de los poemas más bellos e inspiradores del siglo XX fue escrito por Robert Frost y nos hace reflexionar sobre las elecciones que nos plantea la vida.

Te comparto el primer y último párrafo:

Dos caminos se abrían en un bosque amarillo,
y triste por no poder caminar por los dos,
y por ser un viajero tan solo, un largo rato
me detuve, y puse la vista en uno de ellos
hasta donde al torcer se perdía en la maleza.
(...)
Seguramente esto lo diré entre suspiros
en algún momento dentro de años y años,
dos caminos se abrían en un bosque, elegí...
elegí el menos transitado de ambos,
Y eso supuso toda la diferencia.

EL VALOR DE SALIR DE LÀ BANDADA

En sintonía con el poema de Frost, en 1970 Richard Bach escribió *Juan Salvador Gaviota*, una fábula sobre la libertad personal que cosechó una inmensa popularidad. Para escapar de la vida rutinaria de sus compañeras, la gaviota protagonista decide abandonar la bandada para vivir a su aire. Eso le plantea no pocos peligros y desafíos, pero también le aporta grandes aprendizajes.

- ¿En qué momentos de tu vida decidiste tomar el camino menos transitado?
- ¿Qué miedos y dudas te asaltaron al principio?
- ¿Cuáles fueron tus aprendizajes?
- ¿En qué clase de camino te encuentras ahora?

365
TU *IKIGAI*

Dicen que la clave para alcanzar la plenitud es tener un propósito claro en la vida. A esto los japoneses lo llaman *ikigai.*

Mi querido Francesc Miralles lo explica así junto a Héctor García en su best seller *Ikigai: los secretos de Japón para una vida larga y feliz*:

> *Según los japoneses, todo el mundo tiene un* ikigai, *lo que un filósofo francés traduciría como* raison d'être. *Algunos lo han encontrado y son conscientes de su* ikigai, *otros lo llevan dentro pero todavía lo están buscando.*

El *ikigai* es la razón por la que te levantas cada mañana, el propósito en el que empleas horas y esfuerzo sin que te cueste, lo que hace que tu curiosidad y creatividad se multipliquen.

Tu propósito vital da un sentido a tu existencia y puede ser incluso un modo de vida.

Iki significa *vida* en japonés y, curiosamente, *gai* se traduce en euskera como *motivo* o *tema.*

¿Cuál es tu *gai* principal?

UNA PREGUNTA FUNDAMENTAL

Durante la pandemia, mucha gente se la planteó, siendo el origen de muchos cambios. De hecho, es una pregunta que vuelve de forma recurrente cada vez que sentimos que no estamos siendo fieles a nosotros mismos, y nos dirige de nuevo hacia nuestro *ikigai*:

¿Cómo quiero vivir el resto de mi vida?

366
EL FIN ES EL PRINCIPIO

Una de las frases más celebradas de Lao-Tsé reza: «Aquello que para la oruga es el fin del mundo, para nosotros es una mariposa».

Estás a punto de terminar este libro, en el que hemos compartido cientos de ideas, lecturas, historias, ejercicios e inspiraciones. Te doy las gracias por haber caminado conmigo hasta aquí.

Los africanos dicen que, si quieres ir rápido, vayas solo, pero que si quieres llegar lejos, vayas acompañado. Hemos andado mucho juntos y espero que haya sido, también para ti, un agradable viaje lleno de descubrimientos.

A lo largo de estas páginas la oruga ya se ha convertido en una mariposa a punto de levantar su vuelo. Y, al igual que le sucede a ella, esto no es el final, sino el principio.

Cuando cierres este libro, al que espero que vuelvas como se visita a un buen amigo, abrirás tu nueva vida.

¡Gracias por existir!

EL PRIMER CAPÍTULO DE TU NUEVA HISTORIA

Si tu vida fuera una historia por estrenar que, dejando atrás el pasado, empieza después de esta página, ¿cuál sería su inicio?

¿De qué manera va a comenzar el primer capítulo de tu nueva vida?

EPÍLOGO

de Francesc Miralles

Este libro se empezó a fraguar en un restaurante tailandés de Barcelona. Allí la autora nos confirmó su decisión de emprender este bello y ambicioso proyecto: escribir una inspiración para cada día del año.

He tenido el honor de hacer de *sherpa* literario de mi amiga Anne, que va a iluminar decenas de miles de vidas, como ya lo hace a través de las redes y de los medios de comunicación. La etiqueta de *sherpa* me la puso la doctora en física cuántica Sonia Fernández-Vidal, quien, tras acabar de escribir *La puerta de los tres cerrojos*, me dijo: «Al igual que el *sherpa* acompaña al alpinista a la cumbre, gracias a ti he coronado la cima de mi primer libro».

En el caso de *La vida empieza cada día*, ha sido una larga travesía llena de descubrimientos y compañeros de viaje inesperados. Una vez en marcha, Anne empezó a escribir sin cesar desde muchos puntos del planeta. Sus capítulos me llegaban a través del teléfono desde Madrid, Euskadi, Francia, Nueva York... A su vez, yo los recibía y ordenaba estando en el Pacífico, en el Amazonas o incluso en los glaciares de Islandia.

Poco a poco la criatura iba creciendo. Al revisar estas páginas llenas de perlas, yo le iba diciendo a Anne: *Está saliendo un librazo.* Podía sentir su sonrisa al otro lado mientras, página a página, seguía compartiendo experiencias, pasajes y visiones para este almanaque inspirador.

Además de su larga experiencia profesional y vital, de formarse ampliamente en temas de crecimiento personal, durante los últimos años Anne ha entrevistado a muchísimos autores. Ha conversado a fondo con toda clase de personalidades expertas en ciencia, espiritualidad, medicina, *coaching*, psicología..., y muchas de ellas han dejado su huella en estas inspiraciones.

Como primer lector de esta obra, tras veinticinco años dedicado a estos temas, la autora no dejaba de sorprenderme con nuevas referencias, teorías e incluso libros que yo no conocía. De hecho, estas páginas son un valioso ejercicio de generosidad por su parte, ya que pone en nuestras manos lo bueno y mejor que ella ha descubierto para cultivar el arte de vivir. Recuerdo que un amigo editor siempre me decía: «Cada vez que descubro un tesoro, corro a llamar a mis amigos». Y eso es lo que ha hecho Anne Igartiburu con cada página de este libro.

En 1996, dos autores norteamericanos escribieron *Sopa de pollo para el alma*, una nutritiva recopilación de relatos para calentar el corazón. Casi tres décadas más tarde, la autora de esta obra ha ido incluso un poco más allá, ya que junto a sus reflexiones y aprendizajes ha compartido ejercicios personales, recetas para la vida, preguntas para hacernos despertar.

No me cabe duda de que este libro es y será una poderosa fuente de inspiración para muchísima gente, comenzando por mí mismo.

Si algunos de los tesoros que contiene te han tocado el corazón, querida lectora, querido lector, no te los guardes solo para ti. Llama a tus amigos. Comparte este libro con otras personas a las que pueda hacer más sabias y felices en esta aventura compartida que llamamos Vida.

Te deseo un muy feliz viaje.

Francesc Miralles